SHICHANG YITIHUA
YU TUDI LIYONG ZHUANXING YANJIU

叶丽芳 著

市场一体化
与土地利用转型研究

中国财经出版传媒集团
经济科学出版社
Economic Science Press
·北京·

图书在版编目（CIP）数据

市场一体化与土地利用转型研究/
叶丽芳著．－－北京：经济科学出版社，2023.9
ISBN 978 – 7 – 5218 – 5145 – 8

Ⅰ．①市… Ⅱ．①叶… Ⅲ．①土地市场
– 影响 – 土地利用 – 研究 – 中国 Ⅳ．①F321.1

中国国家版本馆 CIP 数据核字（2023）第 179085 号

责任编辑：刘　莎
责任校对：刘　昕
责任印制：邱　天

市场一体化与土地利用转型研究
叶丽芳　著
经济科学出版社出版、发行　新华书店经销
社址：北京市海淀区阜成路甲 28 号　邮编：100142
总编部电话：010 – 88191217　发行部电话：010 – 88191522
网址：www. esp. com. cn
电子邮箱：esp@ esp. com. cn
天猫网店：经济科学出版社旗舰店
网址：http: // jjkxcbs. tmall. com
固安华明印业有限公司印装
710 × 1000　16 开　17 印张　310000 字
2023 年 9 月第 1 版　2023 年 9 月第 1 次印刷
ISBN 978 – 7 – 5218 – 5145 – 8　定价：78.00 元
（图书出现印装问题，本社负责调换。电话：010 – 88191545）
（版权所有　侵权必究　打击盗版　举报热线：010 – 88191661
QQ: 2242791300　营销中心电话：010 – 88191537
电子邮箱：dbts@ esp. com. cn）

本书得到以下项目资助：

国家"十二五"科技支撑计划课题"村镇建设用地再开发市场调□键技术研究"（项目编号：2013BAJ13B02）；国家自然科学基金面上项□"长三角地区城乡土地市场一体化对区域土地利用/覆被变化的影响机理研究"（项目编号：41571162）；江苏省自然科学基金青年项目"基于实际服务人口的南京都市圈人地耦合机制及空间优化研究"（项目编号：M－HZW21001）；南京大学优秀博士研究生创新能力提升计划项目"城乡土地市场一体化对土地利用变化的影响研究"（项目编号：201802B072）；原国土资源部土地整治中心外协项目"农村集体经营性建设用地入市改革研究、城乡建设用地整治的空间再配置及效应研究"。

特此致谢！

城乡融合发展进程中，深化土地要素市场化改革是建设高水平社会主义市场经济体制的重要任务。长期以来，城乡土地市场的二元分割局面在很大程度上阻碍了城乡融合发展。集体土地的价值被限制，市场的资源配置作用难以发挥，影响了公共资源的合理配置，限制了城乡间的要素流动，长期如此，必然影响乡村振兴和新型农业现代化目标的实现。叶丽芳博士基于博士毕业论文《城乡土地市场一体化对土地利用变化的影响研究——以典型市县区域为例》研究成果，所形成的《市场一体化与土地利用转型研究》专著，对这一重大理论问题开展探讨，具有重要的学术价值。

加快城乡土地市场一体化改革，不仅是重大的理论问题，更是重要的实践问题。尤其是"三块地"改革后，有关制度体系基本明晰，但实践上却仍然有障碍，又不得不让学者们再从理论上加以反思。这本著作就是理论反思和实证论证的重要成果。

城乡土地市场建设、城乡空间格局的演化、土地利用结构的优化等问题关系着农民的生计和城乡一体化的发展。城乡一体化背景下，以城、乡土地要素优化配置为目标的城乡土地市场一体化机制正在逐步形成，尤其是在行政"挟持"下的建设用地增减挂钩等开展得最为"热烈"，但基于市场机制的城乡土地要素市场机制只是亦步亦趋。但这并不妨碍"三块地"改革以及有关地方所推进的改革探索，尤其是长三角、珠三角等区域城乡土地市场一体化机制已在区域土地利用格局调整中发挥着重要作用。

实践表明，在城乡土地市场一体化建设中，地价规律对城乡用地功能重组及用地置换的作用日渐显著，将推动城乡生产、生活、生态空间重构，改变城乡土地利用结构、利用方式以及利用强度。城乡土地市场一体化的过程将如何影响土地利用变化（结构、格局、效率等），有待从理论上进行研究。

从已有的研究来看，对土地利用变化驱动机制的研究，主要集中在自然生态、社会经济、技术革新等方面，引入土地市场政策制度驱动因子研究相对较少。该书探索性地从城乡土地市场一体化框架下的交易一体化、地价一体化、产权同权化三个维度，较为系统地揭示城乡土地市场一体化对土地利用变化的影响机理，这在理论上是一个积极探索。为此，该书梳理了城乡土地市场的发展特征，分析了城乡土地市场不同发展阶段的土地利用变化，分别从市县、镇、村和地块四个尺度实证检验了城乡土地市场一体化对土地利用变化影响的时空特征，并得出了具有理论价值和实践指导意义的重要结论：

一是发现了国有、集体土地产权对城乡土地价格的影响差异。国有土地价格普遍高于集体土地价格；城乡二元产权对不同用途的土地价格影响不同，工业用地集体和国有土地价格差距较小，而商服用地、住宅用地集体和国有土地价格差距较大；集体土地不同用途间的差价较小，而国有土地不同用途间差价较大。

二是揭示了交易一体化对土地利用变化影响的地域差异。交易一体化对北流市土地利用变化产生了显著影响，集体建设用地入市政策的实施加剧了农地非农化；交易一体化对无锡市区和佛山市南海区的建设用地供应数量的变化影响不太显著。

三是地价一体化对土地利用变化的影响存在尺度效应。不同空间尺度的城乡土地价格一体化对土地利用变化产生的影响不同，不同时段的城乡土地市场对土地利用变化的影响也不同。地价一体化对土地利用变化是促进还是抑制作用，主要取决于多元相关主体的利益博弈结果。

四是产权同权化对土地利用效率产生显著影响。集体土地和国有土地权利体系的不同对土地利用效率产生显著影响，国有建设用地的利用效率高于集体建设用地；而产权年限对工业用地利用效率产生负向影响，短期租赁的工业用地利用效率高于长期租赁的工业用地利用效率。

综上所述，《市场一体化与土地利用转型研究》一书，就区域城乡土地市场一体化对土地利用变化影响机理的深入探究，丰富和拓展了土地利用变化驱动机制的研究视角及方法，为科学制订城乡土地市场一体化背景下的国土空间管制政策提供了决策参考。也衷心希望作者能够继续关注这一重要理论和实践问题，不断推出有价值的成果。

南京大学地理与海洋科学学院　教授

中国土地学会　副理事长

2023 年 9 月于南京

前　言

　　自 20 世纪 90 年代以来，土地利用变化一直是地理学界研究的热点问题。土地利用变化的驱动力和变化机制是土地利用变化的重要研究方向。从已有的研究来看，对土地利用变化驱动机制的研究，主要集中在自然生态、社会经济、技术革新等方面，政策制度驱动因子研究相对较少。我国的土地市场是一种土地配置利用的调控制度和机制，城乡土地市场在促进土地要素集中、优化建设用地空间配置、引导产业发展等方面发挥着重要作用。可见，城乡土地市场是土地利用变化的重要驱动力。目前，我国城乡土地市场是二元分割的，而城乡土地市场对土地利用变化影响的相关研究也是分割的，很少有学者研究城乡土地市场整体对土地利用变化的影响机理。但随着我国城镇化、工业化的推进及户籍等制度改革，城乡逐步开始一体化发展，从而推动了城乡土地市场一体化发展。因此，迫切需要将城乡土地市场纳入统一的框架，来评价其对于土地利用变化的影响。城乡土地市场一体化的过程将如何影响土地利用变化，有待从理论上进行相应的分析。研究城乡土地市场一体化对土地利用变化影响机理可以丰富和拓展土地利用变化驱动机制的研究视角及方法，具有重要的理论和现实意义。

　　本书聚焦城乡土地市场一体化的测度及其对土地利用变化的影响机理，在揭示城乡土地市场一体化对土地利用变化影响机理的基础上，梳理城乡土地市场的发展特征，分析城乡土地市场不同发展阶段的土地利用变化。并利用研究区不同时相的遥感影像、土地利用规划成果、社会经济统计数据、政策文件资料、调研问卷等数据，采用空间自相关模型、面板回归、多元线性回归、Logistic 回归等计量模型，结合 ArcGIS 空间分析，分别从市县、镇、村和地块四个尺度实证检验城乡土地市场一体化对土地利用变化的影响机理。

本书研究结论如下：

（1）城乡二元产权对土地价格产生显著影响。国有土地价格普遍高于集体土地价格；城乡二元产权对不同用途的土地价格影响不同，工业用地方面，集体和国有土地价格差距较小，而商服用地、住宅用地方面，集体和国有土地价格差距较大；集体土地不同用途间的差价较小，而国有土地不同用途间的差价较大。研究发现，城乡二元产权对不同用途的土地价格影响在不同研究区存在一定的差异性，也存在一定的共性。无锡市区国有工业用地价格比集体工业用地价格每平方米高 281.74 元；南海区国有工业用地价格比集体工业用地价格每平方米低 773.66 元；北流市土地产权类型对工业用地价格的影响正相关但不显著。南海区国有商服用地价格比集体商服用地价格每平方米高 3 580.17 元；北流市国有住宅用地价格比集体住宅用地价格每平方米高 3 235.59 元。集体土地与国有土地之间普遍存在"产权歧视"，国有土地可以抵押融资，集体土地不能抵押，产权差异是导致集体土地与国有土地最终不能实现狭义的"同地同权同价"的根本原因。

（2）城乡土地供应特征在不同区域存在差异性。无锡市区集体土地流转的用途主要是工业用地，国有土地不同用途均有供应；南海区集体土地流转的主要用途是工业用地和商服用地，国有土地供应的主要是住宅用地；北流市集体建设用地入市地块主要是住宅用地，国有土地不同用途均有供给。为何集体土地流转大都以工业用地为主？一方面是因为工业用地的使用者建厂房是为了自用，主要是使用土地的承载功能，对土地的资产功能要求不高；另一方面是因为政府支持工业增长，鼓励实体经济发展，集体土地用于工业发展可以为当地带来就业、税收和国内生产总值（GDP）。

（3）交易一体化对土地利用变化的影响存在区域差异。交易一体化对北流市土地利用变化产生了显著影响，集体建设用地入市政策的实施加剧了农地非农化；交易一体化对无锡市区和南海区的建设用地供应数量的变化影响不太显著，主要是因为无锡市区和南海区在集体土地流转政策出台以前就存在大量的隐形集体土地流转，建设用地开发强度在政策出台前已经比较大，扩张空间相对有限，而入市政策的实施起到了盘活农村低效存量建设用地的作用。研究发现，南海区国有土地地块规模大于集体建设用地入市地块规模，集体建设用地入市交易地块规模大于集体土地隐形流转地块的规模；北流市集体建设用地入市地块规模和国有土地地块规模没有显著差别，说明集体建设用地入市流转政策有助于促进集体土地规模化利用。

（4）地价一体化对土地利用变化的影响存在尺度效应和区域差异性。不同空间尺度的城乡土地价格一体化对土地利用变化产生的影响不同，不同时段的城乡土地市场对土地利用变化的影响也不同。地价一体化对土地利用变化是促进还是抑制作用，主要取决于多元相关主体的利益博弈结果。不同地区的社会经济、历史文化、城乡土地市场发育程度等条件不同，导致农户、集体、政府以及企业土地利益博弈结果不同。在镇街层面，南海区集体国有地价一体化水平对土地利用变化没有显著影响；在村级层面，无锡、南海、北流均呈现出地价一体化程度越高，土地利用变化越大的趋势；在地块层面，地价一体化对无锡市区、北流市的土地利用变化没有显著影响，而在南海区土地价格一体化水平对土地利用变化的影响在1%显著性水平上呈负向相关的关系。

（5）产权同权化对土地利用效率产生显著影响。集体土地和国有土地权利体系的不同，对土地利用效率产生显著影响，国有建设用地的利用效率高于集体建设用地的利用效率；而产权年限对工业用地利用效率产生负向影响，短期租赁的工业用地利用效率高于长期租赁的工业用地利用效率。在二元分割土地市场下，国有土地利用效率高于集体土地利用效率，说明有必要构建城乡一体化土地市场来提高集体土地利用效率。研究表明，产权年限的缩短不会造成土地利用效率的低下，故而工业用地供地可以采用多种方式，租让并举，交易年限并非一定要设为法律规定的上限50年。

（6）基于本研究结论，提出以下政策建议：第一，构建同地同权同价的城乡一体化土地市场；第二，城乡土地市场一体化建设要关注不同土地利益相关者的需求；第三，探索差别化城乡土地市场政策；第四，城乡土地市场一体化建设应着眼于挖掘存量建设用地潜力；第五，改革供地方式，采用弹性出让年限的方式供应工业用地。

本书的创新点为：探索性地从交易一体化、地价一体化、产权同权化三个维度揭示城乡土地市场一体化对土地利用变化的影响机理，并以典型市县区域为例，分别从市县、镇村及地块三个尺度揭示了城乡土地市场一体化对土地利用变化的影响及其空间差异，为发挥土地市场在区域土地资源配置中的基础性作用提供了决策参考。

目录

第 1 章

绪　　论

土地利用变化是当前乃至今后很长一段时间的研究热点课题。许多研究表明，自然条件、社会经济因素、政策因素是土地利用变化的重要驱动因素。自 20 世纪 90 年代以来，土地管理制度和土地税收制度发生重大的变革，城乡土地市场逐渐发育成为土地利用变化的重要驱动力。新一轮土地制度改革推动了城乡土地市场的一体化发展，这势必会改变城乡土地利用结构、利用方式以及利用强度。

1.1　选题背景及研究意义

1.1.1　选题背景

1.1.1.1　城乡二元分割土地市场阻碍了城乡融合发展

自 20 世纪 80 年代以来，中国经历了"没有土地市场——建立城市土地市场——形成城乡二元分割的土地市场"的发展历程，土地市场对土地资源配置起到了重要作用，然而也存在一定的问题。中国现行的土地市场体系深植于城乡二元经济制度之中，在此基础上形成了以城市土地市场和农村土地市场为主要内容的城乡二元的土地市场体系。虽然城市土地市场体系逐渐发展和完善，但是农村土地市场发展缓慢，尤其是农村建设用地市场的发展停滞不前。我国正处于城镇化、工业化、市场化快速发展时期，城乡二元土地市场结构引发的土地利用矛盾日益凸显。现行二元分割的土地市场存在产权模糊、农民利益受损、城市土地无序扩张等问题。城乡土地市场割裂不仅是空间结构上的割断，其背后是产权歧视、价值割裂和市场机制的破坏。土地市场的二元分割局面在很大程度上阻碍了城乡融合发展。集体土地的价值被限制，市场的资源配置作用难以发挥，阻碍了公共资源的合理配置，限制了城乡间的要素流动，影响了乡村振兴和农业农村现代化的实现。土地资源配置最有效的方式依然是市场，加快城乡土地市场一体化改革，是解决二元土地市场问题的关键。城乡土地市场一体化可以促进土地要素集中，促进建设用地空间格局重构和优化，引导产业升级，提高土地利用效率。

1.1.1.2 中央制定一系列关于城乡土地市场一体化建设的政策

近年来，在中央的一些重要文件中提出了一定条件下允许农民参与开发经营集体建设用地、建立城乡统一的建设用地市场等思路。2008 年，党的十七届三中全会通过的《中共中央关于推进农村改革发展若干重大问题的决定》提出，要逐步建立城乡统一的建设用地市场，允许农村集体土地"同地同权同价"流转，为集体土地流转提供了发展方向和政策依据。2010 年，在中央"一号文件"《中共中央　国务院关于加大统筹城乡发展力度进一步夯实农业农村发展基础的若干意见》中，再次强调"要把统筹城乡发展作为全面建设小康社会的根本要求"，更是提出了"稳定和完善农村基本经营制度以及有序推进农村土地管理制度改革"的明确要求。2013 年，党的十八届三中全会通过的《中共中央关于全面深化改革若干重大问题的决定》提出，"建立城乡统一的建设用地市场，在符合规划和用途管制的前提下，允许农村集体经营性建设用地出让、租赁、入股，实现与国有土地同等入市、同权同价"，明确了农村土地制度改革的方向和任务。2015 年 1 月，中共中央办公厅和国务院办公厅联合印发了《关于农村土地征收、集体经营性建设用地入市、宅基地制度改革试点工作的意见》，统筹开展农村"三块地"改革。2015 年 3 月起施行的《不动产登记暂行条例》规定，将农村集体土地纳入统一登记保障农民的权益，此举措也加快了城乡土地市场一体化的步伐。2020年1月实施的新《土地管理法》规定，允许农村集体经营性建设用地入市交易，为全面推进集体建设用地市场化改革提供了法律依据。2020年3月，《中共中央国务院关于构建更加完善的要素市场化配置体制机制的意见》提出推进土地要素市场化配置，制订出台农村集体经营性建设用地入市指导意见。2022年9月，中央全面深化改革委员会审议通过了《关于深化农村集体经营性建设用地入市试点工作的指导意见》，而2023年中央"一号文件"提出深化农村土地制度改革，进一步为本研究注入新的政策意义与理论探索空间。

1.1.1.3 城乡融合发展与新型城镇化要求优化城乡土地空间格局

城乡融合发展，能实现城乡生产要素的合理配置，形成城乡互补、联动发展和共同繁荣的协调格局，引起了政府和学术界的高度关注。2003年，党的十六届三中全会通过的《中共中央关于完善社会主义市场经济体制若干问题的决定》，将统筹城乡发展放在"五个统筹"的首位。在党的十八大报告、中央"一号文件"、"十二五"规划纲要等一系列重要文件中，城乡融合发展战略也得到明确体现。而党的十九大进一步提出"乡村振兴战略"，推进城乡融合发展。2019年4月，国务院出台了《关于建立健全城乡融合发展体制机制和政策体系的意见》。城乡融合发展要求发挥市场机制在土地资源配置中的决定性作用，建立协调城乡土地资源配置关系的新模式。而目前，中国大部分地区的农村土地很难进入市场，农村土地市场缺失已成为城乡融合发展的重要制约因素，构建完善城乡统一土地市场日益紧迫。2022年10月，党的二十大报告提出要全面推进乡村振兴，坚持城乡融合发展，畅通城乡要素流动，作为要素市场发展重要内容的城乡土地市场一体化改革被赋予了新的时代意义。

新型城镇化无法避开土地问题，实现土地资源有效整合的关键就是促进城乡土地市场一体化，优化土地资源空间格局。2013年12月，中央城镇化工作会议指出，要"大力提高城镇土地利用效率""高度重视生态安全，扩大森林、湖泊、湿地等绿色生态空间比重""节约集约利用土地、水、能源等资源""推进城镇化，要注意处理好市场和政府的关系""提高城镇建设用地利用效率，要按照严守底线、调整结构、深化改革的思路，严控增量，盘活存量，优化结构，提升效率，切实提高城镇建设用地集约化程度"。2014 年 3 月，党中央、国务院印发的《国家新型城镇化规划 (2014 ~ 2020 年)》指出，城镇化是现代化的必由之路，是促进产业升级的重要抓手，是推动区域协调发展的有力支撑，是解决农业农村农民问题的重要途径；要加快消除城乡二元结构的体制机制障碍，推进城乡要素平等交换和公共资源均衡配置，让广大农民平等参与现代化进程、共同分享现代化成果；要建立城乡统一的建设用地市场，保障农民公平分享土地增值收益。目前，城乡建设用地市场体制机制不健全，阻碍了新型城镇化的健康发展。大量农业转移人口难以融入城市社会，市民化进程滞后。"土地城镇化"快于"人口城镇化"，建设用地粗放低效利用。为提高土地资源利用效率，促进城乡要素流动，迫切需要构建城乡一体化的土地市场，推动城镇空间和规模结构的合理优化。

城乡土地市场建设、城乡空间格局的演化、土地利用结构的优化等问题关系着农民的生计和城乡一体化的发展，这是关键性的基础理论应用问题，亟待深入研究。在城乡一体化背景下，以城、乡土地要素优化配置为目标的城乡土地市场一体化机制正在逐步形成，长三角、珠三角等区域城乡土地市场一体化机制已在区域土地利用格局调整中发挥着重要作用。

1.1.2　研究意义

自 20 世纪 90 年代以来，土地利用变化一直是地理学界研究的热点问题。土地利用变化的驱动力和变化机制是土地利用变化的重要研究方向 (陈百明等，2011)。从已有的研究来看，对土地利用变化驱动机制的研究，主要集中在自然生态、社会经济、技术革新等方面，政策制度驱动因子研究相对较少。政策调控和经济驱动是导致我国土地利用变化及其时空差异的主要原因 (刘纪远等，2009)。土地市场与土地利用变化关系密切，土地市场是土地利用变化的重要驱动力，城乡土地市场在促进土地要素集中、优化建设用地空间配置、引导产业发展等方面发挥着重要作用 (黄贤金，2010)。土地市场政策的变动势必会对土地利用变化产生影响。在关于土地利用变化驱动机制的现有研究中，土地市场对土地利用变化的影响机理研究还很少见。现有不多的研究主要集中在土地市场发育程度对土地集约利用、城市土地市场对城市土地利用变化、农地流转对农地利用变化的影响机理等几方面。城乡土地市场一体化对土地利用变化的影响机理还有待揭示。

随着新型城镇化、工业化以及城乡融合发展，有必要建立城乡一体化土地市场，土地市场与土地利用相互作用日渐加强，它们之间的相互影响呈现多层次、多角度的特点。城乡土地市场一体化建设，对于促进新一轮城乡融合发展、激活农村土地市场要素、促进土地节约集约利用和保障农民财产权益具有重要的理论意义和现实意义（黄贤金，2014）。如何构建城乡一体化土地市场有效地释放集体建设用地的价值，让农村土地也可以像城市土地那样具有资产和资本的特征，是近年来一些地方政府在尝试探索的政策改革重点。城乡一体化土地市场的构建，势必会改变城乡土地利用结构、利用方式以及利用强度。在城乡土地市场一体化的建设背景下，地价规律对城乡用地功能重组及用地置换的作用日渐显著，将推动城乡土地利用生产、生活、生态空间重构。城乡土地市场一体化的过程将如何影响土地利用变化（结构、格局、效率等），有待从理论上进行相应的解释。研究城乡土地市场一体化对土地利用变化影响机理可以丰富和拓展土地利用变化驱动机制的研究视角及方法，具有重要的理论和现实意义。

资源配置更加突出市场的作用，推动土地资源市场化配置在新一轮改革中是大势所趋。自党的十八届三中全会以来，使市场在要素配置中发挥决定性作用是贯穿土地制度改革的一条主线。本研究紧密切合国家农村土地制度改革的三项试点，而党的十九大提出"乡村振兴战略"，推进"城乡融合"发展，进一步为本研究注入了新的政策意义与理论探索空间。从我国城乡一体化发展实践来看，随着我国城乡一体化发展的快速推进，城乡土地市场一体化建设已成为减缓城乡居民收入差距扩大、优化城乡土地利用空间布局的有效机制之一。城乡土地市场一体化对于区域土地利用变化影响将持续加强，同时，在城乡土地市场一体化体制下，土地利用决策主体将更加遵循区域市场公平的原则。由此，区域土地利用尤其是土地利用冲突空间布局的博弈将更加激烈。因此，本研究的实践意义在于为优化城乡一体化进程中的城乡土地资源时空配置提供决策参考。

关注城乡土地市场一体化建设、发展动态，从城乡土地市场一体化角度构建土地市场对土地利用变化的影响理论框架，并以无锡市区、佛山市南海区、北流市为例，验证城乡土地市场一体化对土地利用变化的影响机理。从实证研究区域来看，江苏省无锡市区是长三角地区城乡土地市场一体化发展最为迅速的区域之一；广东省佛山市南海区是珠三角城乡土地市场一体化发展最为迅速的区域之一；广西北流市是经济快速发展区域之一，并且还是集体建设用地入市改革试点地区。这些区域城乡土地资源时空配置格局面临新的调整，区域土地利用变化也将进入调整、优化阶段。因此，探讨无锡市区、佛山市南海区、北流市城乡土地市场一体化对区域土地利用变化机理影响及其区域差异，更有利于科学发挥区域土地市场在城乡土地资源时空配置中的基础性作用，促进区域土地的可持续利用，也可为其他区域提供借鉴和参考。

1.2 国内外研究进展

1.2.1 城乡土地市场一体化研究进展

目前，关于城乡土地市场的研究主要包括城市土地市场、农村土地市场、灰色土地市场、隐形土地流转市场、城乡一体化土地市场等。

1.2.1.1 城市土地市场的研究

曲福田等（2002）运用中央政府和地方政府之间的完全信息动态博弈模型分析了城市国有土地市场化配置中制度非均衡的过程，通过设定中央政府与地方政府在城市国有土地市场化配置中的目标取向不一致，来分析在两者之间得到均衡解的过程；认为在市场机制作用下，一方面城市国有土地使用效率得以不断改善，但另一方面城市国有土地低效利用和闲置等现象仍然大量存在，城镇化依然在依靠不断侵占耕地资源来实现，也降低了耕地资源保护政策的成效。黄贤金等（2013）基于土地制度对经济发展影响机理的分析，认为土地制度主要通过外部性内部化、激励与约束、资源配置等方式影响经济发展，并将土地出让制度变量纳入经济增长模型，初步评价了中国土地出让制度实施与改革对于经济增长的贡献。科罗索等（N. H. Koroso et al. ，2013）从政府治理角度构建了中国城市土地市场评价模型，分析了目前中国城市土地市场存在的问题。

1.2.1.2　农村土地市场的研究

目前，农村土地市场的研究主要集中在农业用地和农村集体经营性建设用地领域，不少学者对农村土地市场的构成及形成机制进行了分析。黄贤金等（2001）研究了农村土地市场的运行机理，系统分析了农村土地市场的构成、主要类型、运行及存在的主要问题，并认为当劳动、资金等要素市场以及农业生产资料和农产品市场尚欠规范时，农村土地市场的发展变得越发重要，而商品市场交易条件的具备最终将导致对农村土地市场制度发展的进一步需求。钱忠好（2002）从制度经济学角度出发，系统地分析了农地承包经营权产权残缺对农地市场流转的作用机理和影响作用。叶剑平等（2006）基于中国人民大学和美国农村发展研究所（RDI）2005 年组织的 17 省农村土地调查的数据，对中国农地流转市场的现状和特点进行描述，并分析农地流转的主要影响因素。黄祖辉等（2008）运用浙江省 56 个行政村（社区）和 320 个农户的调查数据和资料分析了农村土地流转现状，认为农村土地流转过程中存在虚化的利益主体、分散的流转形式、无序的中介服务组织以及落后的社会保障体系等一系列问题。邓爱珍等（2015）对农村集体经营性建设用地入市流转面临的现实问题与对策进行了探讨。张毅等（2015）对广东和成都两地集体建设用地流转实际与管理办法进行了对比研究。

1.2.1.3　灰色土地市场的研究

在城镇化进程中，除了正式合法的土地市场，还存在灰色土地市场在发挥资源配置作用。王玉堂（1999）认为灰色土地市场主要指不具有可转让性的残缺土地产权的交易活动，进入灰色土地市场的主要是城乡接合部的集体非农用地和城市划拨土地。贾生华（2006）从土地资源配置体制演进的视角分析了灰色土地市场形成的过程，并利用收集到的土地违法案件的数据对灰色土地市场的现状作了分析。杨磊等（2017）认为地权分割为灰色土地市场的兴起提供了制度空间。

1.2.1.4 隐形土地流转市场的研究

隐形土地市场包括国有土地隐形市场和集体土地隐形市场。目前，隐形流转市场的研究主要集中在隐形流转市场的概念界定及形成机制等方面。周玲等（2004）从经济学角度对土地隐形市场进行了分析，认为进入土地隐形市场的产权都具有一定垄断性，对消费者剩余最大化的追求是买方进行土地隐形交易的动机，并提出了土地隐形市场规模的数学模型。杜法峥（2006）对天津市河北区土地隐形市场分析的状况、特点、表现形式进行了分析，对现象的本质和内在原因进行探讨，提出了治理措施和解决对策。黄中显（2006）认为集体建设用地"隐形"市场的形成，主要是由于外在市场的需求和集体土地制度，尤其是土地征收制度存在缺陷，可以通过改革土地征收制度和构建保障集体建设用地科学流转的法律机制来消除"隐形"市场。张增胜（2009）研究了"小产权房"隐形市场形成机制，分析了武汉市"小产权房"隐形市场的发展现状、形成途径和孕育环境。罗湖平等（2014）认为隐形土地市场是在我国特殊的土地产权制度下，各利益主体在土地产权权能流动过程中绕开现行土地法律法规所形成的土地交换关系；隐形土地流转市场普遍存在，尤其在经济发达地区和城乡接合部活跃。

1.2.1.5 城乡土地市场一体化研究

目前，城乡土地市场一体化的研究主要集中于理论上的探讨，研究内容主要包括城乡一体化土地市场内涵界定、城乡土地市场一体化的必要性、城乡土地市场一体化面临的困境、城乡土地市场一体化实现路径等几方面。

（1）城乡一体化土地市场的内涵界定

研究利用城乡一体化的土地市场是一个完全融合的市场（王克强等，2010）。城乡统一建设用地市场主要指城乡建设用地同地、同价、同权，并通过发挥市场的能动作用来完善土地资源的配置机制，进而实现城乡建设用地市场协调统一发展（陈燕，2012）。不少学者解读了党的十八届三中全会提出的建立城乡统一的建设用地市场。在符合规划和用途管制的前提下，允许农村集体经营性建设用地出让、租赁、入股，实现与国有土地同等入市、同权同价（姜大明，2013；张远索，2013；曹笑辉，2014；黄贤金，2018）。城乡统一的建设用地市场并非指某个单一制度，它的建立健全、有效运转乃至它的缺陷之对治，都需要有一个综合性的"制度群"来加以规范（曹笑辉等，2014）。

（2）城乡土地市场一体化的必要性研究

早在1995年，黄贤金就提出城乡土地市场应融合。他认为土地市场是一个有机的统一体，虽然城乡土地市场之间存在着地域性的层次差异，但就土地资源配置之本质及土地市场运行机制而言，两者依然是不可分割的，人为地加以割裂，所带来的只是土地市场的无序（黄贤金，1995）。农村建设用地和农用地市场发育滞后，已成为制约我国土地资源合理利用、可持续利用的重要障碍，必须系统地探索城乡土地市场的协调发展问题，加快土地制度的改革创新，促进城乡土地市场的统一与规范发展（刘小玲，2005；李景刚等，2011）。城乡土地市场一体化是要素市场发展的必然趋势（王克强等，2010；喻庆，2017；丰雷等，2017；黄贤金，2018）。

（3）城乡土地市场一体化面临的困境研究

大部分学者认为，城乡一体化土地市场的构建，尚面临利益分配、集体土地产权关系复杂、相关政策法规不完善、征地制度不完善、集体土地价格评估缺失、规划滞后、交易平台建设及监管等有待解决的问题（陈昌春等，2003；付光辉等，2008；黄贤金等，2009；李景刚等，2011；苗利梅等，2011；邓兰燕，2011；刘新华等，2012；孙琳蓉等，2013）。付光辉等（2008）运用文献资料法分析影响城乡统一土地市场构建的制度性障碍。

（4）城乡土地市场一体化的实现路径研究

关于城乡土地市场一体化建设，许多学者作了相关研究，主要从征地制度改革、保障农民权益、规范政府行为的角度出发，提出构建城乡土地市场框架（陈昌春等，2003；张继祥等，2010；田光明等，2010；朱珍，2010；郑振源，2012；张远索，2013；黄贤金，2018）。王克强等（2010）运用文献研究法、定性分析法、比较分析法等方法探讨城乡土地市场一体化后的运行机制和利益保障制度，认为城乡一体化的土地市场是国有土地与集体土地同地同权的市场。一体化土地市场与二元分割的土地市场差别很大。城乡土地市场一体化的实现，要用全新的思维将地方政府从土地财政中解放出来，要创造条件将农民从二元结构中解放出来。

（5）城乡一体化土地市场利益保障制度研究

目前，城乡一体化土地市场利益保障制度研究主要包括利益分配、税制改革、规划保障、法律保障、征地制度改革等方面（王克强等，2010；田光明，2011）。黄贤金（2009）认为在城乡土地市场一体化建设的过程中，需要进一步完善相关制度：①建立地方政府的优先购买权制度；②拓展土地增值税的内涵，对农村集体建设用地流转征土地增值税；③依据土地利用总体规划和城市总体规划，严格确定农村集体建设用地流转的时序。李培祥（2009）认为构建统一的城乡一体化土地市场要建立土地平衡与管理制度，推进土地法制化管理、集约化经营和市场化配置，改革农村居住用地制度。谭荣等（2010）认为在城乡土地市场一体化的背景下，政府对集体土地不再作为利益分配的主宰者直接决定和参与土地利益的初次直接分配，而是作为土地利益分配链条中的一环，分享属于自己的部分利益。陈燕（2012）认为实现城乡建设用地市场的统一，要实现城乡建设用地市场的产权一体化、税收一体化、收益分配一体化、法律体制一体化、中介服务机构一体化。宋伟（2014）认为市场主导与政府税收调节相结合的土地增值收益分配框架，能够最大限度地实现农民、政府、开发商之间的利益均衡。

1.2.1.6 研究评述

城乡土地市场的研究集中在价格、产权、制度、政府角色定位以及土地收益分配等方面。当前，大部分研究是对正式土地市场，对非正式或者隐形的土地市场研究相对较少。非正式的土地市场在现实中对农村经济的发展起着巨大作用。城乡一体化土地市场的构建涉及土地产权制度改革、土地管理体制创新等诸多问题，是与城乡经济发展、城乡政治体制改革等都密切相关的系统工程，需要从不同领域、不同角度分别深入探讨。目前，很多学者对构建城乡一体化土地市场涉及的产权不明晰、制度构建等方面问题作了较为深入的探讨，但大多研究停留在理论分析的角度，从利益相关群体出发研究城乡一体化土地市场尚欠缺。

1.2.2 土地利用变化研究进展

李秀彬（2002）认为，土地利用变化主要是用途转移和集约度变化两种基本类型。大尺度土地利用变化研究主要从地理学视角出发，基于遥感数据对土地利用变化进行分析（刘纪远等，2014；吴琳娜等，2014；罗娅等，2014；张冉，2019），微观尺度主要是基于农户的土地利用变化研究（谢花林等，2008；钟太洋等，2008）。国内外土地利用变化研究工作进展迅速，道恩·卡桑德拉·帕克等（Dawn Cassandra Parker et al.，2008）认为土地本身具有许多角色：生产、生活空间、资产投资、资源贮存、生态系统、土壤地形地貌等。因而，不同学科从不同视角解释土地利用变化的驱动力，不同学科采取不同的方法模拟土地利用变化：理论与实证结合、空间与非空间结合、微观与宏观尺度。

1.2.2.1 土地利用变化及驱动机制研究

（1）土地利用变化的驱动因素识别

黄贤金等（2008）认为土地利用变化是各种驱动力作用的结果，土地利用变化驱动力研究对于揭示土地利用与土地覆盖变化的原因、内部机制、基本过程、预测未来变化方向和后果以及制定相应政策至关重要。黄贤金等（2006）分析了土地利用方式、土地利用强度、土地利用布局等土地利用变化过程对于物质代谢变化的影响机理。土地利用变化主要驱动力主要包含自然生物因素、制度因素、技术因素、经济因素等（邵景安等，2007；黄端等，2017）。

陈百明等（2011）认为在土地利用变化与机制研究中，对变化过程和驱动力分析日趋深入，从重视自然因素对土地格局的影响到更加重视经济社会因素对土地利用变化的影响以及土地利用方式的响应对策。

（2）土地利用变化的尺度驱动效应

土地利用变化是自然生物、经济、技术、制度等多种驱动因素在时间和空间上相互作用的结果，具有明显的尺度驱动效应。不同尺度上引起土地利用变化的主导因素不同，特定尺度上的土地利用变化驱动因素又会对其上一级或下一级尺度土地利用变化产生影响；对同一土地利用变化过程从不同尺度分析时，各驱动因素的影响程度也会随尺度变化（罗格平等，2009；邵景安等，2013；赵俊三，2015）。

（3）驱动机制：人类行为对土地利用变化的响应

赫斯佩格等（Hersperger et al.，2010）认为土地利用变化的驱动机制至少应该包括四种模式，除传统的"驱动因子—变化结果"模式外，还应包括考虑主体决策因素在内的其他模式（见图1-1）（余强毅等，2013）。

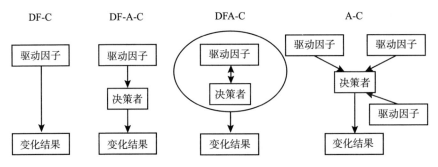

图1-1　土地变化驱动机制的四种模式

其中，DF表示驱动因子，A表示决策者，C表示变化结果。DF-C模式不考虑主体的决策行为，驱动因子直接作用于土地变化过程；DF-A-C模式主要考虑驱动因子作用效果的转换过程，即驱动因子通过影响主体决策行为进而作用于土地变化；DFA-C模式主要考虑驱动因子与主体决策者之间的相互影响；A-C模式重点突出主体决策者的作用。

1.2.2.2　土地利用变化模拟研究

驱动力模型是研究土地利用变化模拟预测常用的方法，通过模型可以实现模拟驱动过程和对未来土地利用变化过程预测。目前，常用的土地利用变化驱动力模型主要有：RS 与 GIS 相结合方法、经济计量分析方法、CA – Markov 复合模型、系统动力学模型、智能体模型、CLUE – S 模型、CLUE – S 和 Markov 复合模型等。土地利用变化模拟研究的趋势是从单方法模拟研究转向多方法结合的模拟研究（Valbuena et al.，2010；梁友嘉等，2011；汤洁等，2010；何丹等，2011；龚文峰等，2012；李少英等，2017）。

RS 与 GIS 相结合：遥感和地理信息系统相结合的方法在土地利用变化模拟中的应用比较广泛（施明乐，2004；杨思全等，2005；Magliocca et al.，2013；Robinson et al.，2013；宋杰，2014）。

社会调查与计量经济模型相结合：社会调查与计量经济分析方法被不少研究所应用。王鹏等（2004）采用主成分分析法分析江西省上饶县农用地利用强度变化的驱动因素。钟太洋等（2005）运用线性回归模型分析了"退耕还林"政策中土地产权安排对土地利用变化的影响。钟太洋等（2008）在理解农户土地利用决策机制的基础上，利用 329 份农户问卷调查数据，采用 Tobit 模型探讨了农户层次的土地用途变更的影响因素。

元胞自动机（CA）：元胞自动机是一种用简单的算法通过局部的运算模拟空间上离散、时间上离散的复杂性现象的模型，由五个主要部分组成：元胞、状态、邻域、转换规则函数、时间（杨青生等，2005）。元胞自动机广泛应用于土地利用变化模拟中，国内外许多学者做了相关研究（邱炳文等，2008；王磊，2011；Zhao，2012；Rosa et al.，2014；李少英等，2017；刘敬杰等，2018）。

CA – Markov 复合模型：Markov 模型是利用事物发生、发展的状态之间的转移概率矩阵，预测事物发生的状态及其发展趋势（王秀兰等，1999）。李黔湘等（2008）运用马尔可夫模型模拟预测了涨渡湖流域土地利用变化。侯西勇等（2004）运用马尔可夫模型和元胞自动机技术对河西走廊土地利用分布情况进行预测。吴艳艳（2009）运用 Markov – CA 模型描述土地利用类型变化过程，探讨了武汉市土地利用结构时空繁衍规律和动力机制。

系统动力学模型：系统动力学模型（SD 模型）是建立在控制论、系统论和信息论基础上的，以研究反馈系统结构、功能和动态行为为特征的一类动力学模型（王其藩，1993）。何春阳等（2004）利用 SD 模型模拟了中国北方 13 省 1990～2001 年的区域土地利用结构变化，并利用该模型实现了不同系统状态下未来 50 年土地利用结构变化的情景仿真。劳拉等（Laura et al.，2012）采用系统动力学方法模拟预测了萨赫勒地区的北部布基纳法索不同情景下的土地利用覆盖变化。

ABM 模型：近年来，社会学领域兴起的"智能体模型"（agent-based Modeling，ABM）逐渐应用于土地变化模型研究（Manson，2005；Filatova et al.，2009；Polhill，2009；Schreinemachers et al.，2011；Huang et al.，2014）。ABM/LUCC 为土地变化驱动机制分析提供了一种可行的解决思路：驱动因子的作用对象不再直接是土地利用空间单元（地），而是土地利用的决策主体（人），可通过研究决策主体行为对驱动因子的响应进而模拟土地利用空间格局变化（Yu et al.，2013）。王磊（2011）采用 ABM 模型在流域尺度上对农户返耕决策影响下的土地利用格局变化进行了情景模拟。田光进等（2008）将智能体定义为是存在于一定的环境中并与环境相互作用的个体，具有很高的自主性和反应性。智能体模型由三部分组成，即能自主决策的智能体、环境和定义智能体的规则。傅丽华等（2012）运用基于复杂适应性系统理论支持下 ABM 的建模方法，以系统行为偏好和行为影响分析为切入点，分析古镇旅游开发过程中各智能体的保护行为特征。由于每种模型都有其局限性，智能体模型经常和元胞自动机模型结合运用（Manson，2005；Le et al.，2010；Robinson et al.，2013；Zhang et al.，2013；Huang et al.，2014）。多智能体系统（multi-agent system，MAS）是在智能体模型基础上发展起来的，在模拟土地利用空间复杂系统的时空动态方面具有非常突出的优势，被不少学者用于研究土地利用动态模拟（Lei et al.，2005；刘小平等，2006；Schreinemachers，2007；宋世雄等，2017；Le et al.，2010；Chang et al.，2013）。

CLUE－S 模型：CLUE－S 模型是在 CLUE 模型基础上，针对小尺度区域应用进行改进后的模型，重点研究小尺度管理层级上土地利用的合理空间布局及范围内多种土地利用类型的分配协调（唐智华等，2011）。不少学者通过 CLUE－S 模型模拟分析了政策驱动下的土地利用空间布局变化（蔡玉梅等，2004；王丽艳等，2010；吴健生等，2012；张萌，2013；王祺等，2014）。

CLUE - S 和 Markov 复合模型：有学者将 CLUE - S 和 Markov 模型结合运用于土地利用变化动态模拟研究（吴艳艳，2009；李志等，2010；汤洁等，2010；龚文峰等，2012）。陆汝成等（2009）应用 CLUE - S 和 Markov 复合模型及 GIS 分析技术分别对现有土地转移速率发展和根据规划约束对转移概率进行调整的严格保护耕地的土地利用变化情景进行时空模拟，揭示不同情景下的土地利用格局变化。郑等（H. W. Zheng et al.，2015）也运用 CLUE - S 和 Markov 复合模型对香港城市更新区土地利用变化进行了模拟预测。

1.2.2.3　研究评述

近几年，国内外土地利用变化模拟研究用得比较多，因为没有模型是完美的，因而现在大多数研究都会采用几种模型相结合的方法进行土地利用变化模拟预测（Lambin et al.，2003；邱炳文等，2008；Zhang et al.，2013）。现有的土地利用变化驱动力研究已从侧重自然环境驱动因素的研究，向侧重经济社会因素转变。而要更好地理解土地利用变化的驱动力，需要从土地利用主体行为考察出发，分析土地利用变化的微观驱动机理，从对土地利用主体行为的研究中归纳土地利用变化的微观驱动机理。而土地市场无疑是对土地利用主体行为有重要影响的一个因素。因而，从城乡土地市场多元主体决策行为的角度研究土地利用变化具有重要的理论意义。

1.2.3　城乡土地市场对土地利用变化的影响研究

国内外关于土地市场对土地利用变化的影响机理研究相对较少，国内研究主要集中在土地市场发育程度对土地集约利用、城市土地市场对城市土地利用变化、农地流转对农地利用变化的影响机理等几方面开展研究。黄贤金（2017）指出，由于城乡土地市场的制度性割裂，城乡土地市场一体化对于区域土地利用变化的影响研究还未引起更多的关注。

1.2.3.1 土地市场发育测度研究

专门针对土地市场发育情况的研究相对较少，大多采用土地市场交易量与全部土地出让量（包括划拨和有偿出让）之比来反映城市土地市场发育程度。常修泽等（1998）认为土地的市场化一般用土地市场交易量与全部土地出让量（包括划拨和有偿出让）之比来反映。石晓平等（2001）把出让的三种最主要形式的采用程度作为土地市场化发展的趋势，来衡量我国三大区域土地市场发育的程度。在回顾相关市场化测度研究的基础上，通过构建一套评价指标体系来定量测算我国东、中、西部城市土地市场的发育程度。阮井晶等（2008）以徐州市为例，建立了土地市场景气指标体系及评价模型。谭丹等（2008）认为土地市场政策、社会经济发展水平、城镇化发展等因素均对土地市场化有着重要的影响作用。徐国鑫等（2011）运用DEA数据包络分析方法与空间自相关方法对我国土地市场化程度及其空间分布格局进行研究，从土地供需平衡度、土地市场配置度、土地市场竞争度、土地市场价格灵敏度及其土地市场配置机制的完善度5个方面，构建了城市土地市场化程度评价指标体系。姚睿等（2018）从交易方式、竞争程度、市场规模3个维度对全国30个改革试点区县的土地市场化程度进行了测度。

1.2.3.2 城市土地市场对土地利用变化影响的研究

国内研究城市土地市场对土地利用变化影响主要从土地市场发育程度与土地集约利用、土地价格与土地配置开展，国外主要通过构建智能体模型分析土地买卖双方决策行为对土地利用变化产生的影响。吴郁玲等（2009）立足于土地市场发育与土地集约利用的关系，采用情景分析法，分情景分析在不同的土地市场发育阶段、不同的土地市场结构下，土地资源的配置效率和集约利用程度。曲福田等（2007）认为城市土地市场对于促进城市土地集约利用有积极意义，并分析了市场发育对土地集约利用的影响机理。吴芸（2001）认为在土地市场化经营条件下，地价规律对城市用地功能重组及用地置换的作用日渐显著，反过来推动了城市用地布局规划的调整。丁成日等（Chengri Ding et al.，2014）研究了城市土地市场价格对北京市城市扩张及土地开发强度的影响。唐等（KongBo-sin Tang，2015）研究了香港土地利用规划、土地市场调整对产业空间重构的影响。孙世鹏等（Shipeng Sun et al.，2014）构建了多智能体模型分析北美城乡交界边缘处，土地市场对人们土地利用方式变迁的影响。菲拉托娃（Fila-tova et al.，2009）构建智能体模型，研究城市土地市场对城市土地利用变化的影响。杜金峰等（Jinfeng Du et al.，2014）以北京市为例，运用市级层面 1992 年、1996 年、2001 年、2004 年和 2008 年的遥感影像数据和土地使用权出让数据，定量研究土地利用变化并模拟研究土地利用变化和空间及市场的关系。周艳（2018）以长江经济带核心城市上海、武汉和重庆为研究区，分别从城市、县域和地块三个尺度实证检验了土地市场发展对城市建设用地扩张的作用途径和影响程度。

1.2.3.3 农村土地市场对土地利用变化影响的研究

农村土地市场的发育比城市土地市场晚，农村集体经营性建设用地和农用地的土地市场发育相对复杂，对土地利用覆被变化的影响主要也从这两个方面来阐述。第一，农村集体经营性建设用地市场对土地利用变化的影响。村集体内形成的一种将非农用地出售、租赁给当地私营企业的非正式交易市场在农村地区已经存在，但是这种交易促进了乡镇企业发展，不仅加快了非农用地向其他用地的转变，而且也加快了农业用地的占用速度（黄贤金，2017）。曲福田等（2001）在考察中国农地非农化途径的基础上，分析了土地市场结构及其价格形成机制，认为中国土地市场结构不合理及其价格扭曲是农地过度非农化的原因。形成这种土地市场结构的深层原因则是土地产权不清晰、土地收益分配不合理和土地管理体制不完善。第二，农村农用地市场对土地利用变化的影响。张丽君等（2005）以江苏省兴化市的村庄及农户问卷调查数据为依据，构建了农户农地流转与土地利用变化之间的计量模型，从农户尺度上验证了农地市场对土地利用变化的影响。马育军等（2006）结合区域不同农用地土地利用类型，分析了市场流转对区域农业土地利用变化的影响。谭荣等（2009）认为对于中国的土地非农化，单纯的市场并不是适宜的治理结构，政府是土地利用总体规划的制定者和实施者，在此过程中政府也是土地市场的管理者和土地公共产品的提供者。国外学者兹维·列尔曼（Zvi Lermana et al.，2007）研究了俄罗斯农村土地市场政策对农村土地利用变化的影响。

1.2.3.4　研究评述

国内外相关研究，尤其是国内的研究，很少有学者研究城乡土地市场整体对土地利用变化的影响机理，目前的研究主要是针对在城乡二元分割的土地市场下，城市和农村土地市场分别对各自区域土地利用变化的影响。农村土地市场与土地利用变化研究大都集中于农用地市场对土地利用的变化影响，农村集体建设用地流转对土地利用变化影响的研究相对较少。在以往研究中，发现城乡土地市场存在区域差异性，目前缺乏城乡土地市场机制对土地利用变化过程的影响研究的区域差异性研究。国内外城乡土地市场对土地利用变化影响的研究取得了重要的有参考价值的成果。但随着我国城乡一体化发展，特别是国家出台的"三块地"改革试点政策进一步推动了城乡土地市场一体化发展。在城乡一体化发展背景下，城乡土地市场一体化对土地利用变化的影响机理还有待揭示，这不仅是深化土地利用变化驱动机制研究的需要，也是在城乡一体化发展背景下，优化城乡土地利用格局、促进土地资源可持续利用的需要。

1.3　研究目标及研究内容

1.3.1　研究目标

本书旨在揭示城乡土地市场一体化对土地利用变化的影响机理，通过构建相应的理论模型，并选择无锡市区、佛山市南海区、北流市为例开展实证研究，验证城乡土地市场对土地利用变化影响机理，丰富和拓展土地利用变化驱动机制的研究视角及方法，为推进我国城乡融合发展、优化城乡土地资源的时空配置提供决策参考。

1.3.2 研究内容

遵循城乡一体化发展背景下城乡土地市场一体化的发展趋势，分析城乡土地市场一体化对区域土地利用变化的影响机理，构建相应的理论模型，再通过城乡一体化快速发展区域的实证研究，揭示城乡土地市场一体化对区域土地利用变化的格局、过程及效应影响。

1.3.2.1 城乡土地市场一体化对土地利用变化的影响理论框架

运用土地利用变化、土地市场、地租地价及尺度空间等理论方法，来剖析城乡土地市场一体化与土地利用变化的关系，并界定城乡土地市场一体化和土地利用变化的内涵，在此基础上构建城乡土地市场一体化对土地利用变化的影响理论分析框架。

1.3.2.2 对城乡土地市场一体化的研究

地价的空间差异性是影响区域土地利用变化的传导机制，在城乡土地市场一体化建设背景下，城乡土地价格的空间差异性对城乡用地功能重组及用地置换的作用日渐显著。为此，开展集体土地与国有土地价格一体化研究。基于城乡建设用地价格形成机理分析，引入多元线性模型，选取无锡市胡埭镇、钱桥镇、锡北镇企业问卷调查数据和 2010 年以来的国有土地供应数据，佛山市南海区 2010 年以来城乡建设用地交易数据，北流市2010 年以来的城乡土地交易数据，开展集体土地与国有土地"价格一体化"研究，探讨产权差异对土地价格的影响；并以佛山市南海区为例，探讨集体建设用地入市对集体建设用地价格的影响。

1.3.2.3 不同时期城乡土地市场特征及其土地利用时空变化研究

选取无锡市区、佛山市南海区、北流市为研究区域，区分不同区域城乡土地市场一体化的发展阶段，并结合遥感数据的判别对照分析，研究国有土地市场、集体土地市场的发展特征及其对土地利用变化的影响过程。根据城乡土地市场交易统计数据对研究区城乡土地市场总体发展状况进行分析，在此基础上结合城乡土地市场空间数据，进一步分析城乡土地的交易数量、用途、价格等空间分布状况，揭示城乡土地市场空间分布规律及特征。运用 1980 年、1990 年、2000 年、2005 年、2010 年、2015 年的土地利用遥感解译数据，通过影像叠加、计量分析、空间统计等方法，分析不同时期土地地类变化及其空间分布格局，揭示土地利用变化时空格局演变特征。进一步结合土地市场、人口发展、经济社会等多重因素，探讨不同政策背景下土地利用变化的驱动力和驱动机制，着重分析不同阶段土地市场政策实施前与实施后土地利用变化的时间过程和空间格局变化，以深入剖析城乡土地利用空间格局的形成机制和演化过程。

1.3.2.4 不同区域城乡土地市场—体化对土地利用变化的影响差异性研究

我国的土地市场有别于西方发达国家的完全性市场，是政府通过土地政策来监管的市场，城乡二元土地市场是城乡差异的土地政策结果。城乡土地市场发展特征在全国存在区域差异，地方性的城乡土地市场政策本身具有地理内涵和当地特色，特定区域的，如无锡市的集体土地流转政策、佛山市南海区的集体土地流转政策与北流市的集体土地流转政策本身就有差别。一些公共的全国性土地市场政策，在不同地方实施也会有不同的地理效应。通过研究无锡市区、佛山市南海区、北流市城乡土地市场发展不同阶段对土地利用变化的影响，来揭示不同区域城乡土地市场一体化对土地利用变化的影响差异性及规律。

1.3.2.5 城乡土地市场—体化对土地利用变化的影响尺度效应研究

城乡土地市场对土地利用变化的影响存在尺度效应，不同尺度的城乡土地市场对土地利用变化的影响存在区别与联系。运用面板回归模型分析镇街层面城乡土地市场一体化对土地利用变化的影响；运用空间自相关模型和多元线性回归模型一起分析村级层面城乡土地市场一体化对土地利用变化的影响；运用 Logistic 回归模型分析地块层面城乡土地市场一体化对土地利用变化的影响。通过无锡市区、佛山市南海区、北流市三个研究区不同尺度城乡土地市场一体化对土地利用结构及效率变化的影响，揭示城乡土地市场一体化对土地利用变化的影响尺度效应。

1.3.3 拟解决的科学问题

拟解决的科学问题是：城乡土地市场一体化对土地利用变化有何影响？

从理论上对城乡土地市场一体化的过程将如何影响土地利用变化（结构、格局、效率等）进行相应的解释，并以无锡市区、佛山市南海区、北流市为例，验证城乡土地市场一体化对土地利用变化的影响机理。

1.4 研究方法与技术路线

1.4.1 研究方法

1.4.1.1 比较分析法

比较分析国内外相关研究成果，为本研究提供借鉴和参考。比较分析不同区域及不同空间尺度城乡土地市场一体化对土地利用变化影响的差异性。

1.4.1.2 城乡空间结构分析方法

城乡土地市场一体化政策的实施是中国城乡土地利用空间格局的一个重要驱动因素，城乡空间结构进入快速调整时期，各种要素在空间上呈现明显区域分异现象。选取无锡市区、佛山市南海区、北流市为研究区域，运用基于 RS 与 ArcGIS 结合的城乡空间结构方法获取研究区域土地利用现状数据，采用土地利用类型动态度、综合土地利用动态度、土地利用类型相对变化率以及土地利用转移矩阵等方法，分析不同阶段土地市场政策实施前与实施后土地利用变化的时间过程和空间格局变化，以深入剖析城乡土地利用空间格局的形成机制和演化过程。

1.4.1.3 问卷调查与访谈结合的方法

通过问卷调查无锡市胡埭镇、钱桥镇、锡北镇的工业企业，收集集体土地流转数据以及企业用地效益等数据。不同利益相关者之间的关系和行为选择，可以反映相关主体的利益分配格局。故访谈政府、企业、村集体、农户等不同土地利益相关群体，了解他们对城乡土地市场一体化的认知和看法，对土地利用决策行为进行调研。从市场主体各方的政策认知及行为模式分析入手，通过基于情景模拟的问卷调查，了解市场主体各方对集体建设用地直接入市的交易偏好、利益诉求及由此带来的土地利用变化，为制定和完善城乡统一的建设用地市场制度设计提供参考依据。

1.4.1.4 空间自相关模型

空间自相关分析是地理信息系统技术在解决空间值插值方面的一个重要的模型。利用空间自相关模型，结合 ArcGIS 空间分析，实证检验村级层面城乡土地市场一体化对土地利用变化的影响机理。

1.4.1.5 计量回归模型

回归分析是对客观事物数量依存关系的分析，是一种重要的统计分析方法，广泛地应用于社会经济现象变量之间的影响因素和关联的研究。运用面板回归模型分析镇街层面城乡土地市场一体化对土地利用变化的影响；运用多元线性回归模型分析城乡二元产权对土地价格的影响以及村级层面城乡土地市场一体化对土地利用变化的影响；运用 Logistic 回归模型分析地块层面城乡土地市场一体化对土地利用变化的影响。

1.4.2 研究方案与技术路线

首先进行文献调研分析国内外研究进展，总结分析现有研究成果，揭示现有研究的不足，确定研究的关键问题。在此基础上，选择研究区进行资料收集和相关理论分析，主要包括研究区不同时相的遥感影像、土地利用规划成果、社会经济统计数据、政策文件资料、调研数据（问卷及访谈）等；分析土地利用变化、土地市场、地租地价以及尺度空间等理论与城乡土地市场一体化及土地利用变化的关系，构建城乡土地市场一体化对土地利用变化影响机理分析框架。为验证城乡土地市场一体化对土地利用变化影响机理，选择无锡市区、佛山市南海区、北流市进行实证研究。回顾研究区城乡土地市场的政策变迁历程，总结城乡建设用地市场的主要特征、存在的问题，探寻城乡建设用地市场演化区域的差异性；并对研究区不同城乡土地市场阶段的土地利用变化进行初步分析。利用空间自相关、面板回归、多元线性回归、Logistic 回归等计量模型，结合 ArcGIS 空间分析，实证检验城乡土地市场一体化对区域土地利用变化的影响机理。最后，在前期研究成果基础上，提出城乡土地市场一体化的土地资源可持续利用保障政策。本书研究的技术路线如图 1-2 所示。

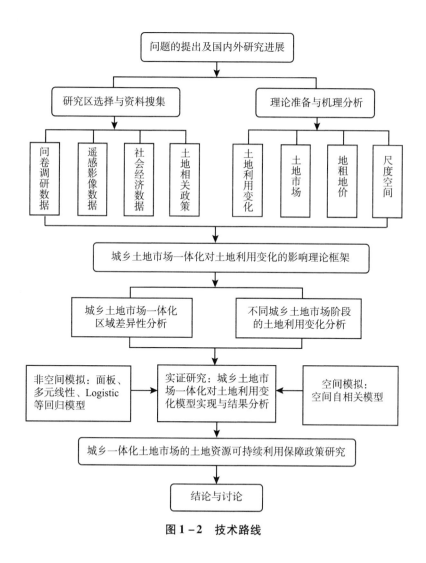

图 1-2 技术路线

1.5 研究区的选择及数据来源

1.5.1 全国城乡土地市场一体化总体发展特征

在改革开放前，我国城市土地使用权分配是一个高度行政化的过程，政府控制整个分配过程。土地使用者不需要支付土地使用费，但政府需要在征地过程中补偿农民。20世纪80年代初期，中国实行了改革开放，工业化和城市化快速发展，政府开始收取土地使用费，一些城市作为试点，以实现城市土地使用权真正的价值。1987年的上半年，深圳开始通过协议、招标、拍卖三种方式出让国有土地使用权，才普遍承认市场。1986年，《中华人民共和国土地管理法》的出台以及1998年的修订，为农村土地市场的形成提供了条件。经批准，乡镇企业、农民在一定法定条件下，可以使用集体土地用于厂房、住宅、公共设施等的建设。

我国在城乡二元经济制度的基础上，形成了以城市土地市场和农村土地市场为主要内容的城乡二元的土地市场制度，造成城乡土地市场长期处于割裂的状态。根据有关规定，除前文提到的可以使用集体土地的情形外，不管是企业还是个人，只能使用国有土地开展非农业建设，集体土地不能直接用于非农建设，而必须通过国家征收转为国有土地后才能用于非农建设，集体土地的使用权不得出让、转让或者出租用于非农建设，直接在集体土地上进行非农建设是不合法的。但随着长三角和珠三角等一些沿海经济发达地区的快速发展和工业化的迫切需求，优越的社会经济条件为集体建设用地市场发育提供了空间，许多中小型企业普遍使用集体土地进行非农建设。主要是因为企事业单位、村集体、个人往往会从节约用地成本和增加用地收益的角度出发实施违法行为（陈志刚等，2013）。村集体或农民为了防止土地被征收（Po，2008），争取自己发展经济的权利，农用地往往未经过合法征收就被农民直接转让给村集体以外的企业和个人进行开发建设（Tian，2008；Hao et al.，2011）。很多村集体或农民采用"以租代征"的违法方式将土地出租给企业，或在集体土地上新建、扩建、翻建房屋后出租给企业，并收取企业的租金。总之，尽管国家法律剥夺了城市化进程中农民开展农地非农化的权利，但农民为了保护自己的土地财产权利，通过私底下流转集体土地来保护某些事实上的土地产权（Xu et al.，2011；Liu，2012）。站在用地企业的角度看，这种方式虽然不合法，却不仅可以解决农用地转用计划指标难获取的问题，省去烦琐的土地征转用审批手续，为取得建设用地、尽快开工建设争取了大量时间，而且还不用一次性支付巨额地价款，降低了企业的前期成本（高国忠等，2012）。

虽然在国家制度层面上不允许集体建设用地流转，但由于经济社会的快速发展，各地自发形成的集体建设用地隐形流转现象在20世纪80年代就开始出现，并成为非常普遍的现象。可见，城乡土地市场一体化在各地的不断探索发展中，制度创新时常源于基层实践。

这种城乡二元分割的土地市场结构及发展不平衡，导致了土地市场运行中存在着诸多问题。如政府垄断土地一级市场、土地产权不明晰、农民权益受损、流转市场秩序混乱、土地粗放低效利用等。基于这些问题，学术界从土地产权制度改革、征地制度改革、土地发展权、集体建设用地入市、宅基地使用制度改革等多个方面提出了对策建议，并认为急需探索和构建一体化的城乡土地市场运行机制。

国家层面也出台了一系列政策为城乡统一的建设用地市场提供制度环境。党的十八届三中全会提出建立城乡统一的建设用地市场，允许农村集体经营性建设用地在一定条件下用于出让、租赁、入股，实现与国有土地同等入市、同权同价，"赋予农民更多财产权利"。2014年12月，中央全面深化改革领导小组和中央政治局常委会分别审议通过《关于农村土地征收、集体经营性建设用地入市、宅基地制度改革试点工作的意见》。2015年2月27日，经全国人大常委会授权暂时调整实施有关法律规定，国务院在33个县（市、区）开展了农村土地征收、集体经营性建设用地入市、宅基地管理制度三项改革试点，授权期限至2017年12月31日，33个试点包括北京市大兴区、天津市蓟县、河北省定州市、山西省泽州县、内蒙古自治区和林格尔县、辽宁省海城市、吉林省长春市九台区、黑龙江省安达市、上海市松江区、江苏省常州市武进区、浙江省义乌市、浙江省德清县、安徽省金寨县、福建省晋江市、江西省余江县、山东省禹城市、河南省长垣县、湖北省宜城市、湖南省浏阳市、广东省佛山市南海区、广西壮族自治区北流市、海南省文昌市、重庆市大足区、四川省郫县、四川省泸县、贵州省湄潭县、云南省大理市、西藏自治区曲水县、陕西省西安市高陵区、甘肃省陇西县、青海省湟源县、宁夏回族自治区平罗县、新疆维吾尔自治区伊宁市。经全国人大常委会的两次决定，改革试点延期到 2019 年底。这次农村土地制度改革，成为我国城乡土地市场一体化建设的助推剂。

目前，我国城乡土地市场发育比较成熟的地区主要集中在长三角、珠三角等沿海经济发达的地区，而在全国 33 个地区开展的"三块地"改革试点，为城乡土地市场一体化的研究提供了更多的研究范本。

1.5.2 研究区选择

研究区域的选择主要考量了以下几个因素：一是经济发展水平的差异。我国地域广袤，资源禀赋不同，人文环境多样化决定了各地经济发展水平存在区域差异，而经济发展水平的区域差异直接影响着土地利用相关者的行为模式，进而影响土地利用变化。二是集体土地流转模式的差异。不同地区的城市土地市场差异不大，主要是农村土地市场存在差异，而集体土地流转模式是影响农村土地市场差异的重要因素。在实践中，全国 33 个试点地区推行了不同的集体土地流转模式。三是土地市场发育程度的差异。市场发育程度决定了土地资源的配置效率。四是政府土地调控方式的差异。在城乡土地流转中，政府的角色定位以及与市场的关系，一定程度上决定了土地利用方式（见表 1－1）。

表 1－1　　　　　　　　三个研究区城乡土地市场对比分析

研究区域	经济发展模式	集体土地流转模式	土地市场发育程度	政府调控方式
无锡市区	乡镇企业发展商品经济，凭借劳动力成本优势和强大的政府资源调配能力，成为长三角的经济发展腹地（苏南模式）	政府指导，集体主导	城乡土地市场较发达，国有工业用地和集体工业用地市场并存	政府指导，市场辅助调节（强政府＋强市场）

续表

研究区域	经济发展模式	集体土地流转模式	土地市场发育程度	政府调控方式
佛山市南海区	外向型的市场经济，多元化的经济主体，经济贸易极为活跃（南海模式）	农户集体主导	城乡土地市场发达，存在租赁、入股等多种形式；除住宅用地外，其他建设用地国有集体市场并存	政府劝导，市场基础调节（强市场＋弱政府）
北流市	山区经济，经济发展总体水平低，但近些年发展迅速（北流模式）	政府主导	城市土地市场发育成熟，农村土地市场不发达；在国家试点中集体建设用地入市以住宅用途为主	政府领导，市场辅助调节（强政府＋弱市场）

　　无锡市是长三角地区的中心城市之一，也是长三角地区人口最密集的地区之一，是我国著名的历史文化名城、吴文化的发祥地，近代民族工商业和乡镇企业的发祥地。无锡市较早地探索了集体建设用地流转政策，早在 20 世纪 90 年代初的乡镇企业改制中，就开始探索通过引入市场手段来处理集体土地资产，1999 年就试行了年租制，2009 年试行"双置换"政策。2004 年，江苏省制定的《江苏省统筹城乡发展、推进城乡一体化纲要》促进了无锡市城乡统筹发展。近些年，无锡市在城乡土地市场一体化、增加农业投入、就业保障制度、产业规划等方面作出了尝试。同时，无锡市处于融入长三角区域一体化的深化期，城乡产业结构也将面临快速转型，城市化发展速度较快。随着城市化水平的不断提高，必然要求城乡土地市场一体化以实现土地要素自由流转。同时，在无锡市城乡土地市场一体化发展过程中，土地利用问题突出，各方面用地的竞争愈加激烈，并且存在土地利用结构不尽合理、工业企业占地较多、农地非农化、土地利用效率较低等问题。

　　佛山市南海区位于广东省中部，珠三角腹地，广佛同城核心区，是城乡高度一体化发展区域。南海区较早探索了集体土地流转，早在改革开放初期，大量的农用地就开始自发流转成为经营性建设用地。南海区是全国农村土地制度"三块地"改革试点地区，城乡土地市场一体化改革走在了全国前列。目前，已基本建立起城乡统一的建设用地市场，集体建设用地和国有建设用地使用权在交易规则、规范及流程等方面基本一致。南海区农村集体经济发达，股权化改革和土地确权登记也已基本完成，为城乡统一土地市场的成熟完善提供了基础。通过建立完善集体土地整备制度，探索区片综合整治机制，打造乡村兴旺的产业载体，推进了"同地、同权、同价"的城乡土地市场一体化，实现了城乡发展的空间协同、产业接轨、权益共享（黄贤金，2018）。

北流市位于广西壮族自治区东南部，因境内圭江由南向北流而得名。北流市交通便捷、发达，经济发展总体上处于较低水平，但近些年来经济发展速度很快，社会投资比较活跃，各行各业对土地的需求不断提高。同时，作为丘陵地区，北流市农村集体建设用地规模大、分布广、类型多，其中农村宅基地占较大比重，而经营性建设用地占比不大。2015年北流市成为全国农村土地制度"三块地"改革试点地区。

因此，无锡市、佛山市南海区、北流市在城乡土地市场一体化方面具有一定的典型性和代表性。深入研究这些地区城乡土地市场一体化及其对土地利用变化的影响机理，对开展土地评价和土地管理、盘活存量土地，加快城乡一体化步伐，优化土地资源配置，实现土地资源的可持续利用具有重要的理论和现实意义。研究这些地区的发展经验和问题也可以为其他地区提供借鉴，为城乡统筹视角下土地资源时空优化配置提供研究支持，故而具有一定的参考价值。

基于上述分析，本研究选取无锡市区、佛山市南海区、北流市为研究区域，将城市和农村土地市场纳入城乡一体化的统一框架作为研究基点和视角。研究不同地域空间城乡土地市场一体化对土地利用变化的影响区域差异性，分析城乡土地市场一体化过程中土地利用空间分布规律、结构变化和形成机制，并探讨城乡土地市场一体化过程中土地利用空间优化配置的政策建议；以期为建立新型的城乡关系、优化城乡空间和土地利用格局、保护和合理利用土地资源提供理论支撑。

1.5.3 数据来源

研究利用数据包括 1980 年、1990 年、2000 年、2005 年、2010 年、2015 年等不同时相的 30 米分辨率遥感影像、2009～2017 年土地利用变更调查数据、土地利用总体规划成果、2009～2017 年城乡土地市场数据、政策文件资料、社会经济统计数据、不同利益相关群体（政府、企业、集体、农户）访谈及问卷调研数据等，具体数据来源见表 1-2。

表 1-2　　　　　　　　　研究区数据来源情况汇总

数据类型	数据来源		
	无锡市区	南海区	北流市
遥感影像	中国科学院资源环境科学数据中心	中国科学院资源环境科学数据中心	中国科学院资源环境科学数据中心
土地利用变更调查数据	无锡市国土资源局	佛山市自然资源局南海分局	北流市国土资源局
土地利用总体规划成果	无锡市国土资源局	佛山市自然资源局南海分局	北流市国土资源局
国有土地市场数据	国土部土地市场网和无锡市国土资源局	佛山市自然资源局南海分局	北流市国土资源局
集体土地市场数据	滨湖区胡埭镇、惠山区钱桥镇、锡山区锡北镇企业问卷抽样调查数据	佛山市自然资源局南海分局	北流市国土资源局
政策文件资料	无锡市国土局及无锡市人民政府网站	佛山市自然资源局南海分局和南海区人民政府网站	北流市国土资源局和北流市人民政府网站
社会经济数据	无锡市统计年鉴；无锡市统计局网站；胡埭镇、钱桥镇、锡北镇乡卡和村卡	南海区统计年鉴和南海区统计局网站	中国县域统计年鉴和北流市统计局网站
访谈及问卷调研数据	无锡市区实地调研	南海区实地调研	北流市实地调研

第2章

城乡土地市场一体化对土地
利用变化的影响理论框架

探究城乡土地市场一体化对土地利用变化的影响，首先需要厘清相关概念的内涵，在此基础上介绍相关理论基础，最后基于相关理论构建城乡土地市场一体化对土地利用变化的影响理论框架，为实证研究打下基础。

2.1　基本概念内涵

2.1.1　城乡土地市场一体化

根据党的十八届三中全会提出的"建立城乡统一的建设用地市场，在符合规划和用途管制的前提下，允许农村集体经营性建设用地出让、租赁、入股，实现与国有土地同等入市、同权同价"，城乡一体化土地市场主要指城乡土地同地、同权、同价的土地市场。本书将城乡土地市场一体化的内涵界定为交易一体化、地价一体化、产权同权化。交易一体化的内涵界定为集体土地和国有土地交易规则一致；地价一体化的内涵界定为集体土地和国有土地地价形成及内涵一致；产权同权化的内涵界定为集体土地和国有土地权利体系及构成一致。同地同权同价的城乡土地交易政策表征的是城乡土地市场交易规则一致，可界定为交易一体化，同权界定为产权同权化，同价界定为地价一体化。产权同权化和地价一体化是交易一体化的前提条件，地价是产权的价值体现，交易一体化、产权同权化和地价一体化密切相关。

2.1.2　集体经营性建设用地及价格

集体经营性建设用地，是指属于农民集体所有的具有生产经营性质的可用于盈利的建设用地，是农村集体建设用地三大类中的一种。农村集体经营性建设用地的现状为乡镇企业用地及集体经济组织为解决就业安置、发展集体经济而用作第二、第三产业的用地，包括农村集体经济组织使用乡（镇）土地利用总体规划确定的建设用地兴办企业或者与其他单位、个人以土地使用权入股、联营等形式共同举办企业、商业所使用的农村集体建设用地。

集体建设用地流转价格，是指土地使用者为获得一定年限集体建设用地使用权所支付的经济成本。集体土地流转方式包括出让、租赁、入股、抵押等。按照不同流转方式，可以分为土地出让价格、土地租赁价格、土地入股价格和抵押价格等；按不同土地用途，可分为商服用途价格和工业用途价格等。在实际发生的流转中，以出让和租赁为主要流转形式。本书讨论的集体建设用地流转价格主要指集体经营性建设用地的出让价格和租赁价格。

2.1.3　土地收益

土地收益，反映城乡土地市场参与各方的土地利益得失情况，分为政府收益、村集体收益、企业收益、村民收益。

（1）政府收益。一是地块出租或出让所得的政府收益部分，通过土地租金、出让金等形式获得；二是在项目实施过程中及投产后预计上缴的税费。

（2）村集体收益。主要包括地块出租或出让所得的集体收益部分，再减去开发地块实施对村集体收入造成的损失。

（3）企业收益。主要包括物业建成后房屋出租、出售或自营的收益，再减去运营成本的资金。

（4）村民收益。主要包括集体土地出租获得的各类收益（含房屋出租、现金补偿、村集体分红等）。

2.2 理论基础

2.2.1 土地利用变化理论

土地本身具有生产空间、生活空间、资产投资、资源贮存、生态系统、土壤地形地貌等多重角色，不同学科从不同视角解释土地利用变化及其驱动因素间的复杂联系。

多学科多视角的探索可能是土地利用变化综合分析的有效途径。土地特性自身的变化、土地使用者个体经济行为分析、政府与土地所有者土地利用管理行为分析，构成土地利用变化解释的理论框架。竞租曲线、转移边际点和打破土地利用空间均衡的条件分析，形成了土地利用变化经济分析的理论基础（李秀彬，2002）。朱会义（2004）从人类活动、土地资源、社会需求等方面出发探讨区域土地利用变化的理论，阐述了以下观点：需求变化是区域土地利用变化的初始动因，供需关系决定了区域土地利用变化的方向与幅度，土地总面积约束着区域土地利用的结构，效用差异导致土地单元在利用类型间转移，效用梯度决定了土地利用变化的空间特征，体制与政策因素是土地利用变化的重要驱动力，可以人为抑制或增大产品的区域转移。张同升等（2005）将现有的土地利用变化理论分为三大类：基于城市和区域经济学的土地利用变化理论；基于社会学的土地利用变化理论；基于人地关系理论的土地利用变化理论。

土地用途的多宜性、空间位置的固定性、面积的有限性、质量的差异性、供给的稀缺性、资源及资产属性等土地特性是土地利用变化的基本条件。从新古典经济学的视角来看，土地用途的转移是土地经营者追求效用最大化的结果，即通过土地的最优利用达到最大获利。其实质是不同土地利益相关者对同一土地不同用途的竞标结果。

对土地利用变化的驱动机制研究发现，土地利用变化驱动因素主要包含三个方面：①自然地理因素，如地形、地貌、区位等；②经济社会因素，如经济社会发展水平、人口发展等；③政策因素，如土地利用规划、土地市场政策等。中国的土地市场有别于西方发达国家的完全性市场，是政府通过土地政策来监管的市场，城乡二元土地市场是城乡差异的土地政策结果。可见，城乡土地市场是土地利用变化的重要驱动力。

2.2.2　土地市场理论

在不同的经济社会体制下和不同社会经济发展阶段，土地市场都有着特殊的内涵界定。从西方经济理论的角度看，土地市场就是一种优化配置土地资源或资产的制度或机制，需要实现土地要素在不同利益主体和不同空间的优化配置（黄贤金，2016）。在马克思理论看来，土地市场就是土地产权流动中所发生的土地供求双方关系以及整个土地产权交易领域，只要存在土地产权交易关系，就存在土地市场。通常意义上的土地市场是指土地使用权的转移，即承租人向土地所有者（国家或集体）缴纳地租获取承租期内的土地使用权关系。

土地市场构成要素包括交易主体、交易对象、交易方式、交易价格、交易场所等。土地交易方式包括出让、租赁、转让、转租、抵押、作价出资（入股）等。不同的交易方式实际上是不同的合约方式，界定了不同的土地使用年期、不同的土地价格水平。

土地市场运行机制的核心是价格形成与作用机制，即价格机制和供求机制。土地市场运行机制，一方面是价值规律在土地市场中的体现，另一方面它又是土地使用制度的实现机制，同时还是政府进行宏观调控、行政管理、监督执法的一个载体。土地市场运行机制包括供求机制、价格机制、竞争机制、宏观调控机制等。

土地市场运行的基础理论是供求理论，也是分析土地价格变动的核心理论。由于土地具有的自然特性和经济特性，使得土地的供求关系具有自身的特殊性。在实际的土地市场中，土地供不应求是绝对的、普遍的，而供过于求是暂时的、个别的。例如，当社会经济处于稳定状态时，建设用地的供求也遵循着土地供求的一般规律，尤其是在商业区、住宅区等。一般情况下，如果地价上升，相应的供给就会增加，同时需求也会在一定程度上减少，反之亦然（见图 2-1）。土地市场供求理论分析方法广泛用于研究土地市场中的价格规律，也常用于研究土地的其他问题。

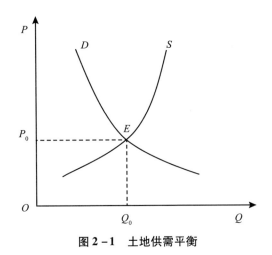

图 2 - 1　土地供需平衡

2.2.3　地租地价理论

地租理论主要有古典经济学、马克思以及新古典经济学的地租理论。其中，古典经济学地租理论的代表有理查德·坎蒂隆（Richard Cantillon，1680～1734）、亚当·斯密（A. Smith，1723～1790）、詹姆斯·安德森以及大卫·李嘉图（David Ricardo，1772～1823）等。本书主要介绍新古典经济学地租理论的代表威廉·阿隆索（William Alonso）的地租理论。

"阿隆索地租模型"是新古典主义地租模型中最杰出的模型。其基本理论包括三部分：家庭竞投地租模型、土地市场的区位平衡以及地价的空间分布规律。对于空间分布规律，阿隆索指出，经济活动可以获得的收益取决于他的地租支付能力。地租支付能力较强的将获得金融、商业等位于中心地段的土地使用权，反之，支付能力较弱的会获得外围地的土地使用权，如农业等。这样就出现了一个有规律的同心圆土地利用模式，即城市地价空间结构模型。该模型是在理想的环境中形成的，在实践中，由于存在其他因素的影响，该模型会有一定程度的变形。根据地租理论模型，距离市中心越远，地租越低。

地价是为购买获取土地预期收益的权利而支付的代价，地价的高低取决于可以预期获取的收益的高低。地价理论是经济学中的一个重要的研究领域，同时地价也涉及法律、政治、自然环境等多个领域。在我国，土地所有权不能用来交易，城乡土地的交易实际上是城乡土地使用权的转移，所以城乡土地的价格实际是土地使用权价格。土地价格作为土地权能实现的结果，其影响因素与土地产权的实现密切相关。

土地利用结构的变化很大程度上是由于不同土地利用类型之间的竞租能力的变动引起的（曲福田，2002），而土地利用价格是竞租能力的价值体现。在城乡土地市场一体化过程中，很大程度上会受到地租地价的影响。地价的空间差异性是影响土地利用变化的传导机制，以地租地价理论为基础，分析当前城乡建设用地的流转价格，可以让我们找出价格的变化规律，对于指导城乡建设用地的合理配置具有重要的参考价值。

2.2.4 尺度空间理论

在地理学上，尺度效应指当空间数据经聚合而改变其单元面积的大小、形状和方向时，分析结果也随之变化的现象。尺度效应是地理学常见现象，尺度空间理论表明，任何地理实体在形成信息的过程中都具有尺度依赖特征，只有在特定的空间尺度来描述和提取信息，才具有科学意义和现实意义。

城乡土地市场对土地利用变化的影响也存在尺度效应，不同尺度城乡土地市场对土地利用变化的影响存在区别与联系。土地价格及土地交易规模作为城乡土地市场的重要表征指标在不同尺度上的变化明显，研究尺度的增大对土地价格和土地交易规模空间集中程度具有"稀释"作用；在不同的研究尺度下，土地利用地类面积变化和空间形态分布上具有显著差异，其原因是，尺度变大包含的地类和面积也增多，地类结构也随之发生变化。市县层面上的研究仅能揭示当前尺度城乡土地市场一体化对土地利用变化的影响空间差异，不能反映出县域范围内镇街、村、地块等更小尺度空间的差异特征。镇街、村、地块等不同层次城乡土地市场对土地利用变化的影响差异性有待揭示。故本研究从市县、镇村、地块等不同层次分别研究城乡土地市场一体化对土地利用变化的影响。

2.3 城乡土地市场一体化对土地
利用变化的影响理论框架

2.3.1 城乡土地市场一体化测度

从前文可知，城乡土地市场一体化包含交易一体化、地价一体化、产权同权化三个维度的内涵，故分别从这三个维度进行测度。

交易一体化测度：集体建设用地入市政策的出台是集体土地规范入市流转的重要依据，对实现集体土地和国有土地同地同权同价具有重要的推动作用，故而以集体建设用地入市流转政策的出台作为城乡土地市场交易一体化的标志。交易一体化用0、1虚拟变量表征，入市前交易一体化水平表征为0，入市后交易一体化水平表征为1。

地价一体化测度：土地价格是土地产权的价值体现。我国的土地价格是土地使用权的价格，城乡土地市场分割主要在于国有土地和集体土地权利内涵的不同，从而导致集体土地和国有土地价格的不同，故而可以用地价一体化程度来表征城乡土地市场一体化程度。地价一体化水平＝集体土地价格与国有土地价格的比值。

产权同权化测度：我国的土地市场是土地使用权流转市场，故而可以用产权同权化来表征城乡土地市场一体化。集体土地和国有土地产权体系不同，国有土地产权明晰，集体土地产权模糊，国有土地产权完善，集体土地缺乏抵押权。产权体系的差异用0、1变量表征，集体土地用0表征，国有土地用1表征。国有土地和集体土地可以采用长期出让或者短期租赁的方式转让土地使用权，因而不同流转方式的产权年限不同。产权年限的差异用0、1虚拟变量表征，短期租赁表征为0，长期出让表征为1。

2.3.2 土地利用变化的内涵界定

正如前文所言，国内外土地利用变化研究工作进展迅速，不同学科的学者从不同视角对土地利用变化内涵进行界定。国外学者对土地利用变化的概念界定多集中于土地覆被变化的定义，主要侧重于两个方面：一是土地覆被的主要组成是地球表面的植被；二是自然过程和人类的活动共同作用于地球表面的植被和其他特质而引起土地利用/土地覆被变化（袁子坤，2016）。而国内学者对土地利用变化的概念界定倾向从土地利用的角度出发。李秀彬（2002）认为土地利用变化主要包括用途转移和集约度变化两种类型。傅博杰等（2014）认为土地利用变化包括土地利用类型变化、土地利用格局变化、土地利用强度的不同。黄贤金等（2017）认为土地利用变化涉及土地利用方式、土地利用强度、土地利用布局的改变。本书中的土地利用变化内涵界定为：土地利用结构变化、土地利用空间布局变化及土地利用效率变化。本书分析的土地利用结构变化主要是特指农用地和建设用地之间的变化，并没有分析建设用地内部用途的变化，因建设用地不同用途间的转换更为复杂、难以识别；土地利用空间布局变化指不同用地类型在空间上配置的区位变化；土地利用效率变化指土地产出强度的变化。

2.3.3　城乡土地市场一体化对土地利用变化的影响机理

政策调控和经济驱动是导致我国土地利用变化及其时空差异的主要原因（刘纪远等，2009）。土地市场与土地利用变化关系密切，土地市场是土地利用变化的重要驱动力，城乡土地市场在促进土地要素集中、优化建设用地空间配置、引导产业发展等方面发挥着重要作用（黄贤金，2010）。土地市场政策的变动势必会对土地利用变化产生影响。城乡土地市场一体化对土地利用变化有着重要的影响和作用，土地市场一体化会带来产业空间、居住空间、生态空间的重构，也是土地利用空间布局发生变化的体现。土地市场政策对土地利用主体的行为影响非常显著，是土地利用主体行为决策的重要因素，它通过产权制度、价格机制、竞争机制、利益分配机制等影响土地利用多元决策主体的土地利用行为，进而影响土地利用及其结构的形式。

城乡土地市场将是各种利益集团盘根错节的复杂适应性系统，在这个系统中，每个利益相关者有着自己的风险偏好和决策方法，独立地作出各自的经济决策，为了各自的利益在一定的市场规则下展开竞争与协调。国家、地方政府和农民在土地资源利用上有着彼此不同甚至互相冲突的利益考量。中央政府的目标是保护耕地、保障粮食安全和宏观调控能力；地方政府优先考虑的是 GDP 和税收留成；村级组织的出发点是土地收益最大化，以维持社区福利和公共服务等各项支出；而农民更在意当下的土地分红和资源的长期可持续性（陆雷，2008）。在城乡土地市场一体化体制下，土地利用利益相关主体将更加遵循区域市场公平的原则。由此，土地利用多元利益主体的区域利益格局也将调整，区域土地利用尤其是土地利用空间布局的博弈将更加激烈。

在土地利用系统中，多元利益相关主体是决定土地利用方式的主体，其决策行为受自身因素与外部环境的共同影响，最终将作用于土地利用格局。城乡土地市场发育过程中出现的入市主体变化、采取的入市交易方式等市场机制，通过作用于不同权利主体之间的收益分配与行为博弈，对土地利用结构、格局、效率等产生显著影响。在城乡土地市场一体化过程中，土地供求关系发生变化，多元决策主体时空收益预期发生变化，调整土地利用行为决策，因而导致土地利用空间格局的变化。城乡土地市场一体化改革是土地利用变化的重要驱动因素，和自然、经济、区位、人口等其他驱动因素一起引致土地利用结构、格局、效率等发生变化（见图 2 - 2）。

城乡土地市场一体化发展在不同地区呈现不同政策地理特征，对土地利用变化产生的影响也有差异。城乡土地市场发展特征在全国存在区域差异，地方性的城乡土地市场政策本身具有地理内涵，具有当地特色。特定区域的，如无锡市的集体土地流转政策、南海区的集体土地流转政策与北流市的集体土地流转政策本身就有差别；一些公共的全国性土地市场政策，在不同地方实施也会有不同的地理效应。

市县、镇街、村、地块等不同层面城乡土地市场一体化对土地利用变化的影响理论上存在尺度效应。主要是因为作为城乡土地市场的重要表征指标，土地价格及土地交易规模在不同尺度上的变化明显，研究尺度的增大对土地价格和土地交易规模空间集中程度具有"稀释"作用；土地利用地类面积变化和空间形态分布在不同的研究尺度下具有显著差异，其原因是，研究尺度的增大包含的地类和面积也增多，地类结构也随之发生变化。

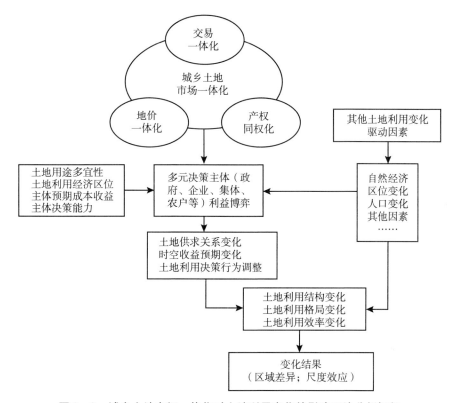

图 2 - 2　城乡土地市场一体化对土地利用变化的影响理论分析框架

2.3.3.1　交易一体化对土地利用变化的影响

基于前文的分析，采用集体建设用地入市政策是否出台来表征交易一体化。政策是土地利用变化的重要驱动力，伴随着集体建设用地入市政策的出台，潜在的建设用地供给会大大增加，城乡建设用地市场供需关系发生变化，势必导致土地利用结构发生变化。

交易一体化对土地利用结构变化的影响，包括农用地和建设用地之间的转化，也包括存量建设用地内部用途的变化，因存量建设用地不同用途间的转换情况更为复杂、不易识别，故城乡土地交易一体化对土地利用变化的影响，主要是分析交易一体化对农用地和建设用地之间转化的影响。农用地转化为建设用地（农地非农化）是农用地和建设用地之间转化的最主要的表现方式，故采用农地非农化表征土地利用结构变化。

集体建设用地入市可能有两种情况：一种情况是当地可供利用的集体建设用地存量较多，基于土地节约集约和比较收益的考虑，政府和村集体会使用存量集体建设用地入市，有助于盘活存量，提高用地效率，从而会抑制农地非农化；另一种情况是当地可供利用的集体建设用地存量不多，政府和村集体基于土地比较收益的考虑，将会采用增量集体建设用地入市，从而会促进农地非农化（见图 2-3）。

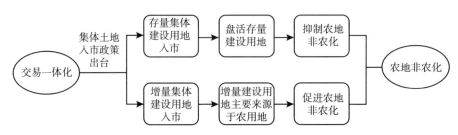

图 2-3　交易一体化对土地利用变化的影响理论分析框架

2.3.3.2　地价一体化对土地利用变化的影响

地价一体化对土地利用变化的影响，主要分析的是地价一体化对土地利用结构变化的影响。

城乡建设用地市场最重要的运行机制是供需机制，可以在调节土地供需与价格之间起作用。当建设用地需求大于供给时，大量的土地需求将会带动市场上土地价格上涨，造成供给增加；当建设用地供给大于需求时，市场上的供需机制会促使土地供应结构和数量的调整，使土地价格下降，建设用地市场上的这种供需关系不断变化引起土地价格的升降，而土地价格的升降又会调节建设用地供需量和结构的增减变化。

二元分割的土地市场改革为同地同权同价的一体化土地市场，地价一体化水平将趋于1，集体和国有土地之间的地价差距变小，国有土地价格和集体土地价格将发生变动。

地价是土地收益和土地使用成本的依据。对于政府而言，国有土地价格变动，政府土地预期收益发生变化，政府因而改变国有土地供应决策，从而影响政府土地利用行为，进而影响土地利用变化；对于企业而言，国有土地和集体土地的价格变动，让企业使用国有土地和集体土地的预期成本发生变化，企业因而改变对集体土地和国有土地的需求，从而影响企业的用地行为，进而影响土地的利用变化；对村集体而言，地价一体化促进集体土地价格变动，故而村集体的预期土地收益也会发生变化，村集体因而改变农村集体土地的供应决策，从而影响村集体土地的利用行为，进而对土地利用变化产生影响（见图 2-4）。

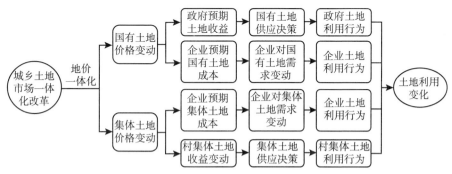

图 2-4　地价一体化对土地利用变化的影响理论分析框架

从上述分析可以看出，理论上，城乡土地价格一体化对土地利用变化的影响存在不确定性。在土地利用系统中，多元利益相关群体是决定土地利用方式的主体，他们的决策行为受自身因素与外部环境的共同影响，最终将作用于土地利用格局。在城乡土地市场一体化体制下，土地利用决策主体将更加遵循区域市场公平的原则，由此，土地利用多元决策主体的区域利益格局也将调整。因此，区域土地利用尤其是土地利用空间布局的博弈将更加激烈。地价一体化对土地利用变化产生什么样的影响，主要取决于多元相关主体的利益博弈结果。

2.3.3.3　产权同权化对土地利用变化的影响

在城乡土地市场一体化发展过程中，企业有使用国有土地的，也有使用集体土地的，有选择长期出让的方式获得土地，也有选择租赁的方式获得土地（Lifang Ye et al.，2018）。城乡土地产权同权化对土地利用变化的影响，主要分析的是产权体系及产权年限对土地利用效率的影响。因为集体经营性建设用地大都是工业用地，故而本书土地利用效率界定为工业用地效率。

在当前中国市场化改革逐步推进和经济发展新常态的形势下，中国土地供需矛盾十分突出，工业土地利用效率问题引起了政府和公众的高度关注。中国的土地交易从法律上讲主要是指土地权利的交易，因而土地产权和土地市场有着密切的联系。在当前中国城乡二元土地制度下，两种不同的土地产权安排在经济发展中并存。在目前的法律背景下，国有土地和集体土地产权是不平等的，存在一定的差异。由于我国长期以来对集体土地的发展权歧视，集体经营性建设用地的土地发展权只有通过征收转为国有才能进入土地一级市场，无法像国有建设用地使用权一样直接入市交易（Lifang Ye et al.，2018）。根据《中华人民共和国城镇国有土地使用权出让和转让暂行条例》，国有土地使用权可以用于出售、交换、赠与、出租和抵押，这意味着，企业在使用国有土地时可以将土地及附着其上的厂房自由转让。而集体土地产权由于是从非正规市场获得的，不符合法律规定也不受法律保护，同时有被国家征用或处罚的可能性，因此是不安全的。我们通过对村干部访谈可知，农村集体土地缺乏合法转让和抵押权利，用地企业无法出售、出租土地，厂房出售、出租还需要征得村集体的同意，而因为私底下转让的土地无法登记，所以无抵押权。可见，企业使用集体土地对土地的处分权是受限制的。相比之下，集体和国有土地产权安排之间的关键差异是缺乏法律转让权利和面临没收的风险（Choy et al.，2013）。

产权理论认为，产权安排对土地利用效率有显著的影响（Coase，1960）。产权严重影响资源利用决策，进而影响经济行为和绩效（Libecap，1989）。产权制度的存在及其对投资和资源使用的影响，在解释经济增长的差异中已经成为一个核心因素（Alston et al.，1996）。无论资源是属于政府、集体或个人，产权具有排他性，决定如何使用资源（Alchian and Demsetz，1973）。通过回顾相关文献，土地产权是指存在于土地之中的排他性完全权利，它包括土地所有权、土地使用权、土地租赁权、土地抵押权、土地继承权、地役权等多项权利，土地产权可能通过不同的渠道影响城市发展。首先，获得土地权利可以增强投资激励，通过限制征收风险和减少需要转移私人资源来保护产权（Besley，1995；Alston et al.，1996；Deininger and Jin，2006；Field，2007；Do and Iyer，2008；Galiani and Schargrodsky，2010）。其次，明晰的土地产权可以促进资产转移，并促进土地资源有效的配置（Besley，1995；Galiani et al.，2010）。土地产权是由一系列权利组成的权利束，包括物权和债权等多项权利。其中，土地所有权是自物权，地上权、永佃权、地役权、土地发展权、土地典权、广义的土地使用权是用益物权；土地抵押权是担保物权，租地租赁权和狭义的土地使用权是债权。土地的交易过程并非实体交易，而是土地权利束的流动。权利的界定是交易的基本前提，在产权明晰的情况下，若交易费用为零，无论权利如何界定，都可以通过市场交易达到资源的最佳配置。马克思的土地产权理论认为，地租是土地所有权在经济上实现自己、增值自己的形式，任何投资土地却不支付地租的情况都意味着土地所有权的废除。

现有土地产权对土地投资利用效率研究主要集中在农业部门（Field，2007；Galiani et al.，2010），研究产权对建设用地利用效率较少。尽管大多数研究集中在农业部门，但前人的研究结果还是为本研究提供了研究基础。

产权同权化对土地利用变化的影响理论分析框架见图 2 - 5。理论上，产权体系的差异会影响产权的安全性，从而影响土地使用者的投资决策，进而影响土地利用效率。不同的产权将导致土地使用者不同用地行为决策（钟太洋等，2005）。新古典经济学和新自由主义认为，不完善的土地所有权改革仍然是经济高效、合理、济可持续发展道路上的主要障碍（Choy et al.，2013）。若按照这个逻辑，中国不明晰的集体土地产权无法提供有效激励促使土地有效利用。在农业用地领域，有研究认为明晰的产权是促进长期投资和有效利用土地的关键，农村模棱两可的产权是中国无数土地相关问题的根源：效率低下、浪费土地使用、过度转变用途和土地纠纷（Lin，2010）。在工业用地领域，有研究认为国有土地利用效率相对较高，而集体土地利用效率较低，集体土地不完整的产权造成工业土地利用低效发展（Choy et al.，2013）。与之对立的观点是，明晰的产权不是经济发展的必要前提，感觉不安全的土地租赁对土地利用效率或生产力增长似乎并未有任何负面影响。相反，模棱两可的集体土地产权在中国当前背景下，允许国家所需的空间和灵活地应对许多政治、经济和社会问题上可能出现的风险和不确定的道路转变，集体土地不明晰的产权不是作为土地利用效率低下的根源（Ho，2001）。因此，城乡二元土地产权的差异到底对工业用地效率有什么影响，还有待进一步研究。

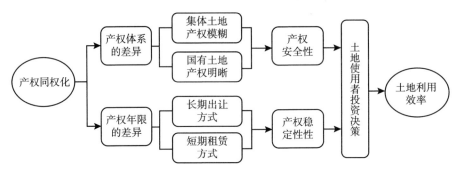

图 2 - 5　产权同权化对土地利用变化的影响理论分析框架

理论上，不同的产权年限会影响土地产权的稳定性，从而影响土地使用者的投资决策，进而影响土地利用效率。有不少的文献围绕农地产权稳定性对长期投资的影响问题作了研究（Field，2007；Galiani and Schargrodsky，2010），大部分认为不稳定的地权降低了与土地相关的长期投资的预期回报率，从而会导致土地利用效率低下。土地产权不稳定会导致土地投资获得收益的不确定性，影响农民在农场保持或提高生产率积极性（Feder，1987）。理论上，不同的土地使用年期会影响土地产权的稳定性，工业用地是否也会像农用地一样，不同的产权年限是否会导致工业企业不同用地效率？在中国，工业企业获得国有土地和集体土地盖厂房交易方式不一样，国有土地大都是出让方式，而取得集体土地使用权一般可通过一次性买断50年使用权方式、按年租赁方式等方式。对产权转让的不同限制，将会影响租约安排和资源配置（张五常，2000）。理论上，采取长期租赁土地的合约形式应该更能降低交易成本，而采用短期租赁，企业将不愿意扩大投资规模。理论上，一次性买断方式获得的土地产权年期长，产权稳定性好于短期租赁方式获得的土地，土地投资利用更有保障，土地利用效率将高于集体租赁土地。那么事实是否如此呢？为此，不同产权年限对工业用地效率产生何种影响，还有待揭示。

第3章

研究区及其城乡土地市场一体化研究

　　选取城乡土地市场一体化发展的典型市县区域为研究区，分析其经济社会发展概况及城乡土地市场发展特征，对比总结研究区之间的共性和差异性。在此基础上，对比分析不同研究区城乡土地市场一体化发展水平，并研究城乡二元产权对土地利用价格的影响，深层次揭示城乡土地价格的内在运行机制。

3.1　研究区概况

3.1.1　无锡市区概况

3.1.1.1　自然环境与经济社会状况

　　无锡市位于江苏省南部，长江三角洲平原腹地，境内以平原为主，星散分布着低山、残丘。无锡市位于北亚热带湿润季风气候区，四季分明，热量充足，降水丰沛，雨热同期。无锡依托长江、京杭大运河和太湖水系，市区共有大小河道3 100多条，总长2 480公里。是太湖流域的交通中枢，京杭大运河从中穿过。地处北纬31°07′至32°02′、东经119°33′至120°38′，位于长江之南、太湖以北，东邻苏州，西接常州，南与浙江省、安徽省交接，北与泰州市隔江相望，东距上海128公里，西距南京183公里。境内交通发达，拥有铁路、公路、水路、空港等立体交通网络，是华东地区重要的交通枢纽。

无锡市是长三角沿海经济开放城市，下辖7个区（市）、30个镇、51个街道。2016年实现地区生产总值9 210.02亿元，第二产业增加值4 346.78亿元，三产结构为1.5∶47.2∶51.3，人均GDP为14.13万元。2016年，无锡市完成固定资产投资4 795.25亿元，比上年增长2.0%，按产业投向分，第一产业投资9.05亿元，比上年下降11.4%，第二产业投资2 048.65亿元，比上年增长7.0%，第三产业投资2 737.55亿元，比上年下降1.4%。2016年，全市常住人口为651.81万人。其中，户籍人口占74.59%。2016年，无锡市工业生产保持稳定，全市规模以上工业企业实现增加值3 075.49亿元。①

3.1.1.2　土地利用状况

无锡市是我国近代民族工商业的发祥地，也是"乡镇企业"的发源地，经济发达，土地利用情况在长三角地区具有代表性。

如图3-1所示，2017年，无锡市农用地面积为172 834.24公顷，占

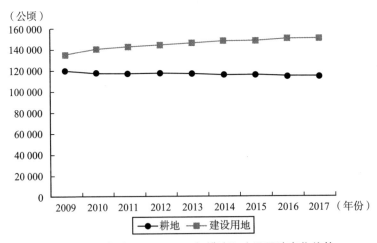

图3-1　无锡市2009~2017年耕地和建设用地变化趋势

---

① 资料来源：2017年无锡市统计年鉴。

土地总面积的 41.19%。其中，耕地面积 114 707.06 公顷，占土地总面积的 27.33%；园地面积 20 574.23 公顷，占土地总面积的 4.90%；林地面积 35 943.41 公顷，占土地总面积的 8.57%；草地面积 1 609.54 公顷，占土地总面积的 0.38%；建设用地面积 150 735.97 公顷，占土地总面积的 35.92%；其他土地面积为 96 075.33 公顷，占土地总面积的 22.89%。

与 2009 年相比，无锡市的耕地、园地、林地、草地、其他土地都在不同程度地减少。其中，减少量最大的是耕地，减少了 2 697.66 公顷，减少幅度为 2.24%；其次为园地，减少了 2 764.34 公顷，减少幅度为 11.84%。而建设用地相应地增加了 15 096.47 公顷，增加幅度为 11.13%。[①]

从图 3 - 2 中可以看出，无锡市 2017 年的土地开发强度已高达 35.92%，位居江苏省之首。按照无锡市政府制定的主体功能区规划，到 2020 年，全市建设空间须控制在 229.5 万亩左右，开发强度须控制在 33% 以内。目前，无锡市的土地开发强度已经超出主体功能区规划的控制目标。

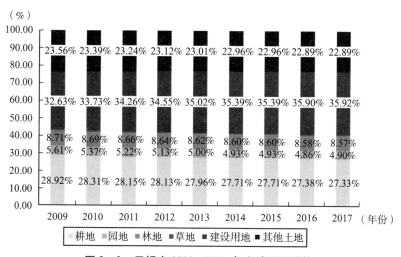

图 3 - 2　无锡市 2009 ~ 2017 年土地利用结构

① 资料来源：根据无锡市 2009 ~ 2017 年土地利用变更调查数据编制。

3.1.2 佛山市南海区概况

3.1.2.1 自然环境与经济社会状况

佛山市南海区位于广东省中部，珠三角腹地，广佛同城核心区，总面积 1 073.8 平方公里。东连广州市芳村区、番禺区，南接顺德区、鹤山市、新会区，西邻三水区、高明区，北邻花都区，环抱佛山禅城区，地处北纬 22°48′03″、东经 112°49′55″之间。南海区的地势大致是西北、西南部高，中、东南部低。地貌单元主要有三角洲平原、丘陵、低山。占全市约 2/3 的是西、北江三角洲平原及其支流的河谷三角洲平原，几乎遍布顺德和南海大部分及高明东北部，海拔多在 0.7~2.5 米。

南海区辖 1 个街道，6 个镇，67 个村，182 个居委会。2016 年末，常住人口 271.13 万人。其中，户籍人口 132.91 万人，增长 3.8%；户籍人口的主要构成：男性占 49.1%，女性占 50.9%；全年出生人口为 2.06 万人，出生率为 15.94‰；死亡人口为 0.73 万人，死亡率为 5.67‰；自然增长率是 10.27‰。南海区村（居）集体经济组织有 2 304 个，其中经联社 223 个，经济社 2 081 个。2016 年，村（居）社（组）两级集体资产总额 378.45 亿元，村（居）社（组）两级集体经济总收入为 83.78 亿元，可支配收入 77.51 亿元。2016 年，全区股份分红总额为 43.03 亿元，人均分红 5 346 元，股份分红占农村居民人均纯收入的比例达到 24%。全区村级可支配收入超 1 000 万元的经济联合社有 78 个；组级可支配收入超 1 000 万元的经济社有 108 个。[①] 全年产值超两百亿元的行业有六个，分别为有色金属压延及加工业、电气机械和器材制造业、计算机通信和其他电子设备制造业、金属制品业、废弃资源综合利用业、非金属矿物制品业。

3.1.2.2 土地利用状况[②]

2017 年，南海区农用地面积为 25 223.46 公顷，占土地总面积的

---

① 资料来源：2017 年南海区统计年鉴。
② 本节数据来源：南海区 2009~2017 年土地利用变更调查数据。

23.53%，其中，耕地面积 12 094.94 公顷，占土地总面积的 11.28%；园地面积 4 126.76 公顷，占土地总面积的 3.85%；林地面积 6 761.13 公顷，占土地总面积的 6.31%，草地面积 2 240.63 公顷，占土地总面积的 2.09%；建设用地面积 54 860.23 公顷，占土地总面积的 51.18%；其他土地面积为 27 098.22 公顷，占土地总面积的 25.28%。

与 2009 年相比，南海区耕地、园地、林地、草地都在不同程度地减少。其中，减少量最大的是草地，减少了 1 360.91 公顷，减少幅度为 11.84%；其次为耕地，减少了 763.68 公顷，减少幅度为 5.94%。除了 2011 年，建设用地在逐年增加，比 2011 年增加了 2 767.32 公顷，增加幅度为 4.92%（见图 3-3）。

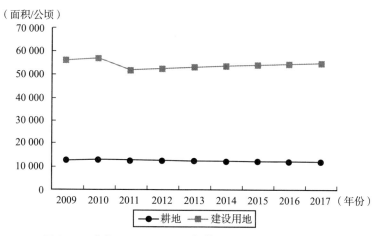

图 3-3　南海区 2009~2017 年耕地和建设用地变化趋势

从图 3-4 中可以看出，南海区 2017 年土地开发强度已经过半，高达 51.18%，因此南海区新增可供开发利用的空间相对有限，土地资源已经成为制约南海区经济社会发展的瓶颈之一。

由图 3-5 可知，大多数镇（街道）集体土地面积大于国有土地面积。在各镇（街道）中，集体土地面积最多的是狮山镇，其次为西樵镇、丹灶镇，这与各镇（街道）的行政区划面积有一定关联。但从比例上看，集体土地面积占比最高的为大沥镇，面积占比为 65.80%，其次为丹灶镇、狮山镇。

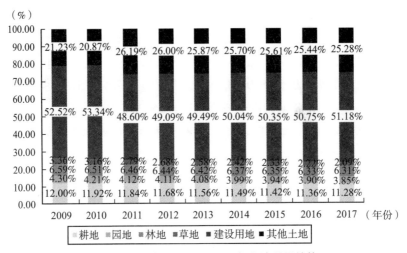

图 3 - 4　南海区 2009 ～ 2017 年土地利用结构

（a）南海区2015年土地利用现状分布图　　　　（b）南海区2015年集体国有土地产权分布图

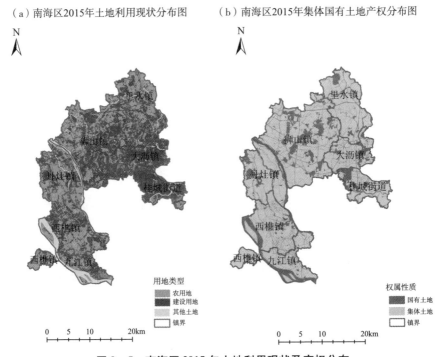

图 3 - 5　南海区 2015 年土地利用现状及产权分布

从图 3-6 可以看出，集体经营性建设用地在狮山、大沥、里水等中、东部城镇分布较多，西樵、丹灶次之，而作为城市中心的桂城（城镇建设用地占比较大）及外围区域的九江（农用地占比较大），集体经营性建设用地体量较小。

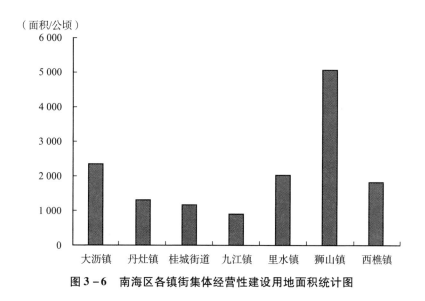

图 3-6　南海区各镇街集体经营性建设用地面积统计图

3.1.3　北流市概况

3.1.3.1　自然环境与经济社会状况

北流市位于广西壮族自治区东南部，地处北纬 22°08′~22°55′、东经 110°07′~110°47′之间。东北与容县毗邻，东接广东省信宜市；南与广东高州市、化州市相连；西与玉林市玉州区、陆川县接壤，北与桂平市相邻；因境内圭江由南向北流而得名。北流市境内有 16 条江河，其中主要河流圭江河，属珠江水系支流。矿产资源丰富，已探明的主要矿产资源有石灰石、花岗岩、高岭土、铅锌矿等 10 多种。交通便捷、发达。区域内公路交通网络已比较完善，全市每个乡镇均通了硬化道路，半数以上的村通了硬化道路。置县至今已有 1 500 多年历史，于 1994 年 4 月撤县设市。北流市是古代海上丝绸之路的重要节点城市、广西连接广东的桥头堡、大西南通往粤港澳大湾区的便捷通道，侨力资源丰富，是广西第二大侨乡。全市有华侨以及港澳台同胞30多万人，绝大多数分布在东盟各国，这些侨胞大多懂多国语言，交流方便，关系多，信息灵，对北流扩大对外开放和经贸合作起着重要作用。

全市总面积是2 457平方公里，辖25个镇（街道），总人口为152万人，中心城区面积32平方公里，人口32万人。经济综合实力居前。自改革开放以来，北流市善于把握机会，敢于创造奇迹，积极抢占县域经济发展制高点，县域经济发展总量和增速均走在广西县（市）前列。2017年，全市完成财政收入25亿元、地区生产总值324亿元，分别位居广西县（市）第一、第二。2017年，全市完成工业总产值448.26亿元，增长16.8%；规模以上工业企业139家，完成规上工业总产值426.3亿元，增长17.5%；规上工业增加值为112.4亿元，增长10.2%。其中，陶瓷、服装皮革、林产化工、健康食品四大产业完成规上产值317.3亿元，增长18.4%，税收9.7亿元，增长8.9%，占全市规上工业产值的74.4%。拥有陶瓷、服装皮革、林产化工、健康食品四大主导产业。

3.1.3.2　土地利用状况

如图3-7所示，2017年，北流市农用地面积为217 742.81公顷，占

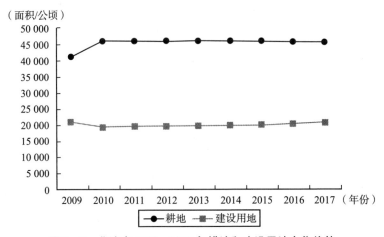

图3-7　北流市2009~2017年耕地和建设用地变化趋势

土地总面积的 88.79%。其中，耕地面积为 45 777.72 公顷，占土地总面积的 18.67%；园地面积为 46 982.63 公顷，占土地总面积的 19.16%；林地面积为118 063.85 公顷，占土地总面积的 48.14%；草地面积为 6 918.58 公顷，占土地总面积的 2.82%；建设用地面积为 20 891.01 公顷，占土地总面积的 8.52%；其他土地面积为 6 592.01 公顷，占土地总面积的 2.69%。

与 2010 年相比，北流市的耕地、园地、林地、草地、其他土地在不同程度地减少。其中，减少量最大的是园地，减少了 536.21 公顷，减少幅度为 1.14%；其次为耕地，减少了 498.79 公顷，减少幅度为 1.20%。而建设用地在相应地增加，增加了 1 339.71 公顷，增加幅度为 6.38%。

从图 3 – 8 中可以看出，北流市 2017 年的土地开发强度为 8.52%，开发强度还处于较低水平，新增可供开发利用的空间相对较多，土地资源是支撑北流市经济快速发展的重要基础。从图 3 – 9 可以看出，北流市建设用地开发强度较低，建设用地主要在北流镇附近形成了空间集聚，在其他乡镇都分散分布。从图 3 – 10 也可以看出，北流市国有土地占比不高。

图 3 – 8　北流市 2009～2017 年土地利用结构

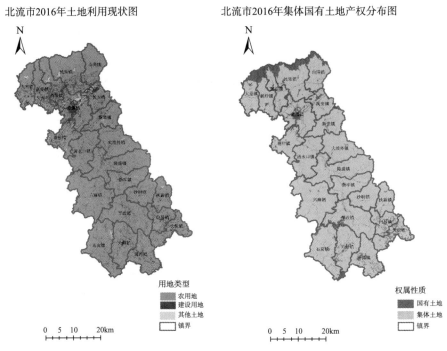

图 3 - 9　北流市 2016 年土地利用现状及产权分布

　　北流市建设用地增加较快，但集约节约利用程度有待进一步提高。一是人均农村居民点用地面积高于国家相关标准，农村居民点用地占比很大（占城乡建设用地的 64.31%），而城镇工矿用地、交通用地的规模却不能满足经济建设的需求。由于长期以来缺乏规划引导，农村居民点用地随意发展，出现违规占用耕地现象，集镇村庄规模小、分散杂乱，村庄旧宅基地未能充分利用，"空心村"问题一直没有得到有效的解决；早期布局于城市周边的工矿用地随着城市规模的扩大已包含在城市用地区域范围内，工矿企业给市区造成的大气污染和水体污染从整体上严重影响了城市的生态环境。二是部分地区城镇用地建筑密度过低。

3.1.4　研究区域的差异性分析

　　无锡市区、南海区和北流市三个地区在经济社会及土地利用指标方面存在较大的差异。无锡和南海经济社会发展水平比较接近，而北流经济社会发展相对落后。从人口密度看，南海区人口密度最大，高达 2 595.87 人／平方公里，无锡次之，北流人口密度最小；南海和无锡的地均 GDP、地均工业产值、地均外商投资水平比较接近，远高于北流市；从城乡居民人均可支配收入比值看，北流城乡居民收入比最大，高达 2.33，无锡次之，达 1.86，南海城乡居民收入比最小仅 1.52。可见，南海的城乡居民收入差距最小，城乡一体化程度最高；从土地开发强度来看，南海和无锡的土地开发强度都比较大，特别是南海的建设用地占土地总面积的比值高达 51.18%，北流仅 2.8% 的土地已被开发成建设用地（见表 3－1）。

表 3－1　　　　研究区 2017 年经济社会及土地利用指标比较分析

指标名称	无锡市区	南海区	北流市
人口密度（人／平方公里）	1 416.11	2 595.87	489.58
地均 GDP（万元／公顷）	227.16	250.71	13.19
地均工业产值（万元／公顷）	334.08	142.78	18.24
地均固定资产投资（万元／公顷）	107.35	109.73	11.3
地均外商投资（万元／公顷）	4.77	3.81	0.12
城镇居民人均可支配收入（元）	52 659	46 649	34 006
农村居民人均可支配收入（元）	28 358	30 783	14 605
土地开发强度（建设占比）（%）	35.92	51.18	8.52

长三角农村集体土地市场建设更多受制于政府主导作用；而珠三角则更多受制于农村集体组织以及居民意志。因此，为了更深入地揭示区域城乡土地市场一体化的特征，研究增加了研究区集体土地流转模式的对比分析。通过实地问卷调查与访谈结合的方式得到一手资料，对三个研究区的集体土地流转模式进行了比较分析（见表 3－2）。可以看出，不同地区之间集体土地流转模式具有典型性与差异性。

表 3 – 2　　　　　　　　　研究区集体土地流转模式比较分析

研究区域	无锡	南海	北流
主导模式	政府指导，集体主导	市场主导	政府引导，集体参与
土地来源	多为村委会主导，以乡镇企业改制遗留的存量集体建设用地供应为主，新增集体建设用地比较少	多为经济社主导，少数是村委会和镇政府主导；历史遗留的存量集体建设用地和增量集体建设用地并存	多为政府主导，主要来源于土地整治或城中村改造，新增集体建设用地比较多
土地用途	以工业用地为主，其他用途几乎没有	工业用地、商服用地、其他用途并存	以住宅用地或者商住为主，工业用途为辅
用地形式	企业多为租地自盖厂房经营，少数企业是租厂房（一般是向企业租），村集体盖厂房出租的比较少	工业园区内的企业多是和镇政府租地自盖厂房经营，村内企业大多数是小企业一般是向经济社租厂房，少数大企业会租地自盖厂房	企业多为租地建设旅游与房地产开发项目
流转方式	一次性买断，集体土地租赁，集体厂房租赁、私人厂房租赁	经济社厂房租赁，集体土地租赁，一次性买断，私人厂房租赁	集体出让为主，租赁为辅
租金/价格水平	胡埭是 1.3 万元/亩/年，钱桥是 1.2 万元/亩/年，锡北镇是 1.1 万元/亩/年；一次性买断价格是 5 ~ 10 万元/亩	月租金 15 ~ 100 元/平方米不等，租金价格完全是市场化的结果	土地价格在 120 ~ 780 元/平方米
租金及价格影响因素	无锡集体土地流转价格政府有出台指导价，不同村差异不大，同一个村土地价格，不论企业用途效益，价格基本一致。乃至不同乡镇之间价格差异也不大。租金每三五年调一次，按照镇政府或者村里要求上涨10%以内。土地租金差异不大，厂房租金根据厂房状况差别比较大	价格完全由市场主导，差异大。不同村乃至不同经济社土地租金价格都可能不一样，价格和合同签订时期密切相关，签得早便宜，签得晚贵。集体土地价格和地段相关。经济发达的村土地租金高，而有些偏远的村，价格就相对低。不同经济社用地合同约定的内容不一样，同地段属于不同经济社的土地，可能用地价格和合同也不一样。租金每三五年调一次，按照合同条款上涨10%以内。土地和厂房租金差异都比较大	集体土地流转价格和国有土地价格影响因素类似，主要受区位的影响

研究区域	无锡	南海	北流
土地收益分配	租金收益归村集体，归村里统一管理，基本不分配到农民手里，故农民一般不太关心村集体土地利用。少数村有入股分红，大部分没有	政府征地一般预留 10% 自留地给村，经济社租金收益 10% 上交村集体，大部分村的村民按所在的经济社土地收益入股分红，三资平台可以查到具体分配数额，不同经济社分红不同。村民关心土地利用	零星分散整治后，调整入市政府收取收益调节金 48%，再计提 18% 的集体土地增值收益作为统筹平衡全市以工业用地入市的归属农村集体组织的集体土地增值收益
付款方式	按年付，一次性付款（每年需补交少量费用）	按月付租金，一次性付款	一次性付款
租约期限	一般是三五年	年限不定，不同合同不一样，三年、五年、十年、几十年都有	和国有土地一致，工业 50 年，商业 40 年，住宅 70 年
企业类型	主要是机械加工、零配件生产，每个村的企业比较类似，整个乡镇企业类型比较类似，形成产业集聚。落后低效产能小企业，脏乱差严重	轻工业为主，纺织、加工、清洁、服装、化妆品等类型多样，不同村乃至不同经济社甚至同一经济社租用厂房的企业类型都可能不一样，未形成集聚。园区要形成集聚效应。落后低效产能小企业	主要是旅游休闲与房地产开发

3.2　城乡土地市场的特征及比较

3.2.1　城乡土地供应数量分析

3.2.1.1　无锡市区城乡土地供应数量分析

从图 3-10 可以看出，从土地供应数量上看，无锡市区历年土地出让数量和划拨数量均呈现下降趋势，土地出让数量与划拨数量基本持平。

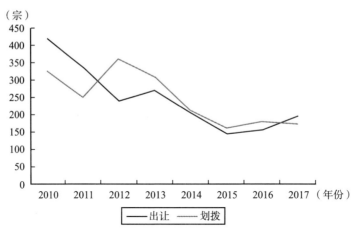

图 3 – 10　无锡市区 2010～2017 年土地供应数量

从表 3 – 3 可以看出，胡埭镇、钱桥镇、锡北镇国有土地供应以工业用地为主，工业用地供应数量高于商业用地的供应数量；集体土地供应以土地出租为主，一次性买断和厂房出租相对较少。

表 3 – 3　　　　　　　　三镇城乡土地供应数量分析　　　　　　　　单位：宗

乡镇	国有土地供应数据		问卷抽样调查集体土地市场数据		
	国有工业用地出让	国有商业用地出让	工业用地集体一次性买断	工业用地集体出租	集体工业厂房出租
胡埭	138	22	3	53	21
钱桥	94	29	36	97	20
锡北	67	8	28	80	34

注：因为无锡的集体土地市场是隐形流转市场，集体市场交易数据难以获取，故而对无锡集体土地交易较多的胡埭镇、钱桥镇、锡北镇进行问卷抽样调研获取集体土地交易数据。

3.2.1.2　南海区城乡土地供应数量分析

从图 3 – 11 可以看出，南海区国有土地出让供应数量和划拨供应数量呈现较为一致的变动趋势，即出让和划拨供应数量均呈现波动下降的趋势。在 2014 年以前，国有土地出让数量大于划拨数量；从 2014 年开始，国有土地划拨数量略高于国有土地出让数量。

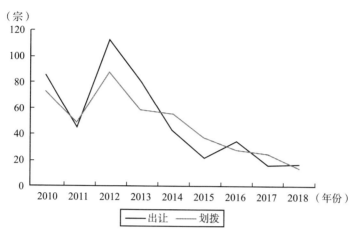

图 3 – 11　南海区 2010～2018 年国有土地供应数量

从图 3 – 12 可以看出，南海区自 2010 年以来，集体土地交易数量远高于国有土地交易数量，集体土地交易数量 2015 年达到高峰，2016 年急剧下降；国有土地交易数量变化比较平缓，自 2010 年以来，呈现总体下降的趋势。在 2010～2016 年，集体土地交易数量远高于国有土地交易数量，集体土地交易数量是国有土地的 10 倍左右。可见，南海区集体土地市场比国有土地市场更活跃。

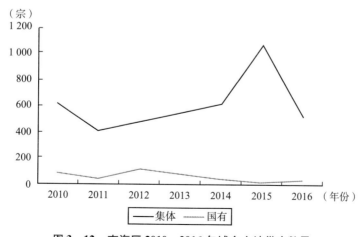

图 3 – 12　南海区 2010～2016 年城乡土地供应数量

3.2.1.3　北流市城乡土地供应数量分析

从图 3－13 可以看出，从北流市土地供应数量上看，北流市国有土地出让数量呈现波动下降趋势，划拨数量呈现平缓上升趋势，土地出让宗地数量总体高于划拨宗地数量。

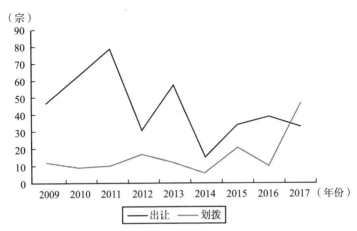

图 3－13　北流市 2009～2017 年国有土地供应数量

从图 3－14 可以看出，北流市自 2015 年开始集体建设用地入市改革以

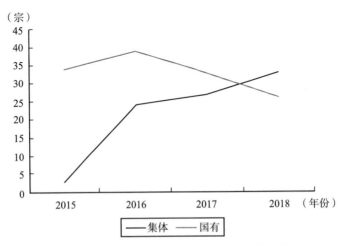

图 3－14　北流市 2015～2018 年城乡土地供应数量

来，集体土地交易数量呈现逐年上升的趋势，而国有土地交易数量呈现下降的趋势。在 2018 年之前，国有土地交易数量高于集体土地交易数量；从 2018 年开始，集体土地交易数量高于国有土地交易数量。

3.2.2　城乡土地供应规模分析

3.2.2.1　无锡市区城乡土地供应规模分析

从图 3 – 15 可以看出，无锡市区 2010 ~ 2017 年土地供应规模呈现下降趋势。2014 年以前是土地划拨供应规模大于出让规模，2014 年以后土地出让和划拨基本各占一半。

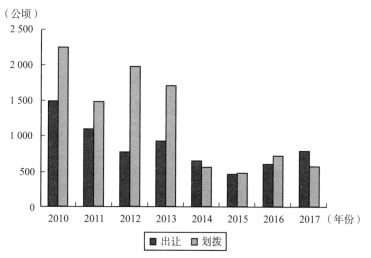

图 3 – 15　无锡市区 2010 ~ 2017 年土地供应规模

从图 3 – 16 可以看出，无锡市区 2010 ~ 2017 年土地平均供应规模的趋势和总体供应规模趋势基本一致，均呈现下降趋势。

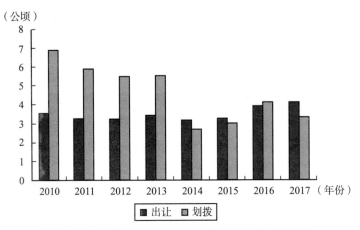

（公顷）

图 3-16　无锡市区 2010~2017 年土地平均供应规模

表 3-4　　　　　　　三镇不同地类、不同供地方式下的总用地规模　　　　单位：公顷

乡镇	国有土地供应数据		问卷抽样调查集体土地市场数据		
	国有工业 用地出让	国有商业 用地出让	集体工业用地 一次性买断	集体工业 用地出租	集体工业 厂房出租
胡埭	387.05	47.85	3.69	25.78	5.54
钱桥	404.73	73.13	50.62	86.86	9.38
锡北	181.25	10.42	54.45	31.90	8.23

注：因为无锡的集体土地市场是隐形流转市场，集体市场交易数据难以获取，故而对无锡集体土地交易较多的胡埭镇、钱桥镇、锡北镇进行问卷抽样调研获取集体土地交易数据。

表 3-5　　　　　　　三镇不同地类、不同供地方式下的平均用地规模　　　　单位：公顷

乡镇	国有土地供应数据		问卷抽样调查集体土地市场数据		
	国有工业 用地出让	国有商业 用地出让	集体工业用地 一次性买断	集体工业 用地出租	集体工业 厂房出租
胡埭	2.83	2.18	1.23	0.48	0.26
钱桥	2.19	2.52	1.41	0.90	0.47
锡北	2.71	1.30	1.94	0.40	0.24

注：因为无锡的集体土地市场是隐形流转市场，集体市场交易数据难以获取，故而对无锡集体土地交易较多的胡埭镇、钱桥镇、锡北镇进行问卷抽样调研获取集体土地交易数据。

结合表 3-4 和表 3-5 可以看出，在国有土地工业供应方面，胡埭镇

平均用地规模和供应地块数均高于钱桥镇和锡北镇，主要是因为胡埭镇建设了工业安置园区；锡北镇国有工业用地和商业用地出让的数量均少于胡埭镇和钱桥镇，主要是因为锡北镇地处相对较远的农村；钱桥镇的商业用地供应地块数和平均供应规模最大，主要是因为钱桥镇的经济发展水平较好。从表3-5可以看出，三个镇的集体工业用地一次性买断的平均规模均比国有工业用地出让的小，集体工业用地出租的平均用地规模是国有工业用地出让的15%~40%；集体工业厂房出租的平均用地面积最小，近似于国有土地出让的1/10。

可见，集体建设流转的地块面积普遍比国有建设用地出让的规模低。从这也可以看出，使用国有土地的企业规模比使用集体土地的企业规模大得多。

3.2.2.2　南海区城乡土地供应规模分析

从图3-17可以看出，南海区除了2014年和2018年土地划拨供应规模高于出让供应规模，其他年份国有土地出让供应规模均高于划拨供应规模，国有土地出让规模呈现整体下降的趋势，土地划拨供应规模呈现先增后减的趋势。

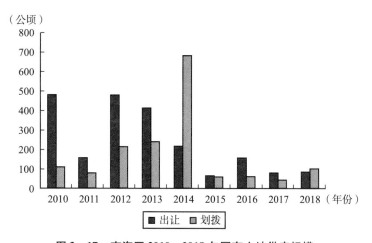

图3-17　南海区2010~2018年国有土地供应规模

从图3-18可以看出，南海区2010~2018年期间国有土地出让的平均供应规模波动不大，而国有土地划拨供应的平均规模波动较大，2014年和

2018年土地划拨供应的平均规模比国有出让供应的平均规模大。

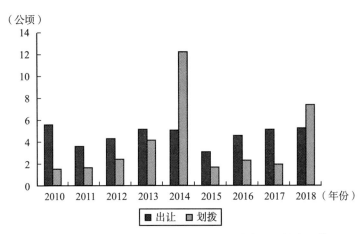

图 3 – 18　南海区 2010 ~ 2018 年国有土地的平均供应规模

从图 3 – 19 可知，在 2010 ~ 2016 年，总体上，集体土地交易规模比国有土地交易规模大。国有土地交易规模呈现先减少，后增加，再减少，再增加的波动趋势，集体交易规模呈现先减少再增加再减少的波动趋势。2015 年，集体交易规模激增，超过国有土地供应规模。自 2016 年开始，集体土地交易规模和国有土地交易规模都下降。

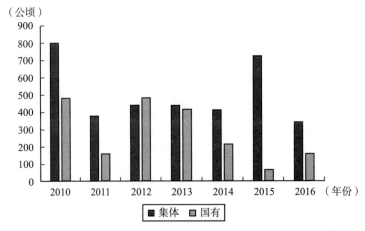

图 3 – 19　南海区 2010 ~ 2016 年集体土地和国有土地交易规模

从图 3 – 20 可以看出，南海区集体土地平均交易规模远低于国有土地平均交易规模，呈现出平均规模下降的趋势；国有土地平均供地规模呈现出先减少、后增加、再减少、再增加的趋势。

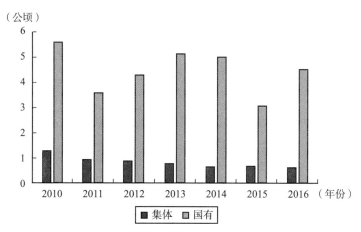

图 3 – 20　南海区 2010 ~ 2016 年城乡土地平均交易规模

3.2.2.3　北流市城乡土地供应规模分析

从图 3 – 21 可以看出，北流市出让土地供应规模历年间波动不大，划拨土地供应规模历年间波动比较大。2013 年划拨用地激增和 2013 年北流

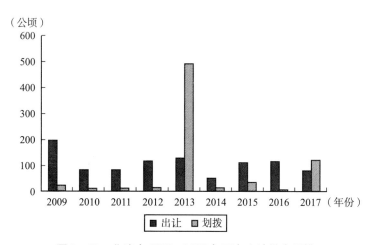

图 3 – 21　北流市 2009 ~ 2017 年国有土地供应规模

市开始加大教育、卫生等基础设施投入，并修建岑兴高速公路北流段（全长43.9公里，含支线）、玉林至铁山港高速公路北流段（全长9公里）、洛湛铁路北流段（全长19.2公里）密切相关。

从图3-22可以看出，北流市除了2013年划拨用地平均规模超过了40公顷/宗，其他年份出让土地和划拨土地平均供地规模基本小于5公顷/宗。

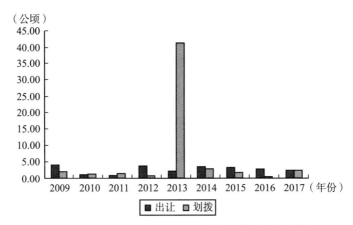

图3-22　北流市2009~2017年国有土地平均供应规模

从图3-23可以看出，北流市自2015年集体建设用地入市以来，集体土地供应规模呈现逐年上升的趋势，国有土地供应规模呈现下降的趋势。

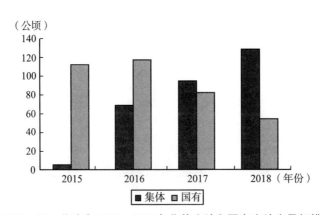

图3-23　北流市2015~2018年集体土地和国有土地交易规模

从图 3 - 24 可以看出，北流市自 2015 年实施集体建设用地入市改革以来，集体土地平均供应规模呈现逐年上升的趋势，国有土地平均供应规模呈现逐年下降的趋势。

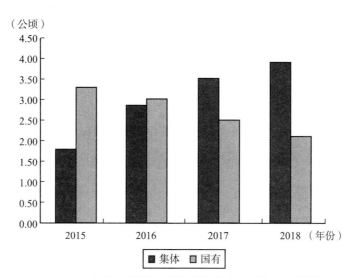

图 3 - 24　北流市 2015～2018 年城乡土地平均交易规模

3. 2. 3　城乡土地供应结构分析

3. 2. 3. 1　无锡市区城乡土地供应结构分析

从图 3 - 25 可以看出，无锡市区工矿仓储用地历年供应规模相差不大，而其他用地供应规模占比最大，可见无锡市近些年比较注重基础设施和公共服务设施建设。住宅用地和商服用地供应规模呈现下降趋势。

从图 3 - 26 可以看出，以出让方式供地规模最大的是工矿仓储用地，其次是住宅用地和商服用地，其他用地以出让方式供应的规模很小。工矿仓储用地和住宅用地均呈现先减少后增加的趋势，商服用地呈现波动减少的趋势。

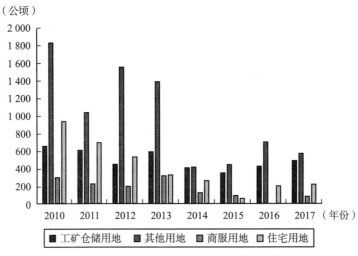

图 3 − 25　无锡市区 2010 ~ 2017 年各地类总体供应规模

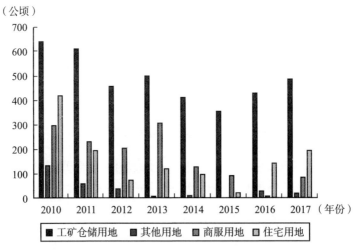

图 3 − 26　无锡市区 2010 ~ 2017 年各地类出让规模

从图 3 − 27 可以看出，无锡市区划拨用地以其他用地为主，住宅用地划拨供应量呈现逐年下降的趋势。

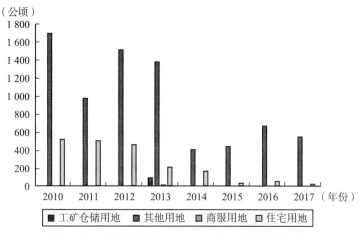

图 3 - 27　无锡市区 2010 ~ 2017 年各地类划拨规模

从图 3 - 28 可以看出，无锡市区工矿仓储用地和商服用地以出让供应为主，其他用地以划拨供应为主，住宅用地划拨比例大于出让比例。

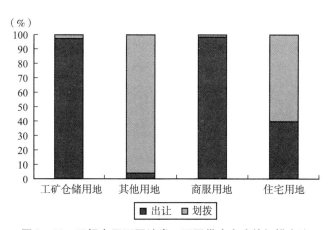

图 3 - 28　无锡市区不同地类、不同供应方式的规模占比

3.2.3.2　南海区城乡土地供应结构分析

从图 3 - 29 可以看出，从土地供应上看，南海区住宅用地供应比例最高，商服用地供应和工业用地比例接近。2015 年工业用地规模激增，这和集体建设用地入市、集体土地交易激增有关。

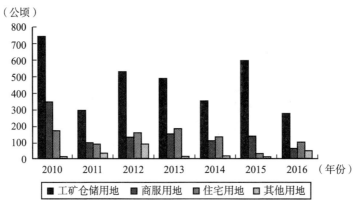

（公顷）

图 3 - 29　南海区城乡土地 2010 ~ 2016 年供应结构

从图 3 - 30 可以看出，工业用地以集体流转为主，商服用地集体和国有并存，住宅用地以国有为主。主要是因为住宅用地对产权要求较高，对应土地的资产功能。而工业用地和商服用地主要是土地的承载功能，对产权要求没有住宅高。工业用地主要是招商引资的需要，肩负带动就业和增加 GDP 及税收的功能，政府并不是主要依赖出让金，某些贫困地

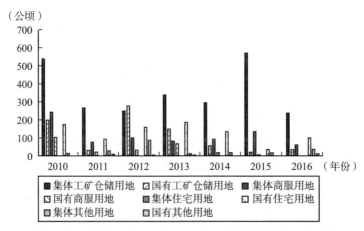

（公顷）

图 3 - 30　南海区 2010 ~ 2016 年城乡土地不同用途交易规模

区有时甚至为了招商引资的需要，甚至零地价出让工业用地。住宅用地不同，住宅用地地价高，政府在土地上的收益主要是出让金，故而将住宅用地市场垄断，大都不允许在集体土地上建住宅。从供应结构上看，除了住宅用地以国有土地供应为主，集体土地市场几乎没有住宅用地供应；工业用地、商服用地、其他用地均以集体流转为主，国有土地供应较少。

3.2.3.3　北流市城乡土地供应结构分析

从图 3 - 31 可以看出，北流市工矿用地历年供应规模波动较大，总体呈下降的趋势；而其他用地供应规模除了 2013 年供应规模激增总体呈上升趋势，可见北流市近些年注重基础设施等公共服务设施建设；住宅用地历年供应规模波动较大，总体是下降的趋势；商服用地供应规模呈现上升趋势，特别是自 2015 年以来集体建设用地入市后。

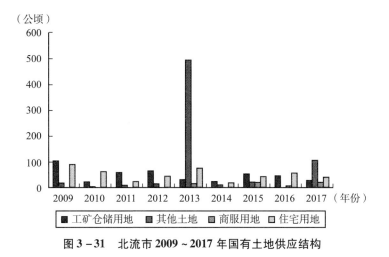

图 3 - 31　北流市 2009 ~ 2017 年国有土地供应结构

从图 3 - 32 可以看出，工业用地和住宅用地是北流市以出让方式供地最多的两种用途。前期工业用地供应规模大于住宅用地规模，后期则相反。

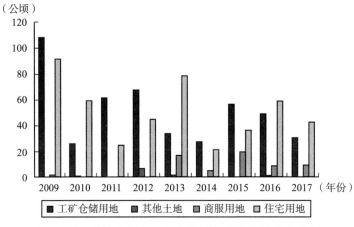

（公顷）

图 3 - 32　北流市 2009~2017 年国有出让土地供应结构

从图 3 - 33 可以看出，北流市划拨用地以其他用地为主，工矿仓储用地、商服用地、住宅用地划拨规模均不大。

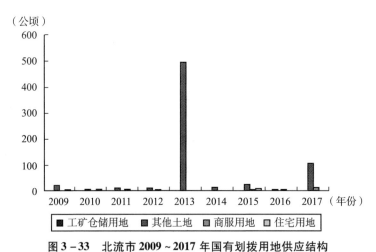

（公顷）

图 3 - 33　北流市 2009~2017 年国有划拨用地供应结构

从图 3 - 34 可以看出，北流市工矿仓储用地全部采用出让方式供应，其他土地采用划拨出让为主，极少以出让方式供应，商服用地和住宅用地以出让方式为主，但存在相当的比例为划拨方式供地。

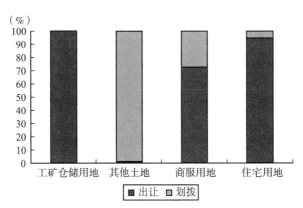

图 3－34　北流市不同地类、不同供应方式的规模占比

3.2.4　城乡土地供应价格分析

3.2.4.1　无锡市区城乡土地供应价格分析

从图 3－35 可以看出，从供应土地总价来看，在无锡市区住宅用地是政府土地出让金的主要来源，其次是商服用地和工矿仓储用地，其他用地获得土地收入最少。

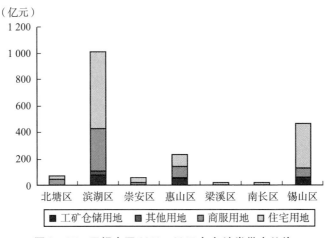

图 3－35　无锡市区 2010～2017 年各地类供应总价

从图 3－36 可以看出，无锡市区的工业地价历年波动很小，其他用地

历年间波动也不大，而住宅用地和商服用地的单位地价波动明显。

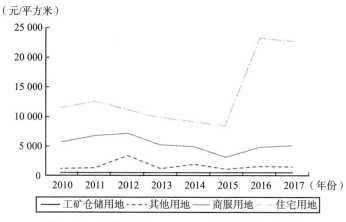

图 3 - 36　无锡市区 2010 ~ 2017 年各地类出让均价

3.2.4.2　南海区城乡土地供应价格分析

从图 3 - 37 可以看出，南海区除了 2015 年集体土地交易总价高于国有土地交易总价，其他年份国有土地交易总价均高于集体土地交易总价。可见，虽然集体土地供应规模高于国有土地供应规模，但集体土地获利低于国有土地，这和集体土地主要供应工业用地，国有土地供应住宅用地是密切相关的，住宅用地的价格远高于工业用地价格。

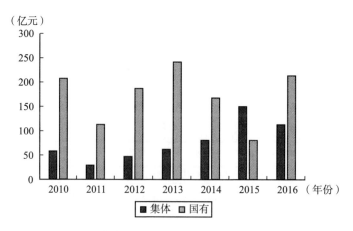

图 3 - 37　南海区 2010 ~ 2016 年城乡土地供应总价

从图 3 - 38 可以看出，从交易价格上看，南海区各地类供应均价呈现波动上升的趋势，国有土地住宅均价最高，其次是国有土地商服均价，集体土地商服均价低于国有土地商服均价，但是集体工业用地均价高于国有工业用地。

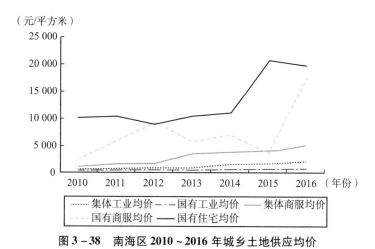

图 3 - 38　南海区 2010 ~ 2016 年城乡土地供应均价

3.2.4.3　北流市城乡土地供应价格分析

从图 3 - 39 可以看出，从供应土地总价来看，在北流市住宅用地是政府土地出让金的主要来源，其次是工矿和商服用地，其他用地获得收入最少。

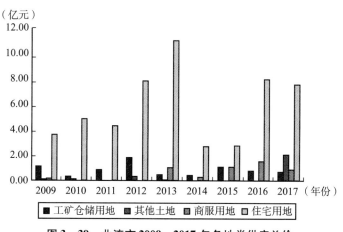

图 3 - 39　北流市 2009 ~ 2017 年各地类供应总价

从图3-40可以看出，在北流市工业地价历年波动很小，其他用地历年间波动也不大，而商服用地和住宅用地波动比较明显。

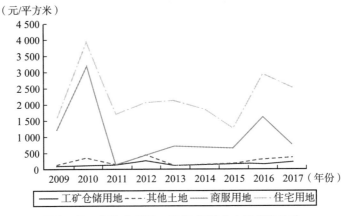

图3-40 北流市2009～2017年城乡土地出让均价

3.2.5 城乡土地供应空间分布特征

3.2.5.1 无锡市区城乡土地供应空间分布特征

从图3-41至图3-43可以看出，自2010年以来，城乡土地供应开始向外围扩张，无锡市中心城区，如北塘区、崇安区、梁溪区、南长区供应

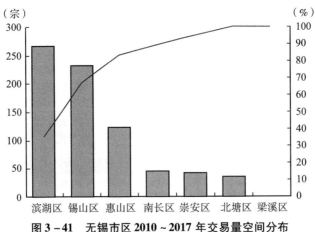

图3-41 无锡市区2010～2017年交易量空间分布

比较少，主要是因为无锡市区国有土地供应以新增建设用地为主，早期已扩张较多，可供开发的空间较少；而滨湖区、惠山区、锡山区还存在较多农用地可供建设开发，故无锡市区的建设用地供应主要集中在这几个区。

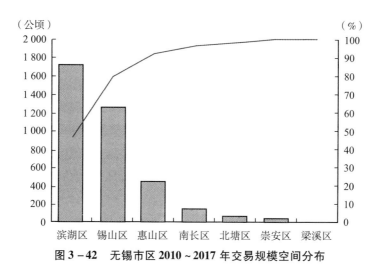

图 3 - 42　无锡市区 2010 ~ 2017 年交易规模空间分布

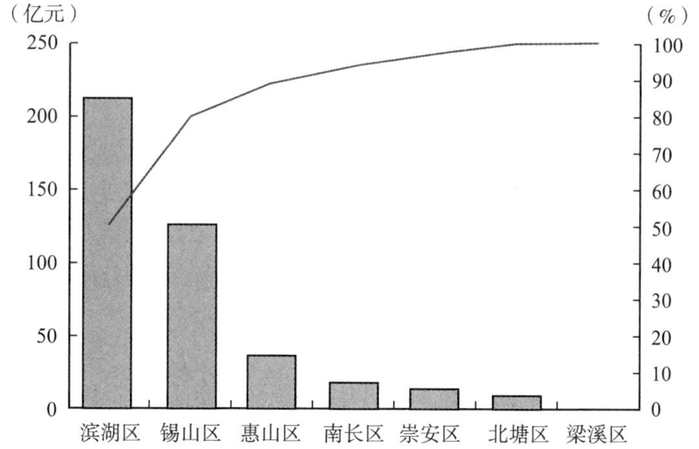

图 3 - 43　无锡市区 2010 ~ 2017 年交易总价空间分布

从图 3 - 44 可知，胡埭镇、钱桥镇和锡北镇的集体土地交易样点空间分布比较分散，几乎每个村都有集体工业用地，而国有土地交易样点空间分布相对集聚。胡埭镇和钱桥镇集体土地价格高的地方国有土地价格相对低，集体土地样点未覆盖到的地方国有土地价格相对较高，主要是因为集体土地未覆盖到的地方供应的国有土地主要是非工业经营性建设用地，如住宅和商服用地，价格高于工业用地。

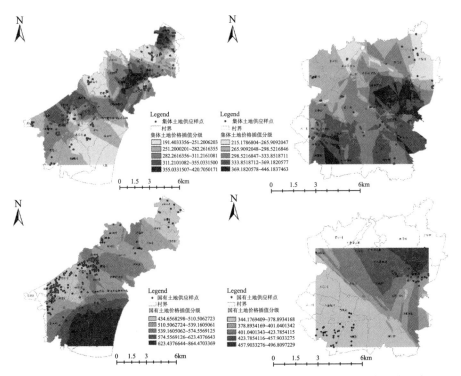

图 3 - 44 无锡胡埭镇、钱桥镇、锡北镇集体和国有土地交易样点价格插值分布图

注：国有土地交易样点数据由无锡市国土资源局提供，集体土地交易样点数据是根据调查的企业问卷数据在地图上矢量化形成。

3.2.5.2 南海区城乡土地供应空间分布特征

从图 3 - 45 可以看出，土地交易规模最多的都是狮山镇，其次是桂城街道。这两个镇的交易数量占南海区总的交易数量的 50%，交易规模占比超过 50%。这主要是受经济发展水平和狮山工业园的影响。工矿仓储用地供应主要分布在狮山镇，商服用地供应主要分布在桂城街道，住宅用地各个镇都有分布。

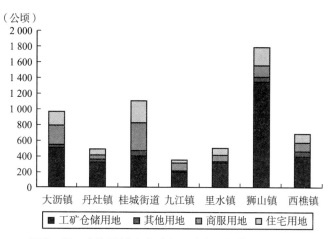

图 3 – 45　南海区城乡土地各用途交易规模空间分布

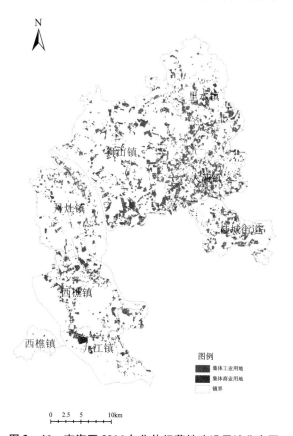

图 3 – 46　南海区 2016 年集体经营性建设用地分布图

从图 3 - 46 可以看出，南海区集体经营性建设用地主要以工业用地为主，商服用地次之，成细碎化分布，在南海区呈现遍地开花的景象。各镇（街道）集体经营性建设用地（不含国有留用地）分布不均匀。其中，桂城街道主要集中在中部，九江镇主要集中在北部；西樵镇主要集中在北部和西部沿江地带，丹灶镇主要集中在北部和东部；狮山镇主要集中在东南部和南部，里水镇主要集中在中部和南部；大沥镇则分布较均匀。

从图 3 - 47 可以看出，南海区集体土地交易样点和国有土地交易样点分布形态比较接近，集体土地聚集的地方国有土地也聚集，在 2010 ~ 2017 年间，交易数量最集中的地区在东部的桂城街道和大沥镇。国有土地价格高的桂城街道，集体土地价格也相对较高。

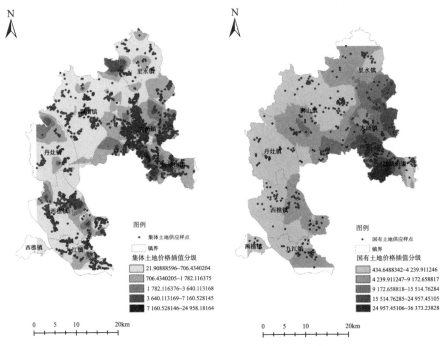

图 3 - 47　南海区 2010 ~ 2016 年集体和国有

土地交易样点价格插值分布图

从图 3 - 48 可以看出，集体商服用地交易样点主要集中在桂城街道、大沥镇、西礁镇，其他镇街集体商服用地分布相对较少。国有商服用地除了在桂城街道供应较多外，在其他镇街供应空间分布较平均。集体商服用地和国有商服用地供应空间分布存在差异的主要原因是，在南海区集体商服用地交易是完全的市场化行为，符合竞租曲线的规律，而政府供应土地中会兼顾各个镇街的收益，在每个镇街都会安排一定的供地计划，故而相对较平均。

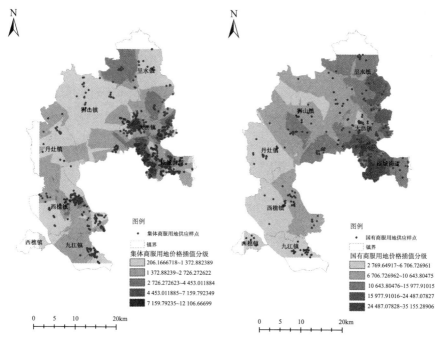

图 3 - 48　南海区 2010 ～ 2016 年集体和国有商服用地交易样点价格插值分布图

从图 3 - 49 可知，南海区集体工业用地交易样点数量远远高于国有土地交易样点数量，集体工业用地价格高值区主要分布在桂城街道和大沥镇，而国有工业用地价格在各个镇街价格分异不明显。

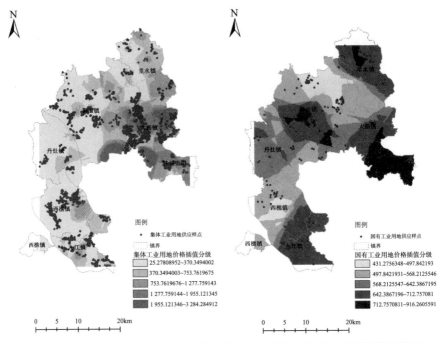

图 3 - 49 南海区 2010～2016 年集体和国有工业用地交易样点价格插值分布图

从图 3 - 50 可知，南海区 2009～2016 年集体土地交易除了少数行政村未涉及，大部分行政村都有集体土地交易，而国有土地交易大概覆盖了一半行政村，有一半行政村在 2009～2016 年期间没有涉及国有土地，可见南海区的集体土地交易范围比国有土地交易范围覆盖更广。村级层面集体土地均价空间分布和国有土地均价空间分布较接近，地价的高值区均分布在桂城街道和大沥镇。

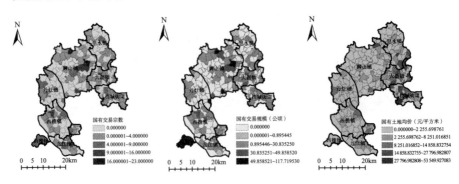

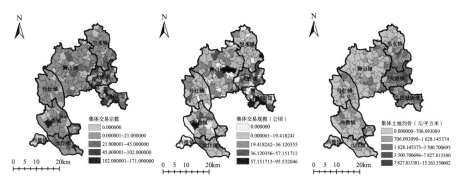

图 3 - 50　南海区 2009～2016 年国有和集体土地市场汇总分析图

3.2.5.3　北流市城乡土地供应空间分布特征

从图 3 - 51 至图 3 - 54 可以看出，自 2009 年以来，北流市的土地供应主要集中在北流镇、城南街道等几个发展较好的中心镇街，其他镇街交易数量、规模、总价都很小。从用途来看，工矿仓储用地主要集中在民安镇、民乐镇、西埌镇等几个镇；其他土地、住宅用地、商服用地主要集中在北流镇、城南街道等几个发展较好的中心镇街。

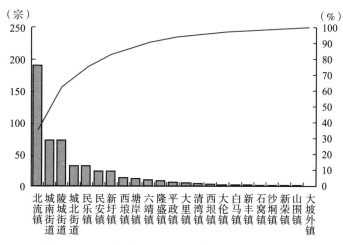

图 3 - 51　北流市 2009～2017 年交易数量空间分布

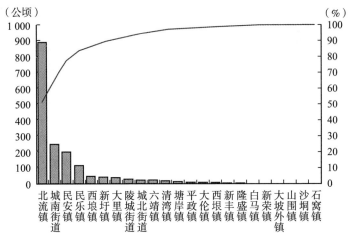

图3-52 北流市2009~2017年交易规模空间分布

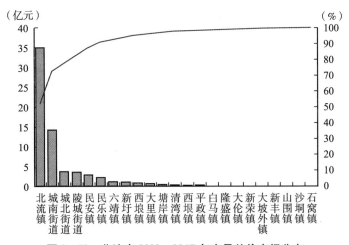

图3-53 北流市2009~2017年交易总价空间分布

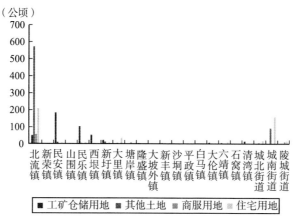

图3－54　北流市2009～2017年各地类空间分布

从图3－55和图3－56可以看出，北流市国有土地交易样点主要分布在北流镇及附近乡镇，而集体土地交易样点除了分布在北流镇外，在其他

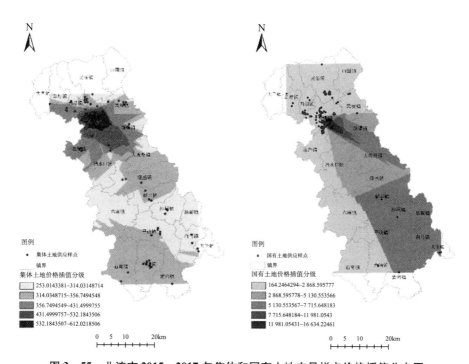

图3－55　北流市2015～2017年集体和国有土地交易样点价格插值分布图

乡镇也有一定分布。和南海区大部分村都有城乡土地交易不一样的是，北流市有些乡镇基本没有城乡土地交易样点。可见，相比南海区，北流市城乡土地市场发育不够成熟。

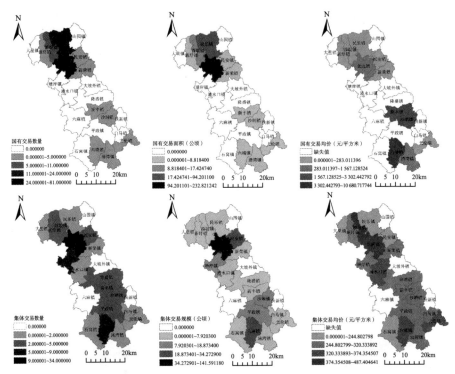

图 3-56　北流市镇街层面 2010~2015 年城乡土地市场分布情况

3.2.6　研究区城乡土地市场比较

三个研究区域的共性是集体土地交易样点在空间分布上较分散，而国有土地交易样点分布相对较集中。三个研究区城乡土地市场发育成熟度不同。其中，南海区城乡土地市场发育最成熟，其次是无锡市，最后是北流市。三个研究区城乡土地供应结构不同。在无锡集体土地流转的用途主要是工业用地，国有土地不同用途均有供应；在南海集体土地市场比国有土地市场发育成熟，除了住宅用地主要是国有土地市场供应，其他用途经营性建设用地以集体土地供应为主；北流市集体建设用地入市地块和国有土地均以住宅用地供给为主。

3.3 城乡土地市场一体化研究

3.3.1 城乡土地价格一体化研究

土地价格是土地市场的核心，在城乡土地市场一体化建设背景下，城乡土地价格的空间差异性对城乡用地功能重组及用地置换的作用日渐显著，将推动城乡土地利用生产、生活、生态空间重构。为此，开展集体土地与国有土地价格一体化研究。基于城乡建设用地价格形成机理分析，引入多元线性模型，选取无锡市胡埭镇、钱桥镇、锡北镇企业问卷调查集体土地交易数据和自 2010 年以来的国有土地供地数据，南海区自 2010 年以来城乡建设用地交易地块数据，北流市自 2010 年以来的城乡土地交易地块数据，开展集体土地与国有土地"价格一体化"研究，探讨产权差异对土地价格的影响。并以南海区为例，探讨集体建设用地入市对集体建设用地价格的影响，选取南海区为研究区主要是基于南海区城市土地市场发育比较成熟，土地市场相关数据信息化工作做得比较好。南海区 2014 年已完成城乡建设用地基准地价工作，并于 2016 年完成了集体经营性建设用地现状调查并标图入库。

南海区国有建设用地市场数据来源于 2010～2017 年供地台账，集体建设用地数据来源于集体经营性建设用地调查数据，城乡建设用地数据均来源于南海区国土与水务管理局。对集体流转的租金采用收益还原法，还原率 6% 折算成土地出让价格，土地价格的时点统一贴现到 2015 年。南海区城乡建设用地基准地价来源于南海区人民政府网（http：//www. nan-hai. gov. cn/cms/html/），对公开的各类用途城乡建设用地级别基准地价图片配准后矢量化，然后对各个行政村按面积比例进行地价赋值。

无锡市胡埭镇、钱桥镇、锡北镇 2015 年国有土地市场数据来自无锡市国土资源局提供的供地数据；而集体土地市场数据来自企业问卷随机抽样实地调研数据；集体土地出租和厂房出租以年租金方式支付，为了便于比较，通过收益还原法测算 2015 年的现实价格，集体一次性买断主要集中在 2002～2003 年，近 10 年来，基本没有。为了便于比较，把 2002 年的价格贴现到 2015 年，年利率取 6%；厂房出租方式的地价是对厂房租金剥离得到的，厂房出租一般的价格在 80～150 元/平方米·年，通过调研访谈可知厂房租金主要受是否标准厂房的影响，和厂房用地的产权性质关系不大。从这也可以看出，厂房出租市场城乡是一体化的。

北流市的数据来源于自 2010 年以来国有土地供应数据和 2015 年以来的集体建设用地入市地块交易数据，数据均来自北流市国土资源局。

3.3.1.1 城乡实际交易地价一体化研究

（1）无锡市区地价一体化研究

因无锡市集体土地市场大都是隐形交易，数据未公开，并且集体土地流转数据未摸底，故要获得全域的集体土地市场数据比较困难。滨湖区胡埭镇、惠山区钱桥镇、锡山区锡北镇在无锡市区属于集体土地流转活跃区，故采取问卷方式抽样调查这三个镇使用村集体土地的企业。抽样的方式是在企业数量小于 30 家的村随机选择 3～5 家企业调查，对企业数量高于 30 家的村随机选择 10～15 家企业调查，样本量见表 3-6。

表 3-6　　　　　三镇不同地类不同供地方式的样本量　　　　单位：个

乡镇	国有土地供应数据		问卷抽样调查集体土地市场数据		
	国有工业用地出让	国有商业用地出让	工业用地集体一次性买断	工业用地集体出租	集体工业厂房出租
胡埭	138	22	3	53	21
钱桥	94	29	36	97	20
锡北	67	8	28	80	34

从表 3-7 可以看出，胡埭镇和钱桥镇的工业用地价格比较接近，主要是两个乡镇地理位置比较接近的缘故；钱桥镇的工业用地和商业用地的平均价格超过了胡埭镇和钱桥镇；锡北镇国有工业用地价格比胡埭镇和钱桥镇低了 22%；三个镇的工业用地集体出租的平均用地价格是所有供应方式

中最低的，就集体土地市场而言，集体工业厂房出租的平均价格高于其他两种集体土地交易方式，在锡北镇集体工业厂房出租的价格为 443.23 元/平方米，比国有工业用地出让价格的 413.95 元/平方米还高一点。

表 3-7   三镇不同地类不同供地方式下的平均用地价格   单位：元/平方米

乡镇	国有土地供应数据		问卷抽样调查集体土地市场数据		
	国有工业 用地出让	国有商业 用地出让	集体工业用地 一次性买断	工业用地 集体出租	集体工业 厂房出租
胡埭	531.84	2 061.35	329.84	279.66	392.80
钱桥	533.00	2 988.72	320.13	232.27	369.40
锡北	413.95	2 501.47	379.45	304.72	443.23

集体土地以厂房出租的形式，厂房上的工业用地价格比直接出租的高。可见，在未来的集体工业用地供应方式上，可以采取厂房出租的形式。这样一来，企业也解决了土地使用年期到期，土地及固定资产被收回的风险，他们会更愿意入驻。

建厂房出租的前提是，集体或政府能解决厂房投资的资金来源，当地厂房出租市场够好，厂房改好后有能收回成本的预期，还要考虑入驻企业的产业类型，这种统一的厂房，只适合那些对厂房专业化要求不高的企业。广州集体土地市场以厂房出租为主，也和当地产业主要是以纺织、化妆品等轻工业为主有关，而无锡集体土地市场主要以土地出租为主，和当地以金属加工重工业为主有关。建设更多的标准厂房，更能吸引企业入驻，政府也可以获得更多的土地财政，因为建好的厂房，企业前期固定资产投资就可以节省下来。

政府从工业用地上的获利大多不是靠地价，甚至是低价、零地价招商引资，有的还返还地价。GDP 政绩考核、税收等因素导致政府默许诸多集体土地市场的存在。不同区域存在差异，胡埭镇和钱桥镇地理位置接近，经济发展水平也比较接近；令人诧异的是锡北镇国有土地市场价格（工业和商业）比胡埭镇和钱桥镇都低，然而集体工业用地平均地价比胡埭和钱桥高，国有与集体差价更小。

锡北镇的企业家许多是本集体经济组织的，集体土地价格更高一些也是因为村集体收入低，需要本地企业家扶持；而胡埭和钱桥的企业有些是政府招商引资的，为了 GDP 和税收，政府把工业用地价格定低了。锡北工业用地总量低，主要是地处偏远地区，大部分用地的是本地人，难以吸引外地人来投资，而且自 2008 年以后，基本没有新增的集体工业用地，因为政府开发的国有土地市场都不景气，不允许集体新增用地，主要是基于保护基本农田的考虑。无锡的集体土地建设用地市场实行的是政府指导价，故而不同地区差异不大。

从表 3 - 8 可以看出，同一区位的商业用地价格是工业用地价格的 4 ~ 6 倍；锡北镇的国有工业用地出让价格与集体一次性买断价格最接近，比值为 1.08，并且国有工业用地出让价格与集体土地出租价格的比值以及与集体厂房出租比值均比胡埭镇和钱桥的小。可见，锡北镇国有土地价格与集体土地市场价格之间的差距最小。

表 3 - 8　　　　　　　三镇不同地类不同供地方式平均用地价格比

乡镇	国有商业与国有工业比值	集体一次性买断与国有工业	集体出租与国有工业	厂房出租比值与国有工业
胡埭	3.88	0.55	0.53	0.74
钱桥	5.61	0.60	0.44	0.69
锡北	6.04	0.92	0.74	1.08

（2）南海区地价一体化研究

从表 3 - 9 可以看出，总体均价上南海区国有土地价格高于集体土地价格，主要是住宅和商业地价高于集体价格，而住宅成交规模远高于其他用途，拉高了国有土地价格；集体工业用地均价总体高于国有工业用地均价。可见，南海区集体工业用地市场发育比国有工业用地市场成熟。

表 3 – 9   南海区 2010 ~ 2017 年总体地价一体化程度分布

南海集体与国有地价比值	2010 年	2011 年	2012 年	2013 年	2014 年	2015 年	2016 年	2017 年
工业地价比值	1.87	1.27	2.03	2.19	2.91	2.61	3.34	4.26
商服住宅地价比值	0.15	0.17	0.18	0.39	0.35	0.22	0.25	0.29
总均价比值	0.17	0.12	0.28	0.25	0.25	0.17	0.18	0.20

从表 3 – 10 可以看出，在不同的镇街，地价一体化水平存在一定的差异，也存在一定的共性。集体国有工业地价比值最高的在大沥镇，高达5.83，而西樵镇仅 0.94。各个镇街的集体国有商服住宅地价比值均低于集体国有工业地价比值。

表 3 – 10   南海区 2010 ~ 2017 年地价一体化空间分布

南海集体与国有地价比值	工业地价比值	商服住宅地价比值	总均价比值
大沥镇	5.83	0.32	0.23
丹灶镇	1.27	0.23	0.28
桂城街道	3.22	0.17	0.14
九江镇	1.07	0.10	0.15
里水镇	2.01	0.12	0.14
狮山镇	2.79	0.25	0.37
西樵镇	0.94	0.28	0.18
总计	2.86	0.23	0.21

（3）北流市地价一体化研究

从表 3 – 11 可以看出，集体建设用地入市政策出台后，北流市集体国有工矿用地均价比值和集体国有商服用地均价比值比较接近，均高于集体国有住宅用地均价比值。可见，北流市集体国有住宅用地的差价最大。结合表 3 – 12 可以看出，北流市的集体国有工矿用地均价比值低于南海区，其他用途的集体国有地价比值高于南海区。

表 3 – 11　　　　北流市各地类入市后国有集体土地交易价格分析 单位：元/平方米

交易价格 2015~2018 年	工矿均价	商服均价	住宅均价	总体均价
集体	135.98	527.63	435.28	389.87
国有	194.12	591.88	1 302.92	597.85
集体国有比值	0.70	0.89	0.33	0.65

表 3 – 12　　　　北流市各地类入市后国有集体土地交易规模分析

交易规模 2015~ 2018 年	工矿规模（公顷）	商服规模（公顷）	住宅规模（公顷）	其他用地（公顷）	总体规模（公顷）	工矿占比（%）	商服占比（%）	住宅占比（%）	其他占比（%）
集体	37.33	6.82	239.79	14.87	298.81	12.49	2.28	80.25	4.98
国有	152.59	61.86	184.03	141.60	540.06	28.25	11.45	34.07	26.22
规模比值	0.24	0.11	1.30	0.11	0.55				

从表 3 – 12 可以看出，北流市集体工矿用地规模低于国有工矿用地规模，集体商服用地规模也低于国有商服用地规模，但集体住宅用地规模高于国有住宅用地规模。

3.3.1.2　城乡基准地价一体化研究

南海区城乡土地市场比较完善，南海区人民政府在 2014 年发布了集体国有建设用地基准地价成果。故而分析集体国有基准地价一体化水平来和实际交易地价一体化进行比较研究。

集体国有基准地价均价比值作为城乡土地基准地价一体化的测度指标。城乡建设用地基准地价来源于佛山市南海区人民政府网，对公开的工业、住宅、商业等各类用途城乡建设用地级别基准地价图片配准后矢量化，得到矢量化后的各用途级别基准地价图。

从表 3 – 13 可以看出，集体商服基准地价不同级别间差价较小，国有商服基准地价不同级别间差价较大。同级别的集体商服基准地价和国有商服基准地价差距明显，同级别基准地价比值不到 0.2；国有商服的四级基准地价比集体商服的一级基准地价还高，国有商服五级基准地价接近集体商服的一级基准地价。同级别的集体住宅基准地价和国有住宅基准地价的差距比商服基准地价小，集体住宅基准地价和集体商服基准地价之间的差距较小，同级别的集体住宅基准地价比同级别的商服基准地价低 300~500 元/平方米，国有住宅基准地价和国有商服基准地价之间的差距较大，同级别的国有商服地价是国有住宅地价的 3 倍。工业用途的集体基准地价与国有基准地价之间的差距最小。级别越低，地价差距越小。

表 3 – 13　　　　　　南海区国有集体建设用地级别基准地价情况

土地用途	产权状况	一级	二级	三级	四级	五级
商服用地	集体地价	1 547	1 019	707	553	
	国有地价	10 334	6 300	4 346	2 373	1 342
	集体国有比值	0.15	0.16	0.16	0.23	
住宅用地	集体地价	1 087	649	486		
	国有地价	3 801	3 065	2 197	1 541	1 129
	集体国有比值	0.29	0.21	0.22		
工业用地	集体地价	659	525	460	422	
	国有地价	858	702	566	490	
	集体国有比值	0.77	0.75	0.81	0.86	

集体土地各用途基准地价差距比较小，而国有土地各用途基准地价差距较大。集体土地是以出租为主，村集体和村民主要关心的是租金收入，对土地的用途不是那么关心，村集体对市场没有政府那么了解，存在信息不对称；而国有土地市场相对完善，产权比较完善，住宅和商服用地能体现土地资产功能，故而价值比较高，国有工业用地价格不算高，主要是因为工业用地供应很多时候政府是出于招商引资的需要，不是主要靠工业地价获得收益，更关心的是由此带来的就业、税收、GDP 等，有些地方甚至零地价招商引资。为何集体土地流转以工业用地为主？原因在于，工业用地使用者建厂房是为了自用，主要是使用的是土地的承载功能，而商业用地和住宅用地对产权的要求更高，主要是因为开发商建房是为了销售，对土地的资产功能要求比较高。

采用空间自相关分析模型分析集体国有基准地价空间分布特征。从表 3 - 14 可以看出，国有基准地价和集体基准地价单变量都在空间上自相关，说明符合区位论和级差地租理论。不同用途之间的基准地价也在空间上正相关。国有和集体同用途和不同用途的基准地价在空间上自相关。说明南海的集体土地价格是和国有土地价格一样受区位的影响。不同用途地价一体化水平，也在空间上自相关。

表 3 - 14　　　　　　　　集体国有基准地价空间自相关分析

单变量	村级层面空间自相关指数
国有商服基准地价	0.8749
集体商服基准地价	0.8219
集体国有商服比值（商服地价一体化水平）	0.6864
国有住宅基准地价	0.8906
集体住宅基准地价	0.6988
集体国有住宅比值（住宅地价一体化水平）	0.5512
国有工业基准地价	0.8745
集体工业基准地价	0.8575
集体工业基准地价比值（工业地价一体化水平）	0.4625
双变量	村级层面空间自相关指数
集体与国有商服	0.8098
集体与国有住宅	0.7158
集体与国有工业	0.8042
集体工业与集体商服	0.7931
集体工业与国有商服	0.7597
国有工业与国有商服	0.8101
国有工业与集体商服	0.8233
集体工业与集体住宅	0.7392
国有工业与国有住宅	0.7921
集体工业与国有住宅	0.7605
国有工业与国有住宅	0.7202
集体商服与集体住宅	0.7189

续表

双变量	村级层面空间自相关指数
集体商服与国有住宅	0.7673
国有商服与国有住宅	0.818
国有商服与集体住宅	0.6936

从图 3-57 可以看出，集体国有商服基准地价比值的低值区集中在桂城街道和大沥镇，集体国有住宅基准地价比值的低值区集中在桂城街道，集体国有工业用地基准地价比值高值区在桂城街道和大沥镇附近。可见，不同用地的地价一体化水平空间分布特征不同。

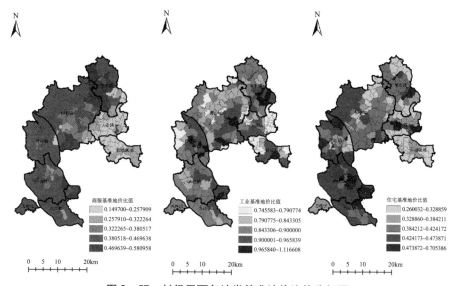

图 3-57　村级层面各地类基准地价比值分析图

3.3.2　城乡二元产权对土地价格的影响研究

土地价格是土地市场的重要组成部分，也是土地利用多元利益主体如何分配土地收益的重要依据，城乡土地价格的差异主要在于权属差异。研究产权差异对土地价格的影响，可以深层次揭示城乡土地价格的内在运行机制。基于城乡建设用地价格形成机理分析，引入多元线性回归模型，探讨集体土地与国有土地产权差异对土地价格的影响。

3.3.2.1 多元线性回归模型构建

回归分析是对客观事物数量依存关系的分析，是一种重要的统计分析方法，广泛地应用于社会经济现象变量之间的影响因素和关联的研究。由于客观事物的联系错综复杂，影响经济现象变化的因素往往是两个以上。为了全面揭示这种复杂的依存关系，准确地测定现象之间的数量变动，提高预测和控制的准确度，就要建立多元回归模型进行深入、系统的分析（包凤达，1999）。

多元回归模型的一般形式为：

$$Y = C + b_1 X_1 + b_2 X_2 + \cdots + b_k X_k + \varepsilon \qquad (3-1)$$

其中，Y 是因变量，X_1，X_2，$\cdots$，X_k 是 k 个自变量，b_1，b_2，$\cdots$，b_k 相应的变量系数；C 和 ε 是模型的常数项和随机扰动。

为了进一步细化模型，将土地价格作为被解释变量，选取产权性质、交易规模、交易时间、地块区位等指标为解释变量。具体模型如下：

$$Price = C + b_1 QSXZ + b_2 Area + b_3 Year + b_4 Gongye + b_5 QW + \varepsilon \quad (3-2)$$

其中，$Price$ 是因变量，$QSXZ$、$Area$、$Year$、$Gongye$、QW 是自变量，其余参数同式（3-1）。

3.3.2.2 变量选取及数据来源

有关研究表明，地块层面土地价格受到地块个别因素和一般因素的影响。因为土地用途对土地价格的影响显著，故在对总体样本构建模型分析之后，分别对工业用地、商服用地、住宅用地分别构建多元线性回归模型分析（见表3-15）。

表3-15　　　　　　　　多元回归分析及均值比较变量汇总表

变量	代码	类型	赋值/单位
土地价格	$Price$	连续型	元/平方米
权属性质	$QSXZ$	二分类	集体产权为0，国有产权为1

变量	代码	类型	赋值/单位
地块规模	*Area*	连续型	hm²
交易年份	*Year*	连续型	
是否工业用途	*Gongye*	二分类	工业为 1，非工业为 0
距离镇中心距离（km）	*QW*	连续型	km
土地交易总价	*ZJ*	连续型	万元

注：因为自 2010 年以来，南海区集体土地流转地块达 4 259，国有土地出让地块除划拨外仅 458 宗，因为两个样本量悬殊，故对南海区集体土地流转样本采用 SPASS 随机抽样 458 个样本组合成对照组。南海区城乡土地交易总样本量为 916。

选取无锡市区自 2010 年以来胡埭镇、钱桥镇、锡北镇三镇城市土地供应样点数据和三个镇工业用地问卷抽样调查数据；南海区自 2010 年以来城乡土地市场地块交易数据；北流市自 2010 年以来城乡土地市场地块交易数据。具体数据来源，前文叙述过，这里就不再赘述了。

3.3.2.3　城乡二元产权对土地价格的影响

因为工业用地交易是集体土地交易最重要的方式，故而土地用途采用虚拟变量 0、1 表示，工业用地为 1，非工业用地为 0（见表 3-16）。

表 3-16　　　　　　　多元回归模型的变量描述性统计

变量名	无锡			南海			北流		
	N	Mean	Std. Deviation	N	Mean	Std. Deviation	N	Mean	Std. Deviation
Price	726	582.35	802.94	916	4 452.68	7 355.65	485	3 406.13	5 445.24
QSXZ	726	0.49	0.50	916	0.50	0.50	485	0.82	0.38
Area	726	1.62	2.39	916	2.74	5.13	485	2.66	5.36
Year	726	2 013.38	2.02	916	2 012.96	2.10	485	2 013.24	2.93
Gongye	726	0.92	0.27	916	0.52	0.50	485	0.20	0.40
QW	726	2.42	1.61	916	29.99	14.60	485	9.63	16.08

从表 3-17 可以看出，经过模型预测，无锡、南海、北流的产权类型

对土地价格的影响均在1%的水平下显著正相关，无锡市国有土地价格比集体土地价格每平方米高 470.07 元、南海国有土地价格比集体土地价格每平方米高 3 145.34 元、北流国有土地价格比集体土地价格每平方米高 2 419.49元。地块规模对无锡、南海地价均无显著影响，在北流地块规模对地价影响均在1%的水平下负向显著影响。无锡和南海的交易年份对地价产生正向显著影响，北流的交易年份对地价没有显著影响。三个研究区的区位和是否是工业用途对地价均在1%的水平产生负向显著影响。

表3–17 城乡二元产权对土地价格的影响模型估计结果

研究区	变量名称	非标准化系数		标准系数	t	Sig.	Collinearity Statistics	
		B	标准误差	试用版			Tolerance	VIF
无锡	(Constant)	– 169 490.74	34 049.95		– 4.98	**0.00**		
	QSXZ	470.07	70.16	0.29	6.70	**0.00**	0.27	3.74
	Area	1.16	8.22	0.00	0.14	0.89	0.86	1.17
	Year	85.39	16.90	0.22	5.05	**0.00**	0.28	3.55
	Gongye	– 2 189.74	70.50	– 0.75	– 31.06	**0.00**	0.89	1.13
	QW	– 29.82	12.51	– 0.06	– 2.38	**0.02**	0.81	1.23
	R²	0.63						
南海	(Constant)	– 1 593 550.94	186 922.18		– 8.53	**0.00**		
	QSXZ	3 145.34	452.33	0.21	6.95	**0.00**	0.73	1.37
	Area	45.51	40.99	0.03	1.11	0.27	0.84	1.18
	Year	796.35	92.84	0.23	8.58	**0.00**	0.99	1.01
	Gongye	– 5 718.51	417.75	– 0.39	– 13.69	**0.00**	0.86	1.17
	QW	– 124.30	13.29	– 0.25	– 9.35	**0.00**	0.99	1.01
	R²	0.37						
北流	(Constant)	290 279.42	192 488.07		1.51	0.13		
	QSXZ	2 419.49	753.02	0.17	3.21	**0.00**	0.57	1.75
	Area	– 184.37	42.15	– 0.18	– 4.37	**0.00**	0.94	1.07
	Year	– 142.62	95.43	– 0.08	– 1.49	0.14	0.61	1.63

续表

研究区	变量名称	非标准化系数		标准系数	t	Sig.	Collinearity Statistics	
		B	标准误差	试用版			Tolerance	VIF
北流	*Gongye*	− 3 379. 47	575. 54	− 0. 25	− 5. 87	**0. 00**	0. 90	1. 11
	QW	− 57. 46	14. 30	− 0. 17	− 4. 02	**0. 00**	0. 91	1. 10
	R^2	0. 23						

在控制地块规模、土地用途、交易年份、土地区位等变量一致的情况下，三个地区的集体土地地价均显著低于国有土地，集体土地与国有土地之间存在"所有权歧视"，所有权差异是导致集体土地与国有土地最终不能实现狭义的"同地同权同价"的根本原因。

从表 3 - 18 可以看出，无锡市和南海区的集体土地交易规模低于国有土地交易规模。无锡集体土地平均地块规模为 0. 74 公顷，而国有土地平均地块规模为 2. 54 公顷；无锡市国有土地平均地块交易总价高达 2 055. 33 万元，而集体土地平均地块交易总价仅为 231. 66 万元。可见，企业使用集体土地的门槛比国有土地低得多。南海区国有土地交易规模是集体土地平均地块规模的 6 倍多，国有交易地块平均规模高达 4. 75 公顷，集体地块平均规模仅 0. 74 公顷；南海区国有土地平均地块交易总价高达 34 018. 08 万元，而集体土地平均地块交易总价仅为 1 073. 65 万元，集体平均交易总价仅为国有土地平均交易总价的 1/34 左右。北流市集体建设用地入市交易规模和国有土地交易规模相差不大，甚至平均规模比国有土地平均地块规模大，地块平均交易金额和国有土地地块平均交易金额接近。

表 3 - 18　　基于集体和国有产权性质土地价格、规模、总价比较均值

权属性质		无锡			南海			北流		
		Price	*Area*	*ZJ*	*Price*	*Area*	*ZJ*	*Price*	*Area*	*ZJ*
集体	均值	314. 77	0. 74	231. 66	1 976. 53	0. 74	1 073. 65	372. 65	3. 43	1 339. 07
	N	369	369	369	458	458	458	87	87	87
	标准差	136. 11	1. 51	549. 62	2 459. 97	1. 31	2 128. 75	170. 72	3. 32	1 739. 27

权属性质		无锡			南海			北流		
		Price	*Area*	*ZJ*	*Price*	*Area*	*ZJ*	*Price*	*Area*	*ZJ*
国有	均值	858.92	2.54	2 055.23	6 934.26	4.75	34 018.08	4 069.23	2.50	1 653.06
	N	357	357	357	458	458	458	398	398	398
	标准差	1 069.07	2.76	4 200.33	9 489.66	6.56	72 133.34	5 803.85	5.70	3 039.92
方差分析	F	94.03	119.65	68.34	117.12	164.35	95.45	35.23	2.19	0.87
	显著性	0.00	0.00	0.00	0.00	0.00	0.00	0.00	0.14	0.35

3.3.2.4 城乡二元产权对工业用地价格的影响

因为无锡、南海、北流的工业用地集体、国有产权并存，故对这三个研究区分别构建多元线性回归模型，城乡二元产权对工业用地价格的影响见表 3 – 19。

表 3 – 19　　　　　　　　多元回归模型的变量描述性统计

变量名	无锡			南海			北流		
	N	Mean	Std. Deviation	N	Mean	Std. Deviation	N	Mean	Std. Deviation
Price	667	396.39	148.53	478	1 112.80	1 391.04	97	175.34	93.67
QSXZ	667	0.45	0.50	478	0.32	0.47	97	0.88	0.33
Area	667	1.57	2.32	478	2.23	5.86	97	5.14	8.95
Year	667	2 013.56	1.96	478	2 013.02	2.05	97	2 013.79	2.65
QW	667	2.48	1.65	478	30.62	14.10	97	11.84	12.45

从表 3 – 20 可以看出，经过模型预测，无锡土地产权类型对工业用地价格的影响在 1% 的水平下显著正相关，国有工业用地价格比集体工业用地价格每平方米高 281.74 元；南海区土地产权类型对工业用地的影响在 1% 的水平下显著负相关，国有工业用地价格比集体工业用地价格每平方米低 773.66 元；北流市土地产权类型对工业用地价格的影响正相关但不显著。地块规模对无锡、南海区和北流市的工业用地价格影响均不显著。交

易年份对无锡、南海的工业用地价格的影响均在 1% 的水平下显著正相关，每晚一年交易工业用地价格在无锡和南海分别增加 31.58 元/平方米、173.96 元/平方米；交易年份对北流市没有显著影响。区位对三个研究区的工业用地价格均在 5% 的显著性水平上产生负向影响，即距离镇中心距离越短，工业地价越高。

表 3 - 20　　　城乡二元产权对工业用地价格的影响模型估计结果

研究区	变量名称	非标准化系数		标准系数	t	Sig.	Collinearity Statistics	
		B	标准误差	试用版			Tolerance	VIF
无锡	(Constant)	-63 304.89	8 931.10		-7.09	**0.00**		
	QSXZ	281.74	17.98	0.94	15.67	**0.00**	0.24	4.16
	Area	3.16	2.06	0.05	1.53	0.13	0.84	1.19
	Year	31.58	4.43	0.42	7.12	**0.00**	0.26	3.92
	QW	-6.30	3.03	-0.07	-2.08	**0.04**	0.77	1.30
	R^2	0.42						
南海	(Constant)	-347 965.91	54 902.31		-6.34	**0.00**		
	QSXZ	-773.66	128.42	-0.26	-6.02	**0.00**	0.85	1.18
	Area	-1.08	10.20	-0.01	-0.11	0.92	0.86	1.17
	Year	173.96	27.27	0.26	6.38	**0.00**	0.98	1.02
	QW	-27.76	3.96	-0.28	-7.02	**0.00**	0.98	1.02
	R^2	0.25						
北流	(Constant)	-6 660.63	8 060.64		-0.83	0.41		
	QSXZ	47.85	30.70	0.17	1.56	0.12	0.84	1.19
	Area	-0.40	1.08	-0.04	-0.37	0.71	0.94	1.07
	Year	3.39	4.00	0.10	0.85	0.40	0.78	1.29
	QW	-1.67	0.77	-0.22	-2.17	**0.03**	0.95	1.05
	R^2	0.09						

从表 3 - 21 可以看出，无锡市区集体工业用地价格均值显著低于国有工业用地价格均值；南海区集体国有工业用地价格均值显著高于国有工业

用地价格均值；北流市集体国有工业用地价格均值没有显著差异。无锡市和南海区的集体工业用地交易规模均值低于国有工业用地交易规模均值，产权性质与无锡市和南海区的工业用地交易规模在1%的水平上呈显著正相关关系；北流市集体国有工业用地交易规模没有显著差别。无锡市和南海区的集体工业用地交易总价均值低于国有工业用地交易总价均值，产权性质与无锡市和南海区的工业用地交易总价在1%的水平上呈显著正相关关系；北流市集体国有工业用地交易总价没有显著差别。

表 3－21　　基于集体和国有产权性质工业用地价格、规模、总价均值比较

权属性质		无锡			南海			北流		
		Price	Area	ZJ	Price	Area	ZJ	Price	Area	ZJ
集体	均值	314.77	0.74	231.66	1 419.17	0.72	893.42	139.22	3.11	423.05
	N	369	369	369	324	324	324	12	12	12
	标准差	136.11	1.51	549.62	1 597.47	1.17	1 882.57	30.24	2.54	344.92
国有	均值	497.46	2.60	1 310.25	468.23	5.41	2 249.89	180.44	5.42	928.37
	N	298	298	298	154	154	155	85	85	85
	标准差	89.40	2.71	1 548.91	168.33	9.45	2 813.55	98.46	9.49	1 661.60
方差分析	F	398.10	125.01	154.84	17.47	39.20	62.50	2.06	0.70	1.09
	显著性	0.00	0.00	0.00	0.00	0.00	0.00	0.16	0.41	0.30

　　无锡集体工业用地平均地块规模为 0.74 公顷，而国有工业用地平均地块规模为 2.60 公顷；无锡市国有工业用地平均地块交易总价高达 1 310.25 万元，而集体工业用地平均地块交易总价仅为 231.66 万元。南海区国有工业用地交易规模是集体土地平均地块规模的 7 倍多，国有工业用地交易地块平均规模高达 5.41 公顷，集体工业用地地块平均规模仅 0.72 公顷；南海区国有工业用地平均地块交易总价高达 2 249.89 万元，而集体工业用地平均地块交易总价仅为 893.42 万元。北流市集体工业用地平均地块规模为 3.11 公顷，而国有工业用地平均地块规模为 5.42 公顷；北流市国有工业用地平均地块交易总价为 928.37 万元，而集体工业用地平均地块交易总

价为423.05万元。可见，在不同研究区域，企业使用集体工业用地的门槛均比国有工业用地的门槛低。无锡和南海的集体工业用地平均规模比较接近，而北流的集体工业用地平均规模更高，主要是因为无锡和南海集体工业用地市场发育比较完善，而北流市是入市后才有的集体工业用地供应。

3.3.2.5　城乡二元产权对商服用地价格的影响

因集体商服集体工业用地在南海和北流均有较多样本，而在无锡调研的样本不够，故而城乡二元产权对商服用地价格的影响仅比较了南海和北流地区（见表3－22）。

表3－22　　　　　　　　　　多元回归模型的变量描述性统计

变量名	南海			北流		
	N	Mean	Std. Deviation	N	Mean	Std. Deviation
Price	213	4 674.19	4 867.67	25	1 228.40	1 008.12
QSXZ	213	0.43	0.50	25	0.80	0.41
Area	213	1.66	2.96	25	2.81	4.34
Year	213	2 012.80	2.04	25	2 014.40	3.08
QW	213	28.44	15.39	25	10.08	19.88

从表3－23可以看出，经过模型预测，南海区土地产权类型对商服用地价格的影响在1%的水平下显著正相关，国有商服用地价格比集体商服用地价格每平方米高3 580.17元；北流市土地产权类型对商服用地影响正相关但不显著。地块规模对南海区商服用地价格影响不显著；地块规模对北流市商服用地在5%的显著性水平上产生负向影响，地块规模每增加一公顷商服用地价格便宜97.06元/平方米。交易年份对南海的商服用地价格的影响均在1%的水平下显著正相关，每晚一年交易商服用地价格增加741.24元/平方米；交易年份对北流市没有显著影响。区位对南海区商

服用地价格均在1%的显著性水平上产生负向影响，即距离镇中心距离越短，商服用地价格越高，距离每增加 1 公里，商服用地价格下降 97. 59 元/平方米。

表 3 – 23　　　　城乡二元产权对商服用地价格的影响模型估计结果

研究区	变量名称	非标准化系数		标准系数	t	Sig.	共线性统计	
		B	标准误差	试用版			Tolerance	VIF
南海	（Constant）	− 1 485 768. 49	296 533. 39		− 5. 01	**0. 00**		
	QSXZ	3 580. 17	646. 82	0. 37	5. 54	**0. 00**	0. 80	1. 25
	Area	− 168. 41	106. 46	− 0. 10	− 1. 58	0. 12	0. 83	1. 21
	Year	741. 24	147. 28	0. 31	5. 03	**0. 00**	0. 91	1. 10
	QW	− 97. 59	18. 76	− 0. 31	− 5. 20	**0. 00**	0. 99	1. 02
	R^2	0. 28						
北流	（Constant）	− 71 322. 87	148 709. 41		− 0. 48	0. 64		
	QSXZ	998. 87	590. 54	0. 41	1. 69	0. 11	0. 57	1. 76
	Area	− 97. 06	43. 92	− 0. 42	− 2. 21	**0. 04**	0. 91	1. 10
	Year	35. 82	73. 69	0. 11	0. 49	0. 63	0. 64	1. 56
	QW	− 13. 84	9. 98	− 0. 27	− 1. 39	0. 18	0. 84	1. 19
	R^2	0. 35						

从表 3 – 24 可以看出，南海区和北流市集体商服用地价格均值均显著低于国有商服用地价格均值。南海区的集体商服用地交易规模均值低于国有商服用地交易规模均值，产权性质与南海区的商服用地交易规模在 1% 的水平上呈显著正相关关系；北流市集体国有商服用地交易规模没有显著差别。南海区的集体商服用地交易总价均值低于国有商服用地交易总价均值，产权性质与南海区的商服用地交易总价在 1% 的水平上呈显著正相关关系；北流市集体国有商服用地交易总价没有显著差别。

表 3 – 24　　基于集体和国有产权性质商服用地价格、规模、总价均值比较

权属性质		南海			北流		
		Price	*Area*	*ZJ*	*Price*	*Area*	*ZJ*
集体	均值	3 514.54	0.65	1 409.71	505.60	1.36	719.40
	N	122	122	122	5	5	5
	标准差	3 565.97	1.09	2 224.92	111.65	1.91	992.28
国有	均值	6 228.87	3.01	15 435.27	1 409.10	3.17	2 574.49
	N	91	91	91	20	20	20
	标准差	5 869.42	3.97	19 440.55	1 053.22	4.72	2 945.81
方差分析	F	17.47	39.20	62.50	3.56	0.69	1.88
	显著性	**0.00**	**0.00**	**0.00**	**0.07**	0.42	0.18

南海区商服用地交易规模是集体土地平均地块规模的 5 倍左右，国有商服用地交易地块平均规模高达 3.01 公顷，集体商服用地交易地块平均规模仅 0.65 公顷；南海区国有商服用地平均地块交易总价高达 15 435.27 万元，而集体商服用地平均地块交易总价仅为 1 409.71 万元。北流市集体商服用地平均地块规模为 1.36 公顷，而国有商服用地平均地块规模为 3.17 公顷；北流市国有商服用地平均地块交易总价为 719.40 万元，而集体商服用地平均地块交易总价为 2 574.59 万元。可见，在不同研究区域，企业使用集体商服用地的门槛也比使用国有商服用地的门槛低。南海区集体商服用地平均规模和国有商服用地平均规模比较接近，并且南海的集体工业用地和商服用地间地价差距不大，低于国有工业用地和商服用地间的地价差距。

3.3.2.6　城乡二元产权对住宅用地价格的影响

因无锡和南海没有集体住宅用地供给，只有北流市供应集体住宅用地，故而城乡二元产权对住宅用地价格的影响仅以北流市为例进行了分析，变量描述性统计见表 3 – 25。

经过模型预测（见表 3 – 26）可以看出，北流市土地产权类型对住宅用地价格的影响在 1% 的水平下显著正相关，国有住宅用地价格比集体住

宅用地价格每平方米高 3 235.59 元。地块规模对北流市住宅用地在 1% 的显著性水平上产生负向影响，地块规模每增加一公顷住宅用地价格便宜 449.91 元/平方米。交易年份对北流市的住宅用地价格没有显著影响。区位对北流市住宅用地价格均在 1% 的显著性水平上产生负向影响，即距离镇中心距离越短，住宅用地价格越高，距离每增加 1 公里，住宅用地价格下降 71.31 元/平方米。

表 3 – 25 多元回归模型的变量描述性统计

变量名称	北流		
	N	Mean	Std. Deviation
Price	351	4 559.19	6 003.37
QSXZ	351	0.82	0.39
Area	351	1.99	3.74
Year	351	2 012.95	2.96
QW	351	8.81	16.55

表 3 – 26 城乡二元产权对住宅用地价格的影响模型估计结果

研究区	变量名称	非标准化系数		标准系数	t	Sig.	Collinearity Statistics	
		B	标准误差	试用版			Tolerance	VIF
北流	(Constant)	– 42 396.20	265 569.61		– 0.16	0.87		
	QSXZ	3 235.59	1 036.41	0.21	3.12	0.00	0.51	1.95
	Area	– 449.91	79.44	– 0.28	– 5.66	0.00	0.94	1.07
	Year	22.77	131.68	0.01	0.17	0.86	0.54	1.84
	QW	– 71.31	18.35	– 0.20	– 3.89	0.00	0.89	1.12
	R^2	0.28						

从表 3 – 27 可以看出，北流市集体住宅用地价格均值显著低于国有住宅用地价格均值，产权性质对土地价格的影响在 1% 的显著性水平上呈正向相关关系。北流市的集体住宅用地交易规模均值高于国有住宅用地交易

规模均值，产权性质与北流市的住宅用地交易规模在 1% 的水平上呈显著负向相关关系。北流市集体国有住宅用地交易总价没有显著差别。

表 3－27　基于集体和国有产权性质住宅用地价格、规模、总价均值比较

权属性质		北流		
		Price	*Area*	*ZJ*
集体	均值	421.22	3.75	1 630.85
	N	64	64	64
	标准差	148.28	3.43	1 906.73
国有	均值	5 481.95	1.60	1 822.48
	N	287	287	287
	标准差	6 278.09	3.69	3 339.13
方差分析	F	41.49	18.15	0.20
	显著性	**0.00**	**0.00**	0.66

3.3.3　集体建设用地入市对土地价格影响的研究

基于土地价格形成机理，引入多元线性回归模型分析集体建设用地入市政策对集体土地价格的影响。因前文已经描述过多元线性回归模型，在此就不赘述了。

3.3.3.1　变量选取及数据来源

本节将土地价格的对数作为被解释变量，选取是否入市、交易总价的对数、是否工业用途、交易方式、地块区位等指标为解释变量，具体模型如下：

$$Price = C + b_1 SFRS + b_2 GY + b_3 CZ + b_4 Area + + b_5 QW + \varepsilon \qquad (3-3)$$

其中，*Price* 是因变量，*SFRS*、*GY*、*CZ*、*Area*、*QW* 是自变量，其余参数同式（3－1）。

数据来源：自 2015 年以来的集体土地隐形流转交易数据和集体建设用地入市地块交易数据，对土地价格统一贴现至 2015 年价格。变量描述性统

计见表 3 −28。

表 3 −28 变量描述性统计

指标/赋值	变量名	均值	标准偏差	N
土地价格	Price	2 817.47	6 543.56	1 682
是否入市（入市为1，否则为0）	SFRS	0.06	0.23	1 682
是否工业用途（工业用途为1，其他为0）	GY	0.73	0.44	1 682
交易方式（出租为1，出让为0）	CZ	0.99	0.07	1 682
地块规模	Area	0.74	1.81	1 682
区位	QW	27.92	14.29	1 682

3.3.3.2 模型结果及讨论

从表 3 −29 可以看出，集体建设用地入市与否对集体土地价格产生正向显著影响，在控制其他变量的情况下，入市地块比非入市地块价格高 5 727.62元/平方米。是否工业用途对土地价格产生负向显著影响，集体土地工业用途比其他用途地价低了 2 988.79 元/平方米。是否出租，对土地价格没有显著影响。地块规模对土地价格产生负向影响，地块规模每增加一公顷，土地价格降低 190.84 元/平方米。区位对土地价格产生负向影响，距离镇中心距离每增加 1 公里，土地价格降低 52.43 元/平方米。南海区集体建设用地入市地块比非入市地块的价格高，主要是因为一方面入市的地块受到了政府认可，产权更安全，故而价格更高。区位对土地价格产生负向影响，距离广州市中心越近，价格越高。

表 3 −29 入市与否对集体建设用地价格的影响模型估计结果

变量名称	非标准化系数		标准系数	t	Sig.	共线性统计量	
	B	标准误差	试用版			容差	VIF
（常量）	2 853.58	2 177.80		1.31	0.19		
SFRS	5 727.62	689.67	0.20	8.30	**0.00**	0.93	1.08

变量名称	非标准化系数		标准系数	t	Sig.	共线性统计量	
	B	标准误差	试用版			容差	VIF
GY	-2 988.79	346.26	-0.20	-8.63	**0.00**	0.99	1.01
CZ	3 467.43	2 124.96	0.04	1.63	0.10	0.96	1.04
Area	-190.84	84.82	-0.05	-2.25	**0.02**	0.98	1.02
QW	-52.43	10.67	-0.11	-4.91	**0.00**	0.99	1.01
df	1 681						
R^2	0.097						

注：因变量为单位地价取对数，入市与否变量以 0/1 表征，入市地块为 1，非入市地块为 0，比较的 2015 年以来集体建设用地入市地块和非入市地块。

表 3 - 30　基于是否入市的南海区集体土地价格、规模、价格总价均值比较

是否入市		南海		
		Price	Area	ZJ
非入市地块	均值	2 504.63	0.68	1 364.02
	N	1 589	1 589	1 589
	标准差	3 808.49	1.55	3 076.96
入市地块	均值	8 162.68	1.80	7 900.59
	N	93	93	93
	标准差	22 392.60	4.12	15 780.19
方差分析	F	68.32	34.48	166.21
	显著性	**0.00**	**0.00**	**0.00**

从表 3 - 30 可以看出，南海区集体土地隐形流转地块价格均值显著低于集体建设用地入市地块价格均值，是否入市对集体土地价格的影响在 1% 的显著性水平上呈正向相关关系。集体入市地块交易规模均值高于非入市地块交易规模均值，是否入市与集体土地地块交易规模在 1% 的水平上呈显著正相关关系。集体入市地块交易总价均值高于非入市地块交易总价均值，是否入市与集体土地地块交易总价在 1% 的水平上呈显著正相关

关系。南海区集体建设用地入市交易地块规模是集体土地隐形流转地块规模的 3 倍左右；南海区集体建设用地入市交易地块总价是集体土地隐形流转地块交易总价的 6 倍左右。可见，集体建设用地入市政策有助于推动存量集体土地规模化利用。

第 4 章

城乡土地市场不同发展
阶段的土地利用变化分析

中国的土地市场有别于西方发达国家的完全竞争型市场，是政府通过土地政策来监管的市场，城乡二元土地市场是城乡差异化土地政策的结果。吴敬琏（2014）指出，是一体化的市场还是分割的市场，关键在于市场规则。而决定城乡土地市场规则的大都是中央或地方政府出台的城乡土地流转政策。不同区域、不同时期、城乡土地政策不同，对城乡土地市场发展影响不同。土地利用变化包含了不同含义，可以是土地利用在不同类型间的转变，土地利用格局变化，土地利用效率的变化，也可以是同一种土地用途的土地利用条件改变。本章主要是分析市县层面不同市场阶段土地利用结构变化和空间格局变化。

4.1 城乡土地市场演进过程

4.1.1 无锡市城乡土地市场演进过程

通过走访无锡市国土管理部门工作人员和无锡市胡埭镇、钱桥镇、锡北镇所辖村的村干部，结合搜集到的城乡土地市场资料和相关政策，对无锡市城乡土地市场的发展历程进行了梳理。无锡市城乡建设用地市场主要经历了四个发展阶段。

（1）集体土地流转探索期（1990～2000 年）

改革开放初期，地处长三角的无锡乡镇工业快速发展，优越的社会经济发展条件为集体建设用地市场发育提供了空间。早期的乡镇企业属于村集体企业，不用付土地租金，只要给村集体上缴利润。20 世纪 90 年代初期，乡镇企业面临改制，村集体对企业资产不再享有所有权，但村集体仍然拥有企业所占土地的所有权，如何处置存量集体建设用地是当时土地管理部门需要解决的主要问题。1990～2000 年，无锡大批乡镇企业改制，为集体存量建设用地隐形入市提供了条件。村集体企业资产出租给个人或者卖给个人（多为原企业经营者），个人和村集体签订土地短租合同或者长租合同租用所占集体工业用地。这一时期的工业用地主要是存量乡镇工业用地，很少有新增工业用地。这一时期的土地交易方式是集体年租制和一次性买断均有。通过对三个镇所辖的各个村负责人的访谈可知，这一时期集体土地租赁价格集中在 5 000～6 000 元/亩，一次性买断价格集中在 5 万～6 万元。胡埭镇某村负责人告知调研人员，在 1998 年以前存在的以一次性买断方式获得土地使用权的，可以补办土地使用证。

（2）城乡建设用地市场快速发展时期（2001～2004 年）

2001～2004 年为城乡建设用地市场快速发展时期。在这一时期，中国兴起建设经济开发区热潮，无锡也不例外，2000 年开始兴建经济开发区，导致大量优质耕地被转为工业用地，新增的工业用地主要以国有出让为主。2002～2003 年，调研区中锡北镇、钱桥镇原经济开发区相继升级为国家级开发区，胡埭镇被批准成立工业园区并成为小城镇综合改革试点镇。在法律例外条件和各项政策机遇下，部分集体存量建设用地通过"土地置换"进驻开发区。为鼓励企业安心搬迁，大批新增建设用地在这一阶段主要以国有出让和集体一次性买断 50 年土地使用权的形式发生流转，同时也带动了开发区周边用地需求量的增加，集体经营性建设用地大量以"一次性买断"形式发生流转。这一时期，存量工业用地以厂房出租或者一次买断的方式流转，而新增经营性建设用地以国有出让和集体一次性买断方式进行流转，一次性买断主要集中在 2002～2003 年。

（3）城乡土地市场规范强化时期（2005～2009 年）

2005～2009 年是城乡土地流转规范强化时期，这期间新增乡镇工业用地主要是通过国有出让和集体土地年租进行流转。自 2005 年以后，新增集体经营性建设用地基本不再通过一次性买断的方式进行流转，村集体为了获得稳定持续的土地增值收益，采取年租制方式流转。2007 年，无锡市政府出台《无锡市集体建设用地使用权流转管理暂行办法》，规范管理城市（镇）规划区外集体建设用地使用权流转和城市（镇）规划区内存量集体建设用地使用权流转（规划区内经农用地转为建设用地的必须征收为国有，按国有土地使用权规定办理）。界定集体建设用地使用权流转是指在土地所有权不变的前提下，土地使用权发生转移、再转移的行为，包括出让、出租、转让、转租、抵押等。城市（镇）规划区内集体存量建设用地不能用于商品住宅建设，用于商业等经营性用途的，要先征为国有土地。首次出租的集体建设用地使用权应向国土部门提出流转申请，在符合土地规划和城市规划的条件下，经市县政府批准颁发土地租赁证书。这时期无锡市集体工业用地流转以短期租赁为主，签约周期普遍在 1 ~ 3 年，租金在镇政府租赁指导价格下按各村实际情况执行，税费以外的全部收益由村集体自收自支，是一种政府指导的集体建设用地入市模式。

（4）城乡建设用地扩张减缓时期（2010 年至今）

自 2010 年以来，存量乡镇工业用地各种流转方式并存，新增的工业用地流转主要方式是集体土地征为国有土地后再进行出让，新增集体工业用地很少。主要是无锡市存量的集体工业用地大部分是未经过国家征用，直接将农用地用于建设，很多不符合规划和法律要求。而 2009 年开始，中央政府引入遥感技术手段监测农地非农化图斑来发现土地违法行为，私底下农转非地方政府会被问责，引起了无锡市地方政府重视，对农村土地用途进行严格管制。村集体的代表村干部受政府严格执法的影响，未经政府允许不敢私底下农转非。并且 2009 年，无锡市开展了"双置换"的试点工作。"双置换"即以"土地承包经营权置换城市社会保障，以宅基地使用权置换城镇住房"。"双置换"的核心是承包经营权置换，放弃承包权的农民即可按照年龄段的不同纳入城镇职工保障体系，同时享受城镇居民基本医疗保险待遇。胡埭镇和钱桥镇的大部分土地已经被政府通过"双置换"手段预征，村集体已经失去了对村里被预征土地的处置权，被预征的农用地未进行农转非前，农民可以继续耕种，但不能私底下进行农转非。"双置换"手段也导致新增的工业用地基本是国有出让为主。

4.1.2 佛山市南海区城乡土地市场演进过程

通过走访南海区国土管理部门工作人员和桂城街道、大沥镇所辖村的村干部，结合搜集到的城乡土地市场资料和相关政策，对南海区城乡土地市场的发展历程进行了梳理。南海区城乡建设用地市场主要经历了六个发展阶段。

（1）乡镇工业化推动集体建设用地市场萌芽（1978～1990年）

在改革开放前，由于国企改革滞后，社会物资短缺，从而促发了乡镇企业的兴起。1979年，南海县政府提出要通过公社、大队和生产队"三驾马车"发展乡镇企业，突破了当时不准许生产队办企业的政策限制。在改革开放后，南海区的乡镇企业发展迅速，在集体土地上开始了农村社区工业化，具有"离土不离乡，进厂不进城"的特点，形成具有中国特色的乡村城市化模式。1984年，南海县政府又提出了"乡镇、管理区、经济联社、联户、个体五个层次的经济一起发展"的乡镇企业发展思路。1988年，南海以村级工业为主的乡镇企业已经相当发达，村、镇成为推动南海工业化的主体，南海的农村经济迅速实现了非农化。集体经济组织自主参与到市场经济，通过出租土地的方式，大幅度降低企业创办费用。工业化和城市化的高速发展引发巨大的农地非农化需求，为满足大量用地要求以及在巨大的级差地租收益诱使下，村集体将大量的农用地自行转为建设用地。正是集体建设用地的自发流转，促使大量企业在南海落户生根走出了一条新型工业化的路子。这一阶段政府对农村土地非农占用约束性不强，多采用"无为而治、无序而为"的行政态度，造成合法用地与违法用地并存的局面。

（2）国有建设用地市场开始萌芽，在股份制改革下，集体建设用地市场稳步发展（1990～2000年）

1990年5月，国务院发布了《城镇国有土地使用权出让和转让暂行条例》，明确国有土地使用权可以采用协议、招标、拍卖三种方式进行交易，两权分离促进了国有建设用地市场的萌芽。国有土地市场初步发育，南海政府比其他地方更放得开，集体土地自发流转市场比国有土地市场更活跃。1992 年，邓小平南方谈话后，中央确立了市场取向的经济改革方向，一度低迷的乡镇企业又迎来新的发展机遇。同年，南海由县改为市后，农村产业化加速，市场经济发展迅速，第二产业和第三产业成为当地经济的支柱产业。南海股份制改革启动时间较早，1992 年南海市罗村镇下柏村率先把农民的土地承包权改为配置股权，拉开了南海市农村股份制改革的序幕。1993 年，南海市出台了《关于推进农村股份合作制的意见》，农村股份合作制迅速在南海市的农村普遍推广。将农村土地承包经营权入股合作组织，然后以村、组为单位出租物业或土地，农民根据股权分享土地非农化带来的增值收益。这种不改变土地所有权性质、农民集体只靠出租土地（非自用土地创办集体企业）参与工业化的方式，被称为农村工业化的"南海模式"。截至 2000 年，股权化改革全面，2002 年撤销县级南海市，设立佛山市南海区。这一阶段南海区"政经"开始分离，农村集体经济组织分别成立经联社（对应村委村集体）、经济社（对应自然村社、村小组），现有经联社 231 个、经济社 2 081 个。集体经济组织在集体建设用地流转中扮演着重要的角色。

（3）城乡建设用地市场逐步规范阶段（2000～2005 年）

自 2000 年以后，中国的城市化继续高歌猛进，城市化速度继续保持上一阶段趋势，不同的是，这一时期的城市面积扩张增长明显，农民的进城和人口在城市之间的流动加速，呈现出土地城市化快于人口城市化、常住人口城市化快于户籍人口城市化的中国特色城市化现象。

这一时期，城市化出现的新特征是土地制度变革与住房制度改革互动的结果。最大的变化是 2003 年实行经营性用地的招拍挂制度，这一制度使土地收益全部进到政府财政，形成了"土地财政"模式（刘守英，2018）。在 2005 年以前，集体土地流转没有任何政策依据，随着对集体建设用地流转的认识逐步深刻，2005 年，广东省在全省范围内实施《广东省集体建设用地使用权流转管理办法》，开始推行集体建设用地流转，提出集体建设用地可以和国有土地一样，按"同地、同价、同权"原则进入土地交易市场。集体建设用地使用权流转形式包括出让、出租、转让、转租和抵押，对于土地登记方面的规定则比较模糊，只是提到土地使用者可申请办理土地登记和领取相关权属证明。在获得政策支持后，南海区正式走上了集体建设用地流转市场规范化和监督管理之路。农村集体建设用地流转已经由单一的经济驱动向经济驱动和正式制度创新相结合转变（陈利根，2008）。

（4）城乡土地市场快速发展阶段（2005～2010年）

2005～2010年是南海区城市化快速发展时期，也是国有和集体土地市场快速发展时期。2008年印发的《南海区农村集体资产管理暂行规定》，探索对包括集体建设用地在内的集体资产进行规范化管理，在2010年相继出台《关于全面推进农村集体资产管理交易平台建设工作的意见》和《佛山市南海区农村集体资产管理交易办法（试行）》两个文件，建立农村集体资产交易平台，为加强农村集体建设用地交易监管提供了有力的依据和可靠的平台。

（5）城乡土地市场成熟期（2010～2015年）

自2009年以来，随着遥感监测技术的引入，土地执法监管得到加强，导致新增建设减少。2011年，南海区出台实施《南海区集体建设用地使用权出让出租管理办法》和《〈佛山市南海区集体建设用地使用权出让出租管理办法〉操作指引》，正式赋予农村集体建设用地出让、出租的权利，与国有建设用地共同进入土地一级市场。这不仅对吸引社会资本参与新农村建设，助推农村城市化和城市升级起到了至关重要的作用，同时也规定集体建设用地使用权可出让、出租，明确可申请登记办理《集体土地使用证》或《土地他项权利证明书》，将使用权出租仍然使用土地他项权利进行登记，成为南海区土地制度改革探索的又一里程碑。2014年，南海区出台《佛山市南海区集体建设用地使用权流转实施办法的通知》，在规范集体建设用地流转的基础上，提出了集体建设用地商服产业载体的概念，允许这类项目分割销售。由此，南海区集体建设用地流转迈上一个新台阶。

（6）集体建设用地全面入市改革阶段（2015年至今）

2015年，全国人大授权国务院在全国首批15个地区开展农村集体经营性建设用地入市改革工作，首次在全国层面允许暂时突破地方法律法规限制尝试集体土地合法入市工作。与前一阶段相比，南海区在这一阶段有以下几个显著变化。

①南海区结合自身实际情况，制定的具有地方特色的入市政策制度，与前一阶段相比更有针对性、更具适应性。

②南海区提出集体建设用地产业载体开发利用制度。为发展壮大现代服务业和生产性服务业（即 2.5 产业），鼓励产业载体建设，促进土地资源的节约集约利用，南海区提出农村集体经营性建设用地产业载体开发与利用制度。截至目前，南海区已设立御堡国际商务中心、星港国际广场购物中心、丽日广场、大正小城广场、南舜广场 5 个产业载体项目，涉及面积 360 多亩。

③成立集体土地整备中心。通过成立区级、镇级两级集体土地整备中心，与经联社、经济社签订托管协议，将南海区集体土地统一收回归、并统一招商，释放集体土地规模经营价值，有效地解决了南海区集体土地量大、分布零散的问题，提升了南海区集体土地利用效率与价值。同时，通过整备中心整备的土地在入市时以集体土地整备中心为新的入市主体签订入市交易合同，集体土地整备中心成为南海区继经济社、经联社之后的第三种入市主体。

④探索区片综合整治模式。针对南海区集体土地不仅分布散乱而且相邻地块地类之间相互交叉的实际情况，南海区提出区片综合整治这一模式，其核心内涵是通过调整地类用途，将在集体建设用地集中区之内的农用地或其他用地转换为集体建设用地，利于集体建设用地的规模开发与利用。其操作方法主要是地块的空间置换与增减挂钩，先复垦再利用，先修正图斑后上报调整规划的形式，简化了用地程序。

4.1.3　北流市城乡土地市场演进过程

20 世纪六七十年代，北流市形成一部分集体经营性建设用地，每个村、每个小组办一些村级企业和一些小型加工厂，以前遗留下来的集体经营性建设用地不多，改革开放以后也未形成大量的集体经营性建设用地。在集体建设用地中，宅基地占比高。南海改革开放后，大量农地被农民自发转为工业用地，而北流相对南海来说集体土地自发流转成建设用地的并不多。主要是因为北流政府对土地用途管制比较严，农民私下不敢轻易将农用地转为建设土地。北流的集体土地流转市场在入市前发育不成熟，主要是因为政府比较强势，集体经济组织比较弱。

2015 年 3 月，北流市被定为全国农村集体经营性建设用地入市改革首批 15 个试点地区之一。在符合规划的前提下，推行农村集体经营性建设用地与国有土地同等权利、统一入市、公开流转。北流市开展农村土地制度改革试点工作后，以城乡发展一体化为目标，坚持"能不征、就不征""可入市、尽入市"，探索构建城乡统一的建设用地市场，缩小征地范围，优化征地程序，推动城乡一体化和新型城镇化建设。为了突破建设用地瓶颈，北流市启动县域经济发展新引擎，抓住开展农村土地制度改革试点工作的机遇，积极探索公益用地入市、商住用地入市、成片整治入市、新增集体建设用地入市四种方式，取得了显著成绩。北流在入市途径方面以整治入市为主，在交易方式上主要是拍卖出让，在入市用途上大部分为住宅用地，同时还探索出全国第一个新增集体建设用地入市案例，具有鲜明的地方特色。北流的集体建设用地入市流转主要是住宅用地，而目前全国层面集体土地流转的土地用途大多是工业用地。

4.2 城乡土地市场不同发展阶段
土地利用结构变化分析

4.2.1 数据来源

本章的土地利用数据来源包括遥感数据和土地利用变更调查数据。研究区所采用的遥感数据来源于中国科学院资源环境科学数据中心（http://www.resdc.cn）。中国土地利用/土地覆盖遥感监测数据库包括 20 世纪 70 年代末期、80 年代末期、90 年代中期、90 年代末期、2005 年、2010 年和 2015 年，共 7 期。其中，20 世纪 70 年代末期，土地利用/覆盖数据的重建主要使用 Landsat - MSS 遥感影像数据，80 年代末期、90 年代中期、90 年代末期、2005 年、2010 年各期数据的遥感解译主要使用了 Landsat - TM/ETM 遥感影像数据，而 2015 年土地利用/覆盖数据更新主要使用 Landsat 8 遥感影像数据，数据库采用人机交互式目视判读的方式构建，原图为 Arc/info 矢量数据，比例尺为 1 : 10 万（徐新良，2014）。根据前文分析可以发现，2000 年是城乡土地市场发展变化的转折年。在 2000 年以前，城乡土地市场发展缓慢；在 2000 年以后，城乡土地市场快速发展。故在 2000 年以前，每隔 10 年选择一期遥感影像；在 2000 年以后，每隔 5 年选择一期遥感影像。中科院资源环境科学数据中心根据论文数据需求，结合相关工作基础，提供了无锡市、南海区、北流市三个研究区 1980 年、1990 年、1995 年、2000 年、2005 年、2010 年、2015 年的土地利用 30 米分辨率矢量数据。

土地利用变更调查数据包括无锡市国土资源局提供的 2000 ~ 2014 年无锡市区土地利用变更调查数据、佛山市自然资源局南海分局提供的 2013 ~ 2017 年南海区土地利用变更调查数据，北流市国土资源局提供的 2013 ~ 2017 年北流市土地利用变更调查数据。

4.2.2　土地利用分类体系

中科院土地利用分类系统，包括耕地、林地、草地、水域、城乡建设用地和未利用土地 6 个一级类，以及水田、旱地、有林地等 25 个二级类（见表 4 - 1）。

表 4 - 1　　　　　　　　　　土地利用类型分类体系

一级分类	二级分类	含义
耕地	—	指种植农作物的土地
	水田	指有水源保证和灌溉设施的耕地
	旱地	指无灌溉水源及设施，靠天然将水生长作物的耕地
林地	—	指生长乔木、竹类、灌木以及沿海红树林地等林业用地
	有林地	指郁闭度 >30% 的天然林和人工林
	灌木林	指郁闭度 >40%、高度在 2 米以下的矮林地和灌丛林地
	疏林地	指林木郁闭度为 10% ~30% 的林地
	其他林地	指未成林造林地、迹地、苗圃及各类园地

一级分类	二级分类	含义
草地	—	指以生长草本植物为主的疏林草地
	高覆盖度草地	指覆盖 >50% 的天然草地
	中覆盖度草地	指覆盖度在 >20%~50% 的天然草地和改良草地
	低覆盖度草地	指覆盖度在 5%~20% 的天然草地
水域	—	指天然陆地水域和水利设施用地
	河渠	指天然形成或人工开挖的河流及主干常年水位以下的土地。人工渠包括堤岸
	湖泊	指天然形成的积水区常年水位以下的土地
	水库坑塘	指人工修建的蓄水区常年水位以下的土地
	永久性冰川雪地	指常年被冰川和积雪所覆盖的土地
	滩涂	指沿海大潮高潮位与低潮位之间的潮浸地带
	滩地	指河、湖水域平水期水位与洪水期水位之间的土地
城乡、工矿、居民用地	—	指城乡居民点及其以外的工矿、交通等用地
	城镇用地	指大、中、小城市及县镇以上建成区用地
	农村居民点	指独立于城镇以外的农村居民点
	其他建设用地	指厂矿、油田、盐场、大型工业区、采石场等用地以及交通道路、机场及特殊用地
未利用土地	—	目前还未利用的土地，包括难利用的土地
	沙地	指地表为沙覆盖，植被覆盖度在 5% 以下的土地
	戈壁	指地表以碎砾石为主，植被覆盖度在 5% 以下的土地
	盐碱地	指地表盐碱聚集，植被稀少的土地
	沼泽地	指地势平坦低洼，表层生长湿生植物的土地

一级分类	二级分类	含义
未利用土地	裸土地	指地表土质覆盖，植被覆盖度在5%以下的土地
	裸岩石质地	指地表为岩石或石砾，其覆盖面积 >5% 的土地
	其他	指其他未利用土地，包括高寒荒漠，苔原等

4.2.3　土地利用结构变化分析

4.2.3.1　基于不同时期遥感影像数据分析土地利用结构变化

无锡市区在 1980～2015 年，除耕地减少、建设用地变化大外，其他地类历年比例变化不大，35 年间耕地减少了 26% 左右，建设用地增加了 27% 左右。1980 年无锡市区建设用地占比 10.31%，到了 2015 年无锡市建设用地占比高达 37.03%。耕地在 1980 年占比 58.45%，是建设用地的 5.7 倍，到了 2015 年耕地占比还低于建设用地。2005～2010 年是建设用地快速扩张时期，这 5 年间耕地减少了 9.5%，建设用地增加了 10% 左右，而 1980～2000 年的 20 年期间耕地减少了 8% 左右，建设用地增加了 8% 左右。5 年间的变化速度赶超 1980～2000 年 20 年间的变化速度，主要是因为这一时期城乡建设用地市场规范强化，促使大量农地转换为建设用地。自 2010 年开始，耕地减少速度减缓，建设用地增加速度也减缓。2010～2015 年，耕地减少了 2.47%，而建设用地增加了 2.56%。可见，无锡市区耕地减少速度与建设用地增加速度基本一致。

南海区在 1980～2015 年，各地类变化剧烈，除耕地、建设用地外，水域变化也比较大。1980 年南海区的建设用地占比 12.08%，到了 2015 年南海区建设用地占比高达 46.19%，耕地在 1980 年时占比 54.47%，是建设用地的 4.5 倍。2000～2005 年是建设用地快速扩张时期，2000 年耕地面积是建设用地面积的近两倍，而到了 2005 年时建设用地占比首次超过了耕地，这 5 年间耕地锐减了 10% 左右，建设用地增加了 15% 左右。2000～

2005 年这个时期是城乡建设用地市场逐步规范的阶段，政府出台了几个关键的市场政策，一是 2003 年实行经营性用地的招拍挂制度，二是 2005 年广东省在全省范围内印发《广东省集体建设用地使用权流转管理办法》，开始在全省范围内推行集体建设用地流转。2005 ~ 2010 年，耕地面积有所回升，大量水域围垦为耕地，耕地占比提高了 5% 左右，而建设用地面积仍增长了 7% 左右。自 2010 年开始，耕地减少速度减缓，建设用地增加速度也减缓。在 2010 ~ 2015 年，耕地减少比例不到 2%，而建设用地增加比例不到 3%。

　　北流市在 1980 ~ 2015 年，各地类占比变化不大。1980 年，北流市的建设用地占比 2.46%，到了 2015 年北流市建设用地占比 4.19%，建设用地扩张速度相比无锡和南海更慢。耕地在 1980 年时占比 24.75%，2015 年耕地占比 23.17%，耕地面积减少相对较少（见表 4 - 2）。

表 4 - 2　　　　　　　1980 ~ 2015 年研究区土地利用结构分布　　　　单位：%

研究区域	地类	1980 年	1990 年	1995 年	2000 年	2005 年	2010 年	2015 年
无锡市区	草地	0.17	0.17	0.17	0.17	0.17	0.16	0.16
	耕地	58.45	57.76	51.44	50.55	45.02	34.54	32.07
	建设用地	10.31	11.24	17.54	18.61	24.38	34.49	37.03
	林地	5.21	4.69	4.69	4.55	4.52	4.99	4.95
	水域	25.85	26.13	26.16	26.13	25.92	25.81	25.78
	未利用地	0.00	0.00	0.00	0.00	0.00	0.01	0.01
南海区	草地	0.27	0.27	0.69	0.26	0.20	0.13	0.12
	耕地	54.47	52.53	42.36	41.12	30.85	35.58	33.98
	建设用地	12.08	13.39	22.29	21.90	36.12	43.36	46.19
	林地	10.45	10.45	8.78	10.19	8.52	8.72	8.09
	水域	22.47	23.08	25.86	26.25	24.16	12.12	11.52
	未利用地	0.27	0.27	0.02	0.27	0.15	0.10	0.10

续表

研究区域	地类	1980 年	1990 年	1995 年	2000 年	2005 年	2010 年	2015 年
北流市	草地	4.71	4.72	3.89	3.19	3.18	3.16	3.60
	耕地	24.75	24.59	22.70	23.75	23.75	23.33	23.17
	建设用地	2.46	2.61	3.09	3.34	3.34	3.79	4.19
	林地	67.45	67.41	69.65	69.06	69.06	69.06	68.43
	水域	0.63	0.66	0.66	0.67	0.67	0.65	0.62
	未利用地	0.00	0.00	0.00	0.00	0.00	0.00	0.00

从图 4-1 可以看出，无锡市区林地、水域、未利用地历年来变化很小，发生变化的主要是耕地和建设用地，耕地呈现减少趋势，建设用地呈现增加趋势。在 2010 年以前，建设用地面积小于耕地面积，2015 年建设用地面积超过耕地面积。从图 4-2 可以看出，南海区林地、未利用地历年来变化很小，除了耕地、建设用地发生变化多，水域变化也不小，耕地呈现减少趋势，建设用地呈现增加趋势。在 2005 年以前，建设用地面积小于耕地面积，自 2005 年开始，建设用地面积超过耕地面积，水域在 2000 年以前面积变化不大，2000 年开始水域呈现下降的趋势。从图 4-3 可以看出，北流市林地占比很高，历年来各地类变化均不算大，耕地呈现减少的趋势。

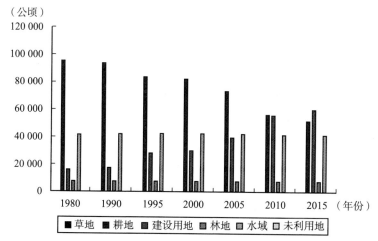

图 4-1　无锡市区 1980~2015 年土地利用各地类面积

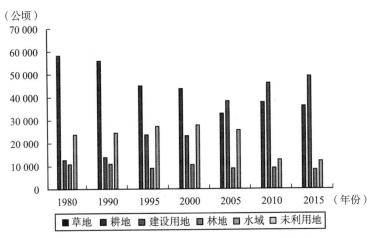

图 4 - 2　南海区 1980～2015 年土地利用各地类面积

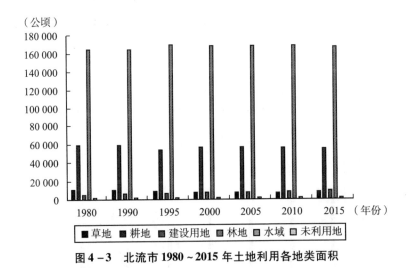

图 4 - 3　北流市 1980～2015 年土地利用各地类面积

从图 4 - 4 至图 4 - 6 可以看出，无锡市区的建设用地扩张呈现出从中心城区向外围扩张的特征，南海区的建设用地扩张模式是填充式扩张，北流市耕地和建设用地主要集中在北部地区，在其他地区分布较少。

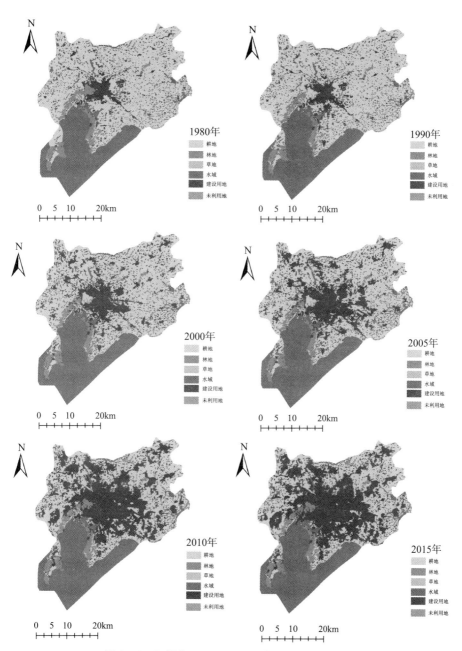

图 4 - 4　无锡市区 1980 ~ 2015 年土地利用现状图

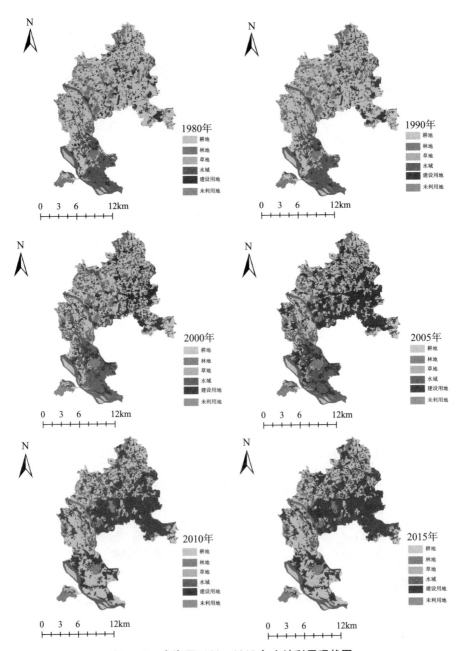

图 4 – 5　南海区 1980~2015 年土地利用现状图

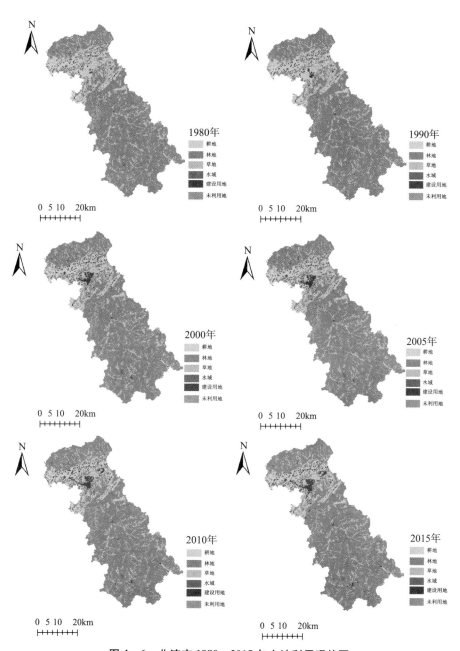

图 4 - 6　北流市 1980～2015 年土地利用现状图

4.2.3.2 基于变更调查数据分析集体建设用地入市政策对土地利用变化的影响

政策变动是土地利用变化发生的重要驱动力。土地市场政策的变动势必会对土地利用变化产生影响。采用单因素方差分析法分析研究区集体建设用地入市政策对土地利用变化的影响。单因素方差分析法被学术界广泛地应用，欧阳进良等（2004）采用方差分析方法，对农户土地利用方式选择行为及其环境影响进行对比分析。李明艳等（2009）利用方差分析方法对 2005 年江西省农户调查数据进行分析，实证研究了不同兼业水平农户的土地利用行为特征和规律。梁流涛等（2008）以经济发达地区的农户调研数据为基础，通过分组比较分析、单因素方差分析方法来分析不同兼业类型农户的土地利用行为和土地利用效率的差异。

单因素方差分析的时候，选择政策变量为自变量，选择各地类变化面积为因变量。政策变量以 0、1 虚拟变量表征，以是否出台集体土地流转政策为节点，政策出台前为 0，政策出台后为 1。无锡市政府 2007 年印发了《无锡市集体建设用地使用权流转管理暂行办法》，故无锡市区以 2007 年为节点。在 2007 年以前，政策变量赋值为 0，2007 年以后政策变量赋值为 1，数据来源于 2000～2014 年无锡市区土地利用变更调查数据；南海区、北流市 2015 年开始成为集体建设用地入市改革试点，故以 2015 年为节点。在 2015 年以前政策变量赋值为 0，2015 年以后政策变量赋值为 1，数据来源于 2013～2017 年南海区和北流市土地利用变更调查数据。本节利用计量软件 SPASS19 中的单因素方差分析（Anova）方法对数据进行方差分析。

集体建设用地入市政策一定程度上是基于集约节约用地的实际需要而产生，有助于盘活存量城乡建设用地市场，从而减少农地非农化。但从表 4-3 可以看出，集体建设用地入市政策对土地利用变化的影响存在一定的共性，也存在区域差异性。无锡市区和南海区集体建设用地入市政策出台后，土地利用变化特征比较接近，都出现了耕地减少幅度变小，城镇工矿用地增加幅度也变小的趋势；而北流市集体建设用地入市政策出台后，出现了耕地、园地、林地、草地减少幅度变大，交通运输用地和城镇工矿用地增加幅度变大的趋势。无锡市区的耕地变化量、草地变化量、城镇工矿建设用地变化量、交通运输用地变化量在集体建设用地入市政策出台前后均出现了显著变化。北流市的园地变化量、林地变化量、草地变化量、交通运输用地变化量在集体建设用地入市政策出台前后均出现了显著变化。南海区集体建设用地入市政策对土地利用变化，除了交通运输用地增加幅度显著减少外，其他用地入市前后变化幅度没有显著性差异。这是因为，无锡市区和南海区的集体建设用地入市政策推动将存量建设用地直接入市，减少了新增建设用地量，从而使土地利用变化的幅度变小；而北流市的集体建设用地入市政策推动异地调整入市，即将符合条件的集体农用地入市，将其他等量集体建设用地上的建筑拆除并整理复垦为农用地，而在实际执行中，拆除复垦的效果往往会打折扣，从而使土地利用变化的幅度变大。这也可以从表3－5中得到印证，南海区已入市的地块全部是就地入市，而北流市已入市的地块55.17%为整治调整入市。另一方面，集体建设用地入市政策度对土地利用变化的区域差异性还可能与城乡土地市场发育程度有关。集体建设用地入市政策度出台时，北流市的土地开发利用强度较低，而无锡市区和南海区的土地开发利用强度较高（如南海区已经超过50%），可供开发利用的空间相对较少。集体建设用地入市政策更大的意义在于优化土地配置，提高土地利用效率。

在处于经济快速发展期且集体土地市场欠发达的地区，集体建设用地入市政策对农地非农化现象起到了促进作用，还在于当地迫切的发展需要和当地政府对集体建设用地入市政策的积极推动。北流市在政策实施中，政府主导型更强，收益分配权更多的是掌握在政府手上。在集体建设用地入市政策出台前，政府可以从集体土地获得的收益很少，政府积极性不高，故而农地非农化相对较少。而集体建设用地入市政策的出台使得集体土地被赋予了更高价值，政府可以在集体土地交易中获得较大收益，在利益的驱动下，政府积极推动集体建设用地入市交易，故而促进了农地非农化。可见，城乡土地市场一体化政策对土地利用变化的影响也是因地而异的。

单位：公顷

表4-3　研究区集体建设用地入市政策对土地利用变化的影响方差分析结果汇总表

研究区域	是否入市	比较均值	耕地	园地	林地	草地	城镇村级工矿用地	交通运输	水域及水利设施	其他土地
无锡市区	0（入市前）	均值	-11 275.15	1 494.12	-1 644.37	7.81	8 488.49	716.14	-156.01	2 368.98
		N	54	54	54	54	54	54	54	54
	1（入市后）	标准差	30 179.07	6 542.06	10 068.93	39.85	12 506.25	1 871.56	989.97	18 335.55
		均值	-3 711.67	9.74	99.96	-9.94	4 488.23	1 825.13	-270.16	-6 244.41
		N	63	63	63	63	63	63	63	63
	方差分析	标准差	7 729.87	7 075.44	4 226.60	53.53	7 098.69	3 542.03	2 868.12	35 782.59
		F值	3.68	1.37	1.57	4.02	4.69	4.27	0.08	2.55
		显著性	0.06	0.24	0.21	0.05	0.03	0.04	0.78	0.11
南海区	0（入市前）	均值	-53.99	-20.50	-14.14	-56.23	181.31	38.13	-61.75	-12.76
		N	7	7	7	7	7	7	7	7
	1（入市后）	标准差	84.95	18.31	38.99	57.31	110.40	21.73	52.82	18.34
		均值	-30.73	-20.85	-9.13	-50.70	168.87	7.01	-45.78	-18.70
		N	7	7	7	7	7	7	7	7
	方差分析	标准差	29.98	17.76	17.23	71.35	160.79	10.57	33.81	25.09
		F值	0.47	0.00	0.10	0.03	0.03	11.61	0.45	0.26
		显著性	0.51	0.97	0.76	0.88	0.87	0.01	0.51	0.62

续表

研究区域	是否入市	比较均值	耕地	园地	林地	草地	城镇村级工矿用地	交通运输	水域及水利设施	其他土地
北流市	0（入市前）	均值	-6.47	-3.04	-1.33	-0.19	10.78	0.05	-0.49	0.69
		N	22	22	22	22	22	22	22	22
		标准差	12.81	5.83	1.51	0.27	19.86	0.47	1.42	0.89
	1（入市后）	均值	-16.68	-12.21	-4.04	-1.08	27.47	6.47	-1.15	1.21
		N	22	22	22	22	22	22	22	22
		标准差	26.31	19.39	5.62	1.71	44.01	10.08	2.17	1.16
	方差分析	F值	2.68	4.51	4.76	5.85	2.63	8.90	1.39	2.82
		显著性	0.11	0.04	0.04	0.02	0.11	0.01	0.25	0.10

4.3 城乡土地市场不同发展阶段土地用途转换分析

土地利用结构的变化不能反映时间尺度上地类间的演化过程，而土地利用转移矩阵可以分析不同地类间的转化方向。根据前文分析可以发现，2000 年是城乡土地市场发展变化的转折年。2000 年以前，城乡土地市场发展缓慢，2000 年以后，城乡土地市场快速发展。故在 2000 年以前，每隔 10 年选择一期遥感影像，2000 年以后，每隔 5 年选择一期遥感影像。因此选择了 1980 年、1990 年、2000 年、2005 年、2010 年、2015 年共 6 期遥感影像解译矢量数据制作转移矩阵用来分析。首先运用 ArcGIS10.5 软件对 6 期遥感影像解译矢量数据进行空间叠加分析，并将叠加分析后的图层重新计算面积，然后将图层的属性表导出 Excel 格式数据，最后在 Excel 中运用数据透视表功能计算不同地类、不同时期的转移矩阵。

4.3.1 土地利用变化测算方法

采用土地利用转移矩阵、地类变化量和土地利用动态度来分析研究区域城乡土地市场不同发展阶段的土地利用结构变化和空间格局变化。

4.3.1.1 土地利用转移矩阵

土地利用转移矩阵能全面、具体地分析某个区域土地利用变化的数量结构特征和各用地类型变化的方向，因而在土地利用变化分析中具有重要意义，并得到了广泛应用（刘纪远等，2014；乔伟峰等，2013；郝敬锋等，2010；刘瑞等，2010）。

土地利用转移矩阵反映了某一区域、某一时段期初和期末，各地类面积之间相互转化的动态过程信息。土地利用转移矩阵通用形式为：

$$S_{ij} = \begin{bmatrix} S_{11} & S_{12} & \cdots & S_{1n} \\ S_{21} & S_{22} & \cdots & S_{2n} \\ \cdots & \cdots & \cdots & \cdots \\ S_{n1} & S_{n2} & \cdots & S_{nn} \end{bmatrix} \quad\quad (4-1)$$

式中，S 代表面积；n 代表转移前后的土地利用类型数；i、$j(i,j=1,$ $2,\cdots,n)$ 分别代表转移前与转移后的土地利用类型；S_{ij} 表示转移前的 i 地类转换成转移后的 j 地类的面积。矩阵中的每一行元素代表转移前的 i 地类向转移后的各地类的流向信息，矩阵中的每一列元素代表转移后的 j 地类面积从转移前的各地类的来源信息。在转移矩阵中，$S_{ij}(i=j)$ 表示 n 阶方阵中的主对角线上的各元素，为研究期初的 i 地类在研究时段面积没有发生转化的部分，$S_{ij}(i \neq j)$ 为研究时段 i 地类面积发生转化的部分。

$$S_i = \sum_{j=1}^{n} S_{ij} \qquad\qquad (4-2)$$

$$D_i = \sum_{j=1}^{n} S_{ij} - S_{ii} \qquad\qquad (4-3)$$

$$S_j' = \sum_{i=1}^{n} S_{ij} \qquad\qquad (4-4)$$

$$I_j = \sum_{i=1}^{n} S_{ij} - S_{jj} \qquad\qquad (4-5)$$

$$S_{总} = \sum_{i=1}^{n} \sum_{j=1}^{n} S_{ij} \qquad\qquad (4-6)$$

S_i 是 n 阶方阵中第 i 行元素之和，表示研究期初 i 地类的面积；D_i 表示研究期内 i 地类的减少面积；S_j' 表示 n 阶方阵中第 j 列元素之和，表示研究期末 j 地类的面积；I_j 表示研究期内 j 地类的新增面积；对 S_i 按 i 进行累加或对 S_j' 按 j 进行累加，结果均为 $S_{总}$；D_i 按 i 累加为研究期内所有地类减少面积之和，I_j 按 j 累加为研究期内所有地类增加面积之和；$D_{总}$ 和 $I_{总}$ 表示的都是土地利用转换元素之和，因此 $D_{总} = I_{总}$，表示整个研究区域土地利用格局的新增量和减少量相等。

4.3.1.2　地类的变化量

（1）地类的净变化量（*Net Change*，*NC*）

地类净变化量是地类数量的绝对变化量，是某地类的研究期末面积与研究期初面积之差的绝对值。a 地类的净变化量为 NC_a，计算公式如下：

$$NC_a = \left| S_a' - S_a \right| = \left| \sum_{i=1}^{n} S_{ia} - \sum_{j=1}^{n} S_{aj} \right| = \left| \left(\sum_{i=1}^{n} S_{ia} - S_{aa} \right) - \right.$$

$$\left(\sum_{j=1}^{n} S_{aj-S_{aa}}\right) \bigg| = |I_a - D_a| \qquad (4-7)$$

（2）地类的交换变化量（Swap Change，SC）

地类的交换变化量同时考虑某地类在一定区域出现了转出，而同一时期在其他区域又出现转入两种情况。对某地类来说，用以下公式表达交换变化量：

$$SC_a = 2 \times \min(I_a, D_a) \qquad (4-8)$$

（3）地类的总变化量（Total Change，TC）

某地类新增面积与某地类减少面积之和，代表某土地利用类型景观的总变化量。对于 a 地类来说，由于：

$$TC_a = NC_a + SC_a = |I_a - D_a| + 2 \times \min(I_a, D_a) = I_a + D_a \qquad (4-9)$$

因此，总变化量也是净变化量与交换变化量之和。

4.3.1.3　土地利用动态度

（1）单项地类动态度（Land Use Dynamic Degree，LUDD）

目前，主要用传统的数量分析模型、动态度模型和空间分析模型等作为测算土地利用动态变化的定量化模型。

①数量分析模型。这种模型，通过计算研究区域内某种土地利用类型在监测期末 T_2 与监测期初 T_1 之间的数量的年均变化速率来表示。有人称之为单一土地利用类型的动态度（王秀兰等，1999）。

可用以下公式表达：

$$K_i = \frac{S_{(i,T_2)} - S_{(i,T_1)}}{S_{(i,T_1)}} / (T_2 - T_1) \times 100\% \qquad (4-10)$$

式中，K_i 为研究区域内某种土地利用类型 i 在监测期间的年均变化速率，$S_{(i,T_1)}$ 和 $S_{(i,T_2)}$ 分别为该种土地利用类型在监测期初和期末的面积。

②动态度模型。将某种土地利用类型转化为其他非该种土地利用类型的面积之和与研究时段初该种土地利用类型面积之比定义为单项地类动态度，用以反映某种地类在转移时段的活跃程度。

区域内某土地利用类型 i 在某变化时期的动态度或土地利用变化速率可用下式进行计算（刘盛和，2002）：

$$C_i = \frac{S_{(i,T_1)} - S_{ii}}{S_{(i,T_1)}}/(T_2 - T_1) \times 100\% \qquad (4-11)$$

式中，$S_{(i,T_1)} - S_{ii}$ 为在监测期间转移部分面积，即第 i 种土地利用类型转化为其他非 i 类土地利用类型的面积总和，$S_{(i,T_1)}$ 为监测期初第 i 种土地利用类型的面积，S_{ii} 为监测期间第 i 种土地利用类型未变化部分的面积。

③空间分析模型。刘盛和（2002）认为在测算某类土地利用的动态变化速度时，应将其在监测期间的新增部分，即把其他非 i 类土地利用类型由其他空间区位上转变为该类土地利用类型的变化过程考虑进去，并据此在土地利用动态度模型的基础进行了修正，提出了以下土地利用动态变化的空间分析模型：

$$TRL_I = \frac{S_{(i,T_1)} - S_{ii}}{S_{(i,T_1)}}/(T_2 - T_1) \times 100\% \qquad (4-12)$$

$$IRL_I = \frac{S_{(i,T_2)} - S_{ii}}{S_{(i,T_1)}}/(T_2 - T_1) \times 100\% \qquad (4-13)$$

$$CCL_I = \frac{\dfrac{\{[S_{(i,T_1)} - S_{ii}] + [S_{(i,T_2)} - S_{ii}]\}}{S_{(i,T_1)}}}{T_2 - T_1} \times 100\% \ TRL_I + IRL_I \qquad (4-14)$$

式中，TRL_I 为第 i 种土地利用类型在监测时期 T_1 至 T_2 期间的转移速率；IRL_I 为其新增速率；CCL_I 为其变化速率；n 为区域内土地利用类型的分类数，$i \in (1, n)$。

（2）综合土地利用动态度（*Total Land Use Dynamic Degree*，*TLUDD*）

通过区域内各地类土地利用总减少量（或总增加量）与区域土地总面积的比值，来测算区域土地利用变化的总体或综合活跃程度，公式如下：

$$TLUDD = \frac{D_{总}(I_{总})}{S_{总}} \times 100\% \qquad (4-15)$$

从区域整体上看，区域各土地利用类型之间的相互转换是一个双向但等量的过程，所以该指标适合对综合动态度进行描述。

4.3.2　土地用途转移的数量分析

如表 4 - 4 所示，1980 ~ 1990 年，无锡市区的地类间转换比较多，而南海区和北流市地类间的转换较少。这期间，无锡市区的耕地有 5 240.96 公顷转化为建设用地，但同时也有 3 844.53 公顷的建设用地转化为耕地、草地、林地、水域、未利用地，也有一部分土地转化建设用地。耕地中还有 1 703.12 公顷转化为水域，耕地总转移量占总转移量的 50.71%；建设用地中有 183.07 公顷转化为水域，建设用地的转移量占总转移量的 28.5%。南海区在这一时期，地类间的转化主要发生在耕地转换为建设用地，其他地类的转化很少，耕地转移成建设用地面积占总转移面积的比例超过 90%。北流市在这一时期，建设用地的新增量主要来自耕地的转化，地类间的转化还发生在耕地、草地、林地间的相互转化，除耕地转移为其他用地占比高外，林地转移量占总转移量的比例也不低，达到了 15.51%，这和北流市的丘陵山区地貌密切相关（见图 4 - 7）。

表 4 - 4　　　　　　研究区 1980 ~ 1990 年土地利用转移矩阵　　　单位：公顷

研究区域	地类	草地	耕地	建设用地	林地	水域	未利用地	总计
无锡市区	草地	230.29	23.21	8.46	9.73	6.51		278.20
	耕地	19.34	88 347.89	5 240.96	347.09	1 703.12		95 658.41
	建设用地	2.81	3 844.53	12 766.38	79.11	183.07		16 875.89
	林地	11.35	1 156.62	138.52	7 112.79	99.40	2.56	8 521.25
	水域	14.41	1 153.79	245.48	124.64	40 770.57		42 308.88
	未利用地			0.85	1.71		4.48	7.04
	总计	278.20	94 526.04	18 400.64	7 675.08	42 762.67	7.04	163 649.67
南海区	草地	290.58	0.00					290.59
	耕地		56 293.57	1 410.02	0.13	660.73		58 364.45
	建设用地		0.08	12 942.06	0.00	0.22		12 942.36
	林地		0.10	0.04	11 195.31	0.14		11 195.59
	水域		0.33	0.09	0.16	24 076.23		24 076.81
	未利用地						289.25	289.25
	总计	290.58	56 294.08	14 352.21	11 195.61	24 737.32	289.25	107 159.05

研究区域	地类	草地	耕地	建设用地	林地	水域	未利用地	总计
	草地	11 493.64	17.48	7.88	0.06	17.34		11 536.39
	耕地	0.05	60 147.42	380.12	0.05	55.16		60 582.80
	建设用地	0.00	0.02	6 009.94	0.00	0.00		6 009.97
北流市	林地	51.58	36.16	0.00	165 019.94	0.00		165 107.69
	水域		0.00	0.00	0.00	1 540.44		1 540.44
	未利用地						7.79	7.79
	总计	11 545.27	60 201.08	6 397.95	165 020.05	1 612.95	7.79	244 785.09

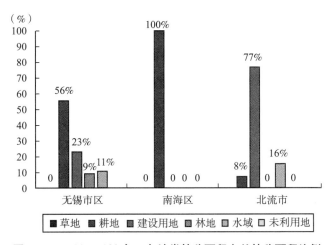

图 4 - 7　1980 ~ 1990 年，各地类转移面积占总转移面积比例

如表 4 - 5 所示，1990 ~ 2000 年，无锡市区的地类变化主要是耕地、林地、水域、草地等地类向建设用地转化，特别是有超过 10% 的耕地转化为建设用地，面积达 11 750.11 公顷，耕地转移面积占总转移面积的比例高达 97.53%。南海区在这一时期转移量最大的是耕地，有将近 1/7 的耕地转化为建设用地，还有 4 266.74 公顷的耕地转化为水域用地。耕地转移面积占总转移面积的 89.54%，水域的转移面积也不低，转移面积占总转移面积的 6.41%，林地和水域的转移方向主要是转化为建设用地。北流市在这一时期，地类中转移面积最大的是草地，58.25%的草地发生了转移，耕地转移面积仅占总转移面积的36.53%（见图4-8）。

表4-5　　　　　　　研究区1990~2000年土地利用转移矩阵　　　　　单位：公顷

研究区域	地类	草地	耕地	建设用地	林地	水域	未利用地	总计
无锡市区	草地	272.65		5.55				278.20
	耕地	0.00	82 724.49	11 750.11	0.03	51.41		94 526.04
	建设用地		0.44	18 400.18	0.00	0.02		18 400.64
	林地	0.00	0.02	232.60	7 442.46	0.00		7 675.08
	水域		0.13	59.69	0.00	42 702.84		42 762.67
	未利用地						7.04	7.04
	总计	272.65	82 725.08	30 448.13	7 442.50	42 754.27	7.04	163 649.67
南海区	草地	279.94		10.65				290.58
	耕地		44 047.10	7 727.14	253.10	4 266.74		56 294.08
	建设用地		0.00	14 343.01	9.19	0.00		14 352.21
	林地		19.22	514.59	10 661.80			11 195.61
	水域		0.00	876.78		23 860.55		24 737.32
	未利用地						289.25	289.25
	总计	279.94	44 066.32	23 472.17	10 924.09	28 127.28	289.25	107 159.05
北流市	草地	7 797.24	0.00	30.36	3 700.31	17.35		11 545.27
	耕地	0.00	57 850.85	1 691.64	658.58	0.00		60 201.08
	建设用地	0.00	0.00	6 397.94	0.00	0.00		6 397.95
	林地	0.00	286.55	49.23	164 684.27	0.00		165 020.05
	水域		0.00	0.00		1 612.94		1 612.95
	未利用地						7.79	7.79
	总计	7 797.25	58 137.41	8 169.17	169 043.16	1 630.30	7.79	244 785.09

如表4-6所示，2000~2005年，无锡市区的地类变化主要是耕地、水域、林地、草地等地类向建设用地转化，特别是耕地有超过10%转化为建设用地，面积达8 847.99公顷，耕地还有238.66公顷转化成水域用地，

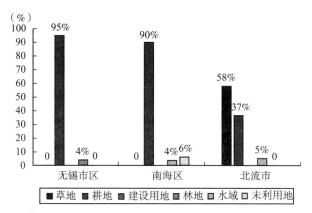

图4-8 1990~2000年，各地类转移面积占总转移面积比例

耕地转移面积占总转移面积的比例高达93.49%。南海区在这一时期的地类变化主要是耕地、水域、林地、草地、未利用地等地类向建设用地转化，约1/4的耕地转化成了建设用地，面积达11 075.23公顷，2 185.49公顷水域转化为建设用地，1 791.97公顷的林地转为建设用地，耕地转移面积占总转移面积的72.18%。北流市在这一时期地类间变化很少，许多地类的转化为0。当然，这并不意味着地类发生变化量绝对为0，这可能和细微的土地利用覆被变化在30米分辨率的遥感影像上难以识别出来有关，耕地转移面积占总转移面积的47.44%（见图4-9）。

表4-6　　　　　　　　　研究区2000~2005年土地利用转移矩阵　　　　　　单位：公顷

研究区域	地类	草地	耕地	建设用地	林地	水域	未利用地	总计
无锡市区	草地	272.65						272.65
	耕地		73 638.36	8 847.99	0.07	238.66		82 725.08
	建设用地	0.02	1.19	30 446.87	0.00	0.05		30 448.13
	林地		0.03	49.70	7 392.77			7 442.50
	水域		31.15	550.78		42 172.33		42 754.27
	未利用地						7.04	7.04
	总计	272.67	73 670.74	39 895.33	7 392.84	42 411.04	7.04	163 649.67

续表

研究区域	地类	草地	耕地	建设用地	林地	水域	未利用地	总计
南海区	草地	215.82	0.02	64.10				279.94
	耕地	1.08	32 945.99	11 075.23	2.91	41.10		44 066.32
	建设用地		10.36	23 461.02	0.21	0.59		23 472.17
	林地		5.33	1 791.97	9 124.00	2.80		10 924.09
	水域		100.53	2 185.49	0.45	25 840.81		28 127.28
	未利用地			124.61			164.64	289.25
	总计	216.90	33 062.23	38 702.42	9 127.57	25 885.30	164.64	107 159.05
北流市	草地	7 792.31	1.76		3.18			7 797.25
	耕地		58 130.04		7.37			58 137.41
	建设用地		1.48	8 167.70				8 169.17
	林地		0.15		169 041.41	1.60		169 043.16
	水域					1 630.30		1 630.30
	未利用地						7.79	7.79
	总计	7 792.31	58 133.43	8 167.70	169 051.96	1 631.90	7.79	244 785.09

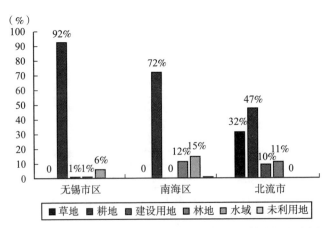

图4-9 2000~2005年，各地类转移面积占总转移面积比例

如表4-7所示，2005~2010年，无锡市区的地类变化比2000~2005年变化大。2005~2010年是无锡市土地利用变化最快的时期，主要是耕

地、水域、林地、草地等地类向建设用地转化。这一时期，超过20%的耕地转化为建设用地，面积达16 725.67公顷，耕地还有942.92公顷转化成林地、62.57公顷转化成水域用地，耕地转移面积占总转移面积高达94.48%。南海区在这一时期地类变化较2000~2005年变化小，主要是耕地、林地、水域、草地、未利用地等地类向建设用地转化。约1/5的耕地转化成了建设用地，面积达6 004.42公顷；2 358.82公顷水域转化为建设用地，727.97公顷的林地转为建设用地；水域的转移面积最大，占总转移面积的59.57%；耕地转移面积占总转移面积的29.83%。北流市在这一时期主要是耕地、草地、林地、水域等地类向建设用地转化，有1 018.47公顷耕地转化为建设用地，耕地转移面积占总转移面积的70.34%（见图4-10）。

表4-7　　　　　　　研究区 2005~2010 年土地利用转移矩阵　　　　单位：公顷

研究区域	地类	草地	耕地	建设用地	林地	水域	未利用地	总计
无锡市区	草地	258.48	0.10	14.01	0.03	0.05		272.67
	耕地	0.07	55 939.50	16 725.67	942.92	62.57		73 670.74
	建设用地	0.04	576.51	39 312.08	1.16	1.27	4.28	39 895.33
	林地	0.07	1.44	144.03	7 214.69	28.09	4.53	7 392.84
	水域	0.04	5.05	253.91	0.49	42 151.55		42 411.04
	未利用地				0.01		7.03	7.04
	总计	258.71	56 522.60	56 449.69	8 159.30	42 243.53	15.83	163 649.67
南海区	草地	136.09	17.08	63.73	0.00	0.00		216.90
	耕地	0.00	26 452.82	6 004.42	510.02	94.97		33 062.23
	建设用地	0.00	903.81	37 257.06	353.10	188.45	0.00	38 702.42
	林地	0.00	29.17	727.97	8 367.89	2.54	0.00	9 127.57
	水域		10 722.35	2 358.82	118.43	12 685.70		25 885.30
	未利用地		0.00	51.12		11.09	102.43	164.64
	总计	136.09	38 125.23	46 463.13	9 349.44	12 982.74	102.43	107 159.05

续表

研究区域	地类	草地	耕地	建设用地	林地	水域	未利用地	总计
北流市	草地	7 661.21	0.00	131.07	0.03			7 792.31
	耕地		57 091.01	1 018.47	23.95	0.00		58 133.43
	建设用地	65.19	19.86	8 001.87	71.59	9.18		8 167.70
	林地	0.01	0.31	102.12	168 949.52	0.00		169 051.96
	水域	20.00	0.00	20.14	0.00	1 591.76		1 631.90
	未利用地						7.79	7.79
	总计	7 746.41	57 111.19	9 273.66	169 045.09	1 600.94	7.79	244 785.09

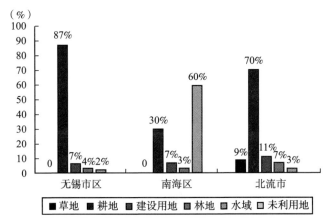

图 4-10　2005～2010 年各地类转移面积占总转移面积比例

如表 4-8 所示，在 2010～2015 年间，无锡市区的地类变化比 2005～2010 年间变化小，主要是耕地、水域、林地等地类向建设用地转化。这时期，3 995.88 公顷的耕地转化为建设用地，仅为 2005～2010 年间耕地转化为建设用地面积的 1/4 左右，耕地还有 37.19 公顷转化成水域用地，耕地转移面积占总转移面积的 96.19%。南海区在这一时期地类变化较 2005～2010 年变化小，主要是耕地、林地、水域、草地等地类向建设用地转化；1 888.99 公顷的耕地转化成了建设用地，不到 2005～2010 年间耕地转化为建设用地面积的 1/3；694.80 公顷的林地转为建设用地，642.61 公顷水域转化为建设用地，耕地转移面积占总转移面积的 54.84%；除了耕地，林地、水域转移面积占比也不小。北流市在这一时期的地类变化较 2005 ~ 2010 年间变化大，主要是林地、耕地、草地、水域等地类向建设用地转化，林地转化为耕地的面积首次超过了耕地转化为建设用地的面积，有 504.2 公顷林地转化为建设用地，406.47 公顷耕地转化为建设用地；耕地转移面积占总转移面积仅为 19.53%，而林地转移面积占总转移面积的比例高达 74.37%（见图 4 - 11）。

表 4 - 8　　　　　　　研究区 2010 ~ 2015 年土地利用转移矩阵　　　　　单位：公顷

研究区域	地类	草地	耕地	建设用地	林地	水域	未利用地	总计
无锡市区	草地	258.71						258.71
	耕地		52 489.54	3 995.86		37.19		56 522.60
	建设用地		0.01	56 449.68				56 449.69
	林地			64.82	8 094.48			8 159.30
	水域		0.00	94.99		42 148.54		42 243.53
	未利用地						15.83	15.83
	总计	258.71	52 489.55	60 605.36	8 094.48	42 185.73	15.83	163 649.67
南海区	草地	124.40		11.68				136.09
	耕地		36 236.24	1 888.99	0.00	0.00		38 125.23
	建设用地		177.55	46 256.79	19.13	9.67		46 463.13
	林地		0.00	694.80	8 654.64	0.00		9 349.44
	水域		0.00	642.61	0.00	12 340.13		12 982.74
	未利用地						102.43	102.43
	总计	124.40	36 413.79	49 494.87	8 673.76	12 349.80	102.43	107 159.05
北流市	草地	7 696.41		50.00				7 746.41
	耕地		56 704.72	406.47	0.00			57 111.19
	建设用地			9 273.66				9 273.66
	林地	1 043.24	0.00	504.62	167 497.23			169 045.09
	水域	65.98		10.88		1 524.09		1 600.94
	未利用地						7.79	7.79
	总计	8 805.62	56 704.72	10 245.63	167 497.23	1 524.09	7.79	244 785.09

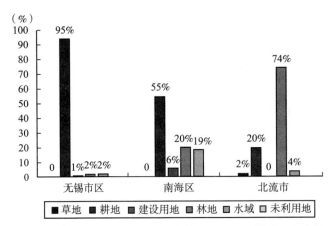

图 4 – 11　2010 ~ 2015 年，各地类转移面积占总转移面积比例

4.3.3　不同时期土地利用动态度分析

从表 4 – 9 至表 4 – 13 可以看出，1980 ~ 2015 年间，三个研究区土地利用变化表现出明显的阶段性特征。1980 ~ 1990 年间，除了无锡市区变化较快外，建设用地变化率达到 57.74% ；南海区和北流市在此期间土地利用变化较缓，各地类总的变化率基本在 10% 以内。1990 ~ 2000 年间，无锡市区的土地利用变化主要是耕地减少，建设用地增加。这期间，建设用地新增率达到 65.48% ；南海区在这一时期建设用地新增率达到 63.61% ，耕地和水域变化率也超过 20% ；北流市在这一时期草地减少量最多，达到3 748.02 公顷，其次是耕地减少了 2 063.67 公顷，建设用地的新增率等于建设用地的变化率，均为 27.68% 。2000 ~ 2005 年间，无锡市区建设用新增率为 31.03% ，建设用地年变化率和前一时期较接近；南海区在这 5 年间，耕地减少量接近前 10 年的减少量，建设用地新增量和新增率比前 10年间都大，建设用地增加量达到 15 230.25 公顷，建设用地新增率达到64.93% ；北流市在这一时期各地类变化量和变化率均较小。2005 ~ 2010年间，无锡市区建设用地新增量和新增率均高于前一时期，建设用地新增率达到 42.96% ，耕地减少量与建设用地增加量基本持平，耕地减少率达到 25.50% ；南海区耕地首次不减反增，水域面积减少了 12 902.56 公顷，建设用地增加了7 760.71公顷，耕地增加了 5 063 公顷。可见，这一时期建

表 4 - 9　研究区 1980 ~ 1990 年土地利用变化情况

单位：公项

研究区域	地类	转移量	新增量	变化量	净变化量	交换量	总变化量	净变化占比	净变化率	转移率	新增率	总变化率
无锡市区	草地	47.91	47.91	0	0	95.82	95.82	0.00	0.00	17.22%	17.22%	34.44%
	耕地	7 310.51	6 178.15	-1 132.37	1 132.37	12 356.3	13 488.66	8.39%	1.18%	7.64%	6.46%	14.10%
	建设用地	4 109.52	5 634.27	1 524.75	1 524.75	8 219.04	9 743.79	15.65%	9.04%	24.35%	33.39%	57.74%
	林地	1 408.45	562.28	-846.17	846.17	1 124.56	1 970.73	42.94%	9.93%	16.53%	6.60%	23.13%
	水域	1 538.32	1 992.1	453.79	453.79	3 076.64	3 530.42	12.85%	1.07%	3.64%	4.71%	8.34%
	未利用地	2.56	2.56	0	0	5.12	5.12	0.00	0.00	36.36%	36.36%	72.73%
南海区	草地	0	0	-0.01	0.01	0			0.00	0.00	0.00	0.00
	耕地	2 070.88	0.51	-2 070.37	2 070.37	1.02	2 071.39	99.95%	3.55%	3.55%	0.00	3.55%
	建设用地	0.3	1 410.15	1 409.85	1 409.85	0.6	1 410.45	99.96%	10.89%	0.00	10.90%	10.90%
	林地	0.28	0.29	0.02	0.02	0.56	0.57	3.51%	0.00	0.00	0.00	0.01%
	水域	0.58	661.09	660.51	660.51	1.16	661.67	99.82%	2.74%	0.00	2.75%	2.75%
	未利用地	0	0	0	0	0	0		0.00	0.00	0.00	0.00
北流市	草地	42.76	51.63	8.88	8.88	85.52	94.39	9.41%	0.08%	0.37%	0.45%	0.82%
	耕地	435.38	53.66	-381.72	381.72	107.32	489.04	78.05%	0.63%	0.72%	0.09%	0.81%
	建设用地	0.02	388	387.98	387.98	0.04	388.02	99.99%	6.46%	0.00	6.46%	6.46%
	林地	87.74	0.11	-87.64	87.64	0.22	87.85	99.76%	0.05%	0.05%	0.00	0.05%
	水域	0	72.5	72.51	72.51	0	72.5	100.01%	4.71%	0.00	4.71%	4.71%
	未利用地	0	0	0	0	0	0		0.00	0.00	0.00	0.00

145

表4－10　研究区1990～2000年土地利用变化情况

单位：公顷

研究区域	地类	转移量	新增量	变化量	净变化量	交换量	总变化量	净变化占比	净变化率	转移率	新增率	总变化率
无锡市区	草地	5.55	0	－5.55	5.55	0	5.55	100.00	1.99%	1.99%	0.00	1.99%
	耕地	11 801.55	0.59	－11 801	11 800.96	1.18	11 802.14	99.99%	12.48%	12.48%	0.00	12.49%
	建设用地	0.46	12 047.95	12 047.49	12 047.49	0.92	12 048.41	99.99%	65.47%	0.00	65.48%	65.48%
	林地	232.62	0.03	－232.58	232.58	0.06	232.65	99.97%	3.03%	3.03%	0.00	3.03%
	水域	59.82	51.43	－8.4	8.4	102.86	111.25	7.55%	0.02%	0.14%	0.12%	0.26%
	未利用地	0	0	0	0	0	0		0.00	0.00	0.00	0.00
南海区	草地	10.65	0	－10.64	10.64	0	10.65	99.91%	3.66%	3.67%	0.00	3.67%
	耕地	12 246.98	19.22	－12 227.8	12 227.76	38.44	12 266.2	99.69%	21.72%	21.76%	0.03%	21.79%
	建设用地	9.19	9 129.16	9 119.96	9 119.96	18.38	9 138.35	99.80%	63.54%	0.06%	63.61%	63.67%
	林地	533.81	262.29	－271.52	271.52	524.58	796.1	34.11%	2.43%	4.77%	2.34%	7.11%
	水域	876.78	4 266.74	3 389.96	3 389.96	1 753.56	5 143.52	65.91%	13.70%	3.54%	17.25%	20.79%
	未利用地	0	0	0	0	0	0		0.00	0.00	0.00	0.00
北流市	草地	3 748.02	0	－3 748.02	3 748.02	0	3 748.02	100.00	32.46%	32.46%	0.00	32.46%
	耕地	2 350.22	286.55	－2 063.67	2 063.67	573.1	2 636.77	78.27%	3.43%	3.90%	0.48%	4.38%
	建设用地	0	1 771.23	1 771.22	1 771.22	0	1 771.23	100.00	27.68%	0.00	27.68%	27.68%
	林地	335.78	4 358.89	4 023.11	4 023.11	671.56	4 694.67	85.70%	2.44%	0.20%	2.64%	2.84%
	水域	0	17.35	17.35	17.35	0	17.35	100.00	1.08%	0.00	1.08%	1.08%
	未利用地	0	0	0	0	0	0		0.00	0.00	0.00	0.00

表 4 - 11　研究区 2000~2005 年土地利用变化情况

单位：公顷

研究区域	地类	转移量	新增量	变化量	净变化量	交换量	总变化量	净变化占比	净变化率	转移率	新增率	总变化率
无锡市区	草地	0	0.02	0.02	0.02	0	0.02	100.00	0.01%	0.00	0.01%	0.01%
	耕地	9 086.72	32.37	-9 054.34	9 054.34	64.74	9 119.09	99.29%	10.95%	10.98%	0.04%	11.02%
	建设用地	1.26	9 448.47	9 447.2	9 447.2	2.52	9 449.73	99.97%	31.03%	0.00	31.03%	31.04%
	林地	49.73	0.07	-49.66	49.66	0.14	49.8	99.72%	0.67%	0.67%	0.00	0.67%
	水域	581.93	238.71	-343.23	343.23	477.42	820.64	41.82%	0.80%	1.36%	0.56%	1.92%
	未利用地	0	0	0	0	0	0		0.00	0.00	0.00	0.00
南海区	草地	64.12	1.08	-63.04	63.04	2.16	65.2	96.69%	22.52%	22.90%	0.39%	23.29%
	耕地	11 120.32	116.24	-11 004.1	11 004.09	232.48	11 236.56	97.93%	24.97%	25.24%	0.26%	25.50%
	建设用地	11.16	15 241.4	15 230.25	15 230.25	22.32	15 252.56	99.85%	64.89%	0.05%	64.93%	64.98%
	林地	1 800.1	3.57	-1 796.52	1 796.52	7.14	1 803.67	99.60%	16.45%	16.48%	0.03%	16.51%
	水域	2 286.47	44.49	-2 241.98	2 241.98	88.98	2 330.96	96.18%	7.97%	8.13%	0.16%	8.29%
	未利用地	124.61	0	-124.61	124.61	0	124.61	100.00	43.08%	43.08%	0.00	43.08%
北流市	草地	4.94	0	-4.94	4.94	0	4.94	100.00	0.06%	0.06%	0.00	0.06%
	耕地	7.37	3.39	-3.98	3.98	6.78	10.76	36.99%	0.01%	0.01%	0.01%	0.02%
	建设用地	1.48	0	-1.47	1.47	0	1.48	99.32%	0.02%	0.02%	0.00	0.02%
	林地	1.75	10.55	8.8	8.8	3.5	12.3	71.54%	0.01%	0.00	0.01%	0.01%
	水域	0	1.6	1.6	1.6	0	1.6	100.00	0.10%	0.00	0.10%	0.10%
	未利用地	0	0	0	0	0	0		0.00	0.00	0.00	0.00

表4-12 研究区2005～2010年土地利用变化情况

单位：公顷

研究区域	地类	转移量	新增量	变化量	净变化量	交换量	总变化量	净变化占比	净变化率	转移率	新增率	总变化率
无锡市区	草地	14.19	0.22	-13.96	13.96	0.44	14.41	96.88%	5.12%	5.20%	0.08%	5.28%
	耕地	17 731.23	583.1	-17 148.1	17 148.14	1 166.2	18 314.33	93.63%	23.28%	24.07%	0.79%	24.86%
	建设用地	583.26	17 137.62	16 554.36	16 554.36	1 166.52	17 720.88	93.42%	41.49%	1.46%	42.96%	44.42%
	林地	178.16	944.61	766.46	766.46	356.32	1 122.77	68.27%	10.37%	2.41%	12.78%	15.19%
	水域	259.49	91.98	-167.51	167.51	183.96	351.47	47.66%	0.39%	0.61%	0.22%	0.83%
	未利用地	0.01	8.81	8.79	8.79	0.02	8.82	99.66%	124.86%	0.14%	125.14%	125.28%
南海区	草地	80.81	0	-80.81	80.81	0	80.81	100.00	37.26%	37.26%	0.00	37.26%
	耕地	6 609.41	11 672.41	5 063	5 063	13 218.82	18 281.82	27.69%	15.31%	19.99%	35.30%	55.30%
	建设用地	1 445.36	9 206.06	7 760.71	7 760.71	2 890.72	10 651.42	72.86%	20.05%	3.73%	23.79%	27.52%
	林地	759.68	981.55	221.87	221.87	1 519.36	1 741.23	12.74%	2.43%	8.32%	10.75%	19.08%
	水域	13 199.6	297.05	-12 902.6	12 902.56	594.1	13 496.65	95.60%	49.85%	50.99%	1.15%	52.14%
	未利用地	62.21	0	-62.21	62.21	0	62.21	100.00	37.79%	37.79%	0.00	37.79%
北流市	草地	131.1	85.2	-45.9	45.9	170.4	216.3	21.22%	0.59%	1.68%	1.09%	2.78%
	耕地	1 042.42	20.17	-1 022.24	1 022.24	40.34	1 062.59	96.20%	1.76%	1.79%	0.03%	1.83%
	建设用地	165.82	1 271.8	1 105.96	1 105.96	331.64	1 437.62	76.93%	13.54%	2.03%	15.57%	17.60%
	林地	102.44	95.57	-6.87	6.87	191.14	198.01	3.47%	0.00	0.06%	0.06%	0.12%
	水域	40.14	9.18	-30.96	30.96	18.36	49.32	62.77%	1.90%	2.46%	0.56%	3.02%
	未利用地	0	0	0	0	0	0		0.00	0.00	0.00	0.00

表 4 - 13　研究区域 2010～2015 年土地利用变化情况

单位：公顷

研究区域	地类	转移量	新增量	变化量	净变化量	交换量	总变化量	净变化占比	净变化率	转移率	新增率	总变化率
无锡市区	草地	0	0	0	0	0	0		0.00	0.00	0.00	0.00
	耕地	4 033.05	0.01	-4 033.05	4 033.05	0	4 033.06	100.00	7.14%	7.14%	0.00	7.14%
	建设用地	0.01	4 155.67	4 155.67	4 155.67	0.02	4 155.68	100.00	7.36%	0.00	7.36%	7.36%
	林地	64.82	0	-64.82	64.82	0	64.82	100.00	0.79%	0.79%	0.00	0.79%
	水域	94.99	37.19	-57.8	57.8	74.38	132.18	43.73%	0.14%	0.22%	0.09%	0.31%
	未利用地	0	0	0	0	0	0		0.00	0.00	0.00	0.00
南海区	草地	11.68	0	-11.69	11.69	0	11.68	100.09%	8.59%	8.58%	0.00	8.58%
	耕地	1 888.99	177.55	-1 711.44	1 711.44	355.1	2 066.54	82.82%	4.49%	4.95%	0.47%	5.42%
	建设用地	206.35	3 238.08	3 031.74	3 031.74	412.7	3 444.43	88.02%	6.53%	0.44%	6.97%	7.41%
	林地	694.8	19.13	-675.68	675.68	38.26	713.93	94.64%	7.23%	7.43%	0.20%	7.64%
	水域	642.61	9.67	-632.94	632.94	19.34	652.28	97.04%	4.88%	4.95%	0.07%	5.02%
	未利用地	0	0	0	0	0	0		0.00	0.00	0.00	0.00
北流市	草地	50	1 109.22	1 059.21	1 059.21	100	1 159.22	91.37%	13.67%	0.65%	14.32%	14.96%
	耕地	406.47	0	-406.47	406.47	0	406.47	100.00	0.71%	0.71%	0.00	0.71%
	建设用地	0	971.97	971.97	971.97	0	971.97	100.00	10.48%	0.00	10.48%	10.48%
	林地	1 547.86	0	-1 547.86	1 547.86	0	1 547.86	100.00	0.92%	0.92%	0.00	0.92%
	水域	76.86	0	-76.85	76.85	0	76.86	99.99%	4.80%	4.80%	0.00	4.80%
	未利用地	0	0	0	0	0	0		0.00	0.00	0.00	0.00

设用地新增来源主要是水域转换而来。北流市这一时期各地类变化较前一时期变化大，建设用地变化率达到17.60%，耕地减少是建设用地新增的主要来源。2010~2015年间，无锡市区、南海区及北流市的耕地减少量和建设用地新增量均在下降。这一时期，除了耕地向建设用地转移外，其他地类也向建设用地转移，如南海区水域和林地的减少量加起来比耕地减少量还高。

从表4-14可以看出，无锡和南海土地利用综合变化度都呈现了先增后减的趋势，而北流市土地利用综合变化度呈现先增加后减少再增加的趋势。总体上，北流市的综合变化度在所有时期都低于无锡市区和南海区，这是和研究区域的经济社会及市场发育程度是密不可分的，无锡市和南海区的经济社会及市场发育程度均高于北流市。

表4-14　　　　　　　　　　　　土地综合变化度　　　　　　　　　　单位：%

研究区域	1980~1990年	1990~2000年	2000~2005年	2005~2010年	2010~2015年
无锡市区	8.81	7.39	5.94	11.47	2.56
南海区	1.93	12.76	14.38	20.68	3.21
北流市	0.23	2.63	0.01	0.61	0.85

1980~1990年间，无锡市区的土地利用综合变化度最高达到8.81%，而北流市仅0.23%。1990~2000年间，南海区的土地利用综合变化度开始赶超无锡市区，达到12.76%，北流市这一时期的土地利用综合变化度比其他时期的土地利用综合变化度都高，说明北流市在1990~2000年间是土地利用变化的高峰期。无锡市区土地利用综合变化度的高峰期在2005~2010年间达到11.47%，而南海区的土地综合变化度的高峰期在2001~2010年间高达20.68%。无锡市区土地利用综合变化度在2005~2010年间高于其他时段，说明无锡市区土地利用快速变化期主要集中在2005~2010年间。而南海区的土地利用综合变化度在1990~2000年间，2000~2005年间及2005~2010年间高于其他时段，说明南海区土地利用类型自1990年开始就快速变化。2010~2015年间，无锡市区和南海区的土地利用变化都开始急剧下降，这和2009年国家引入遥感监测的手段来管理土地违法行

为有着密切关系。而北流市 2010～2015 年间的土地利用综合变化度高于
2005～2010 年，主要是因为北流的经济在 2010 年后才快速发展，对建设
用地的需求增大，促进了农地非农化。

4.3.4　土地利用转移的空间分布

从图 4-12 可以看出，南海区土地利用变化最剧烈，不同地类的转移
也较多，南海不仅是耕地变为建设用地，还有相当一部分的水域和林地变
成建设用地。其次是无锡市土地利用变化较剧烈，土地利用变化类型相对
南海来说简单一点，主要是从耕地变成建设用地，其他地类间的变化相对
较少。北流市是三个区域中土地利用变化幅度最小的，除了北流镇变化大
一点，其他乡镇变化比较小，耕地转化成建设用地主要集中在北流镇。三
个区域也存在一定的共性，即耕地转化成建设用地是土地利用变化最主要
的类型。

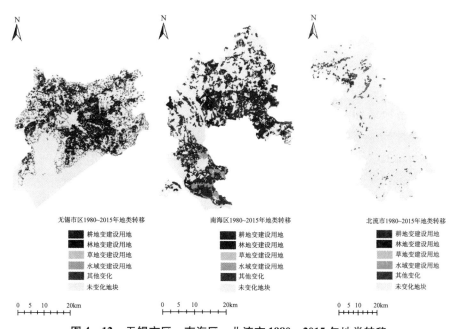

图 4-12　无锡市区、南海区、北流市 1980～2015 年地类转移

4.4 研究区土地利用变化的区域差异性

　　由于未利用地面积比较小，变化也不大，不是本书的研究重点，故而本章没有分析未利用地变化。从表4-15可以看出，各个地类不同时期的变化量和变化速率。需要说明的是某些地类变化为零，不代表该地类完全没有一点变化，可能变化比较小，受限于遥感数据的分辨率，并未精确识别。数据虽然存在一定的精度问题，但是已经能很好地诠释我们研究的问题，瑕不掩瑜。

　　可以看出，三个研究区土地利用变化存在一定的共性，耕地和建设用地变化最大，且耕地呈减少趋势，建设用地呈扩张的趋势。在1980~2015年的35年里，南海区建设用地增幅最大，无锡市次之，北流市建设用地增幅最小。同时，三个研究区不同时期土地利用变化也存在一定的区域差异性。无锡市土地各地类在2005~2010年期间变化最大，耕地在2005~2010年期间减少了17 148.14公顷，减少量比1980~2000年20年的减少量还大得多，减幅最大，5年间减幅达到20.73%，2010年以后耕地减速急剧下降；建设用地变化主要集中在1990~2010年期间，1990~2000年间建设用地增加了12 047.49公顷，增幅达到65.47%，2005~2010年期间建设用地增加了16 554.36公顷，增幅达到54.37%，2010年以后建设用地增幅急剧下降，2010~2015年期间新增建设用地比例仅为10.42%。

　　南海区和无锡市在2000年以前土地利用变化模式接近，无锡市在2000~2005年期间地类变化速度不快，而南海区土地各地类在2000~2005年期间变化最大，耕地在2000~2005年期间减少了11 004.09公顷，5年间减幅达到24.24%，建设用地在2000~2005年间增幅达到63.77%。

　　从上述研究可以看出，耕地和建设用地在三个研究区都变化明显，耕地非农化是土地利用变化的主要类型，故而本书重点分析耕地和建设用地的变化。

表 4 - 15　　研究区土地利用变化情况比较分析

研究区域	地类	土地利用变化量（公顷）					地类	土地利用变化率（%）				
		1980～1990年	1990～2000年	2000～2005年	2005～2010年	2010～2015年		1980～1990年	1990～2000年	2000～2005年	2005～2010年	2010～2015年
无锡市区	草地	0.00	-5.55	0.02	-13.96	0.00	草地	0.00	-1.99	0.01	-5.12	0.00
	耕地	-1 132.37	-11 800.96	-9 054.34	-17 148.14	-4 033.05	耕地	-1.18	-12.48	-10.76	-20.73	-5.47
	建设用地	1 524.75	12 047.49	9 447.20	16 554.36	4 155.66	建设用地	9.04	65.47	32.91	54.37	10.42
	林地	-846.16	-232.58	-49.66	766.46	-64.82	林地	-9.93	-3.03	-0.65	10.30	-0.88
	水域	453.78	-8.40	-343.23	-167.51	-57.80	水域	1.07	-0.02	-0.80	-0.39	-0.14
南海区	草地	0.00	-10.65	-63.04	-80.81	-11.68	草地	0.00	-3.66	-8.48	-28.87	-5.39
	耕地	-2 070.37	-12 227.76	-11 004.09	5 063.00	-1 711.44	耕地	-3.55	-21.72	-24.24	11.49	-5.18
	建设用地	1 409.85	9 119.96	15 230.25	7 760.71	3 031.74	建设用地	10.89	63.54	63.77	33.06	7.83
	林地	0.01	-271.51	-1 796.52	221.87	-675.67	林地	0.00	-2.43	-19.09	2.03	-7.40
	水域	660.51	3 389.96	-2 241.98	-12 902.56	-632.94	水域	2.74	13.70	-8.09	-45.87	-2.45
北流市	草地	8.87	-3 748.02	-4.94	-45.90	1 059.22	草地	0.08	-32.46	-0.05	-0.59	13.59
	耕地	-381.72	-2 063.67	-3.99	-1 022.24	-406.47	耕地	-0.63	-3.43	-0.01	-1.76	-0.70
	建设用地	387.98	1 771.23	-1.48	1 105.97	971.97	建设用地	6.46	27.68	-0.02	13.54	11.90
	林地	-87.64	4 023.11	8.80	-6.87	-1 547.86	林地	-0.05	2.44	0.01	0.00	-0.92
	水域	72.50	17.35	1.60	-30.96	-76.85	水域	4.71	1.08	0.10	-1.90	-4.71

第 5 章

城乡土地市场一体化对土地利用变化的空间格局研究

空间自相关模型可以检验变量在区域空间上的集聚或分散特征。故本章采用空间自相关模型来检验城乡土地市场一体化与土地利用变化在空间上的集聚或分散特征及相关变量在空间上的关联性。考虑到镇街层面的空间样本量较小，不适宜做空间关联分析，故本章城乡土地市场一体化对土地利用变化的空间格局是基于村级层面的数据进行研究的。

5.1 研究方法

5.1.1 空间自相关模型

空间自相关是考虑了变量所在区域的空间特性而进行的相关性分析（刘德钦等，2002）。由于观测变量值在空间上临近且具有相关性，因此，需对因变量进行空间相关性检验（spatial autocorrelation）。空间自相关模型分单变量自相关模型和双变量自相关模型。

单变量全局空间自相关模型的公式为：

$$I = \frac{n \sum_{i=1}^{n} \sum_{j=1}^{n} (x_i - \bar{x})(x_j - \bar{x})}{\sum_{i=1}^{n} \sum_{j=1}^{n} W_{ij} \sum_{n=1}^{n} W_{ij}(x_i - \bar{x})^2} \qquad (5-1)$$

式中，W_{ij} 为空间权重函数，i 代表所在单元，n 为空间单元总数，$\bar{x}$ 为 x 的平均值，x_i、x_j 为 x 在相应空间单元 i 和 j 上的取值。

单变量空间自相关模型可以反映单个地理属性变量在区域空间的异质性特征，但双变量空间自相关模型可以更好地揭示两个地理属性变量在空间上的关联特征和依赖特征。双变量空间自相关模型是安塞林等（Anselin et al.，1995）提出，具体的双变量空间自相关模型公式如下：

$$I = \frac{\sum_{i=1}^{n} \sum_{j=1}^{n} W_{ij}(x_i - \bar{x})(y_i - \bar{y})}{S^2 \sum_{i=1}^{n} \sum_{j=1}^{n} W_{ij}} \qquad (5-2)$$

式（5-2）中，$\bar{x} = 1/n \sum x_i$；$\bar{y} = 1/n \sum y_i$；$S^2 = 1/n \sum (x_i - \bar{x})(y_i - \bar{y})$；$x_i$ 和 y_i 为空间单元 i、j 的不同地理属性值；n 为地理单元数量；W_{ij} 为空间权重矩阵，本书采用临近标准。

双变量局部空间自相关公式为：

$$I_i = Z_i \sum_{j=1}^{n} W_{ij} Z_j \qquad (5-3)$$

式（5-3）中，Z_i 和 Z_j 为空间单元 i、j 的地理属性值的方差标准化值，其中 Z_j 为自变量的方差标准化值，Z_i 为因变量的方差标准化值；W_{ij} 为空间权重矩阵，文中均采用临近标准；$\sum W_{ij} Z_j$ 为空间单元 j 的因变量的空间滞后向量。

从式（5-3）中可以看出，双变量空间自相关在描述两个变量在不同区域中的空间关联特征具有很强的优势。双变量全局空间自相关的 Moran's I 指数表示空间单元 i 的自变量和空间单元 j 的因变量的总体空间关联性特征；双变量局部空间自相关表示空间单元 i 的自变量空间单元 j 的因变量之间的区域内部的关联性。

5.1.2　数据来源

无锡市胡埭镇、钱桥镇 2009~2015 年国有土地交易数据来自无锡市国土资源局提供的供地样点数据，集体土地数据来自对胡埭镇、钱桥镇的问卷抽样调查数据。集体土地供地样点数据根据问卷调研数据利用 Arc-

GIS10.5 软件在地图上矢量化获得。土地利用变化数据来自从中科院购买的 2009 年、2015 年 0.5 米分辨率的遥感数据，人工判读解译后获得土地利用矢量数据。耕地变化量等于 2015 年耕地面积减去 2009 年耕地面积；建设用地变化量等于 2015 年建设用地面积减去 2009 年建设用地面积。

南海区 2010～2017 年城乡土地交易数据来自佛山市自然资源局南海分局，国有土地交易样点数据是根据国有土地供地台账的宗地数据利用 ArcGIS10.5 软件在地图上矢量化获得，集体土地交易样点数据通过集体土地交易面状数据转点数据获得。土地利用变化数据是 2009～2017 年土地利用变更调查数据。耕地变化量等于 2017 年耕地面积减去 2009 年耕地面积；建设用地变化量等于 2017 年建设用地面积减去 2009 年建设用地面积。

北流市 2015～2017 年国有土地交易数据和集体土地交易数据分别来自北流市国土资源局提供的供地台账和集体建设用地入市数据。北流市集体及国有的土地供地样点数据是根据供地台账的宗地数据利用 Arc-GIS10.5 软件在地图上矢量化获得。土地利用变化数据来自 2009～2017 年土地利用变更调查数据。耕地变化量等于 2017 年耕地面积减去 2009 年耕地面积；建设用地变化量等于 2017 年建设用地面积减去 2009 年建设用地面积。

5.1.3 数据处理

数据处理的过程如下：

（1）土地利用变化数据赋值到行政村。首先对村级行政区矢量图层与土地利用现状图层相交，重新计算面积后将相交图层的属性表导出 Excel 表，汇总计算村的土地利用变化数据，然后对村级行政区矢量数据通过"Join and Relates"-"Join"工具连接上村的土地利用变化数据，对赋值过土地利用变化数据的村级行政区数据导出另存一份后，再加载到工作空间。

（2）面矢量数据转点矢量数据。打开 ArcToolbox - Data Management Tools - Features - Feature To Point 工具将赋值过土地利用变化数据的村级行

政区数据面转点。

（3）城乡土地市场数据插值分析。将国有和集体土地市场样点数据一起导入 ArcGIS10.5，打开 ArcToolbox – Spatial Analysis – Interpolation – Kriging 工具，根据需要将国有和集体土地市场数据分别依据土地价格字段（Price）插值，形成国有土地价格插值栅格图和集体土地价格栅格图。

（4）集体和国有土地价格插值数据提取。将面转点形成的点数据、国有土地价格插值栅格图和集体土地价格栅格图一起导入 ArcGIS10.5，打开 ArcToolbox – Spatial Analysis – Extraction – Extract Values To Points 工具，用点数据提取国有土地价格插值栅格图，然后用赋值过国有土地价格的点数据提取集体土地价格插值栅格图。接着，处理点数据中的异常值，将国有土地价格插值栅格图和集体土地价格插值栅格图未覆盖到的点数据，集体土地价格和国有土地价格采用邻近村赋值，然后新增一列属性计算集体和国有地价比值。最后将最新的点数据的属性表导出 Excel 表。

（5）点数据 Excel 数据赋值到行政村。对赋值过土地利用变化数据的村级行政区数据通过"Join and Relates"–"Join"工具连接上村级行政区点属性表中的集体和国有土地价格插值数据，然后将最新的行政村矢量数据导出另存一份。

（6）Geoda 软件分析。将最新的赋值过土地利用变化和城乡土地市场数据的村级行政区矢量数据导入 Geoda 软件，然后创建基于邻接关系的空间权重矩阵，接着对变量分别进行单变量 Lisa 和双变量 Lisa 聚类分析，得到单变量及双变量 Moran's I 值和局部 Lisa 聚类图。

5.2　城乡土地市场一体化与土地利用变化空间分布情况

为了分析城乡土地市场一体化与土地利用变化的空间分布情况，利用 ArcGIS10.5 软件，根据自然断点法将村级层面耕地变化、建设用地变化、集体土地成交均价、国有土地成交均价、地价一体化水平等指标数值划分为 5 级并形成空间分布图（见图 5 - 1 ~ 图 5 - 3）。

从图 5 - 1 可以看出，无锡胡埭镇、钱桥镇集体土地价格空间分布和国有土地价格空间分布城乡差异较大，集体土地价格高的地方，国有土地价格低，主要是因为工业用地多的地方，环境污染比较严重，不宜于居住，故而国有土地的价格受到了影响。地价一体化的高值主要集中在胡埭镇的西北部和钱桥镇的中部地区。胡埭镇、钱桥镇耕地变化量和建设用地变化量在 2009 ~ 2015 年期间均不大，主要是因为这期间无锡市集体建设用地交易以存量建设用地为主，增量集体建设用地不多。从地价一体化分级图也可以看出，地价一体化值越高的地方，农地非农化发生越多。

从图 5 - 2 可以看出，南海区集体土地价格空间分布特征和国有土地价格空间分布特征基本一致，国有土地价格高的地方，集体土地价格也高，主要是南海区城乡土地市场均比较成熟的缘故。地价一体化水平在空间上呈现出分散的格局。集体地价及国有地价高的桂城街道耕地变化量和建设用地变化量都不大，主要是因为在 2009 ~ 2016 年期间，集体建设用地成交以存量建设用地为主，增量集体建设用地不多，集体地价和国有地价高的村土地利用变化不大，这并不是意味着地价对土地利用变化没有影响，而是这些地区在早期已经进行大量农地非农化，土地开发强度很大，可扩展的空间相对已经不多。

从图 5 - 3 可以看出，北流市集体土地价格较分散，国有土地价格分布较集中，集体土地价格的高值区集中在北流市区附近。地价一体化高值区主要集中在北流市的北部地区。北流市耕地变化量和建设用地变化量在 2009 ~ 2015 年期间均不大，主要是因为，一方面北流市是丘陵山区，林地占比很高，土地利用变化受地形限制；另一方面北流市经济发展水平较长三角和珠三角地区更低，建设用地扩张的动力不足。从地价一体化分级图可以看出，地价一体化值越高的地方，耕地变化和建设用地变化发生越多。

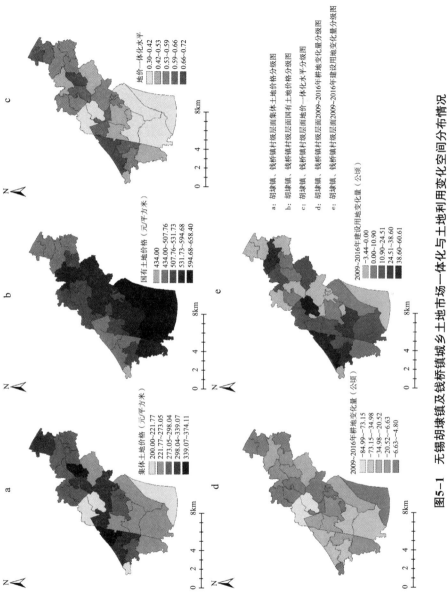

图5-1　无锡胡埭镇及钱桥镇城乡土地市场一体化与土地利用变化空间分布情况

a: 胡埭镇、钱桥镇村级层面集体土地价格分级图
b: 胡埭镇、钱桥镇村级层面国有土地价格分级图
c: 胡埭镇、钱桥镇村级层面地价一体化水平分级图
d: 胡埭镇、钱桥镇村级层面2009~2016年耕地变化量分级图
e: 胡埭镇、钱桥镇村级层面2009~2016年建设用地变化量分级图

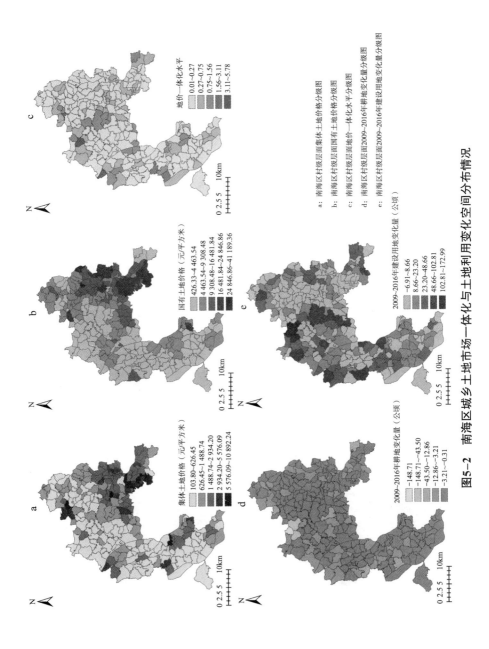

a: 南海区村级层面集体土地价格分级图
b: 南海区村级层面国有土地价格分级图
c: 南海区村级层面地价一体化水平分级图
d: 南海区村级层面2009~2016年耕地变化量分级图
e: 南海区村级层面2009~2016年建设用地变化量分级图

图5-2 南海区城乡土地市场一体化与土地利用变化空间分布情况

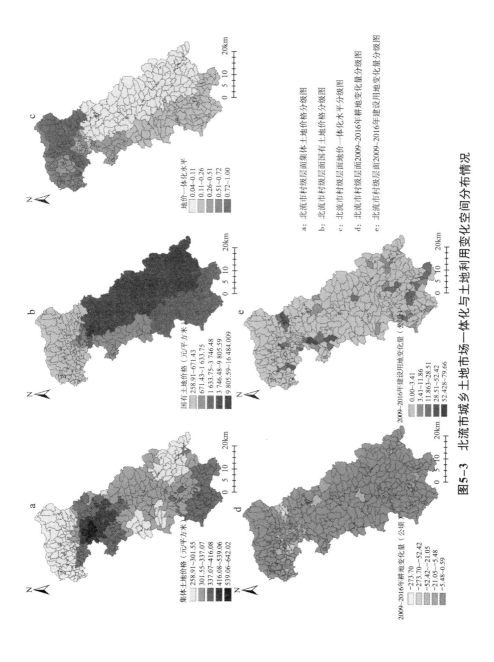

集体土地价格（元/平方米）
- 258.91~301.55
- 301.55~337.07
- 337.07~416.08
- 416.08~539.06
- 539.06~642.02

国有土地价格（元/平方米）
- 258.91~671.43
- 671.43~1 633.75
- 1 633.75~3 746.48
- 3 746.48~9 805.59
- 9 805.59~16 484.009

地价一体化水平
- 0.04~0.11
- 0.11~0.26
- 0.26~0.51
- 0.51~0.72
- 0.72~1.00

2009—2016年耕地变化值（公顷）
- -273.70
- -273.70~-52.42
- -52.42~-21.05
- -21.05~-5.48
- -5.48~-0.59

2009—2016年建设用地变化量（次数）
- 0.00~3.41
- 3.41~11.86
- 11.863~28.51
- 28.51~52.42
- 52.428~79.66

a：北流市村级层面集体土地价格分级图
b：北流市村级层面国有土地价格分级图
c：北流市村级层面地价一体化水平分级图
d：北流市村级层面2009—2016年耕地变化量分级图
e：北流市村级层面2009—2016年建设用地变化量分级图

图5-3　北流市城乡土地市场一体化与土地利用变化空间分布情况

5.3　单变量空间的关联分析

采用 Geoda 软件对集体土地均价、国有土地均价、地价一体化、耕地变化量、建设用地变化量等城乡土地市场与土地利用变化的表征指标，进行了全局单变量空间自相关检验和局部单变量 Lisa 聚类分析。

5.3.1　全局单变量空间自相关检验

全局单变量空间自相关检验可以表现城乡土地市场一体化及土地利用变化相关变量在空间上的集聚或分散特征。在单变量空间相关模型分析中，Moran's I 指数大于 0，表明变量呈现正的空间自相关，说明变量在空间上具有集聚性；Moran's I 指数小于 0，表明变量呈现负的空间自相关，说明变量在空间上具有分散性；如果 Moran's I 指数等于 0，则变量在空间上呈现随机分布；Moran's I 指数越接近于 1，说明变量的空间布越集聚，越接近于 −1，则变量的空间分布越分散。

表 5−1　研究区城乡土地市场一体化与土地利用变化单变量空间自相关分析

变量名称	Moran's I 值		
	无锡胡埭镇及钱桥镇	南海区	北流市
集体土地均价	0.1154	0.4872	0.7650
国有土地均价	0.5983	0.6341	0.5729
地价一体化	0.2065	0.1004	0.7942
耕地变化量	0.3492	0.258	− 0.0027
建设用地变化量	0.0244	0.2625	− 0.0028

从表 5−1 可以看出，三个研究区集体土地均价、国有土地均价、地价一体化的 Moran's I 值均大于 0，且均呈显著的正向空间自相关性，具有明显的集聚特征，即高值与高值相邻，低值与低值相邻。无锡市胡埭镇、钱桥镇村级层面集体土地均价的 Moran's I 值（0.1154）远低于国有土地均价

的 Moran's I 值（0.5983），说明集体土地价格在空间上的集聚态势没有国有土地价格明显，主要是因为集体土地均价主要是工业用地均价，并且在无锡集体土地价格是政府指导下的价格。因此，整个无锡的差距不大；南海区村级层面集体土地均价与国有土地均价的 Moran's I 值分别为 0.4872、0.6341，Moran's I 值均较大说明南海区集体土地价格和国有土地价格均在空间上呈现集聚态势；北流市村级层面集体土地均价与国有土地均价的 Moran's I 值分别为 0.7650、0.5729，说明北流市集体土地均价比国有土地均价在空间集聚的态势更显著。地价一体化的 Moran's I 值在无锡典型镇、南海区、北流市分别为 0.2065、0.1004、0.7942，均大于 0，说明地价一体化程度在空间上正相关。北流市的地价一体化的 Moran's I 值比无锡和南海高，说明北流市的地价一体化在空间上比无锡和南海更集聚。耕地变化量和建设用地变化量的 Moran's I 值除了北流市小于 0，无锡胡埭镇及钱桥镇和南海区的耕地变化量及建设用地变化量的 Moran's I 值均大于 0。

从图 5 - 4 可以看出，北流市集体土地均价空间集聚程度最大，无锡市胡埭镇及钱桥镇集体土地均价空间分布较南海区及北流市更为分散。从图 5 - 5 可以看出，无锡胡埭镇及钱桥镇、南海区、北流市的国有土地均价空间集聚程度相差不大。从图 5 - 6 可以看出，北流市地价一体化在空间上集聚程度在三个研究区中最大。从图 5 - 7 可以看出，三个研究区的耕地变化量空间集聚除南海区外，其他两个研究区均不明显。从图 5 - 8 可以看出，无锡市胡埭镇及钱桥镇与南海区的建设用地变化量空间集聚程度比北流市明显。

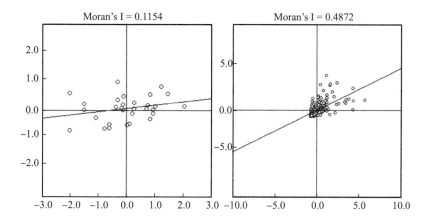

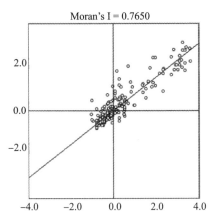

图5-4 无锡胡埭镇及钱桥镇、南海区、北流市的集体土地均价的 Moran 散点图

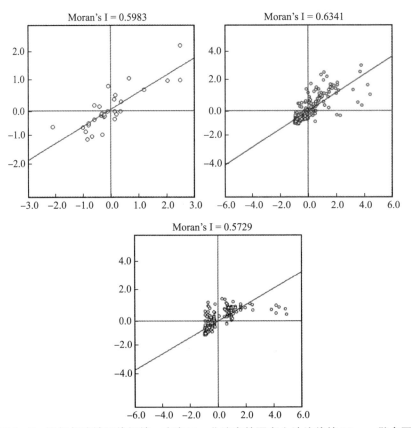

图5-5 无锡胡埭镇及钱桥镇、南海区、北流市的国有土地均价的 Moran 散点图

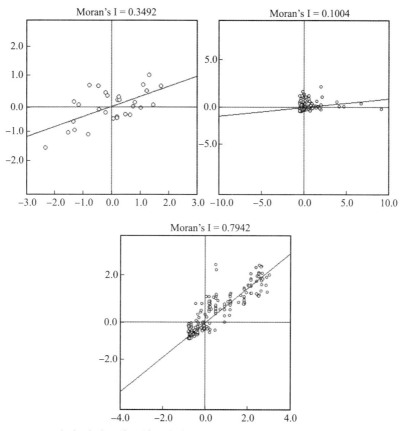

图 5−6 无锡胡埭镇及钱桥镇、南海区、北流市的地价一体化的 **Moran** 散点图

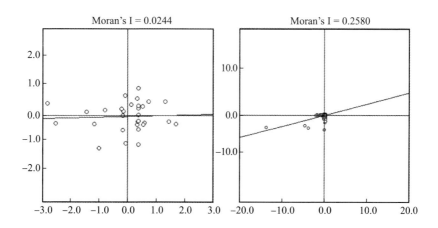

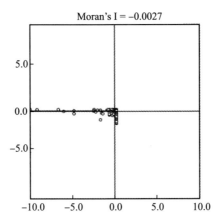

图5-7 无锡胡埭镇及钱桥镇、南海区、北流市的耕地变化量的 Moran 散点图

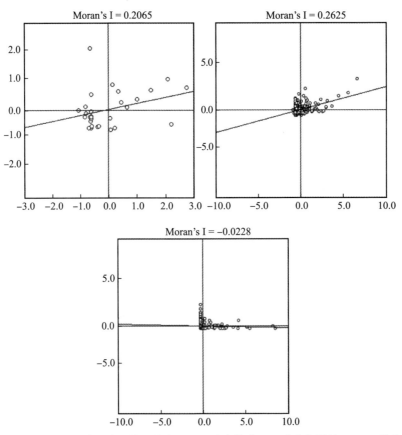

图5-8 无锡胡埭镇及钱桥镇、南海区、北流市的建设用地变化量的 Moran 散点图

5.3.2　局部单变量 Lisa 聚类

全局空间自相关检验仅能反映研究区变量总体上的空间集聚或扩张特征，但不能反映变量在研究区局部的空间异质性特征。因此，对各个变量进行了局部单变量 Lisa 聚类分析。

从图 5-9 可以看出，无锡市胡埭镇及钱桥镇集体土地均价的 Lisa 聚类图表明，无锡市胡埭镇及钱桥镇的集体土地均价不存在空间集聚；南海区集体土地均价的 Lisa 聚类图表明，显著性高的高集聚区在南海区东部的桂城街道附近，显著性低的低集聚区分布在南海区中部和南部地区；北流市集体土地均价的 Lisa 聚类图表明，显著性高的高集聚区集中在北流市的北流镇附近，显著性低的低集聚区分布在北流市北部地区和东南部地区。

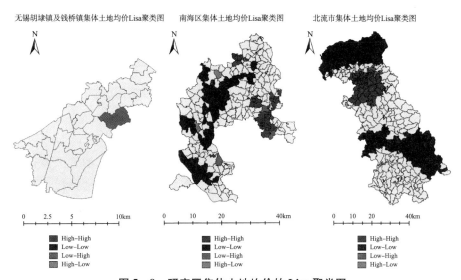

图 5-9　研究区集体土地均价的 Lisa 聚类图

从图 5-10 可以看出，无锡市胡埭镇及钱桥镇国有土地均价的 Lisa 聚类图表明，显著性高的高集聚区集中在胡埭镇东南部，显著性低的低区分布在胡埭镇西南部；南海区国有土地均价的 Lisa 聚类图表明，显著性高的高集聚区在南海区东部的桂城街道附近，显著性低的低集聚区集中在南海区中部和南部地区；北流市国有土地均价的 Lisa 聚类图表明，显著性高的高集聚区集中在北流市的东南部，显著性低的低集聚区集中在北流市北部地区，显著性低的高区集中在北流镇附近。

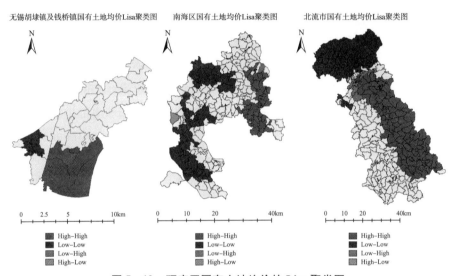

图 5 - 10　研究区国有土地均价的 Lisa 聚类图

从图 5 - 11 可以看出，无锡市胡埭镇及钱桥镇地价一体化的 Lisa 聚类图表明，显著性低的低集聚区集中在胡埭镇东南部；南海区地价一体化的 Lisa 聚类图表明，显著性低的低区分布在里水镇和狮山镇的部分村，显著性高的高区分布在南海区狮山镇的部分村；北流市地价一体化的 Lisa 聚类图表明，显著性高的高区集中在北流市的北部，显著性低的低区集中在北流市中部地区和南部地区，北流市的高高区和低低区在空间上呈现集聚态势。

从图 5 - 12 可以看出，无锡市胡埭镇及钱桥镇耕地变化量的 Lisa 聚类图表明，显著性低的低区有两个村分布在胡埭镇西南部，显著性高的高区有一个村分布在钱桥镇；南海区耕地变化量的 Lisa 聚类图表明，显著性高的高区分散分布在南海区狮山镇、丹灶镇、九江镇，显著性低的低区分布在狮山镇的部分村；北流市耕地变化量的 Lisa 聚类图表明，显著性高的高区集中在北流市的中部，显著性高的低区分布在北流镇附近的部分村，显著性低的高区分布在北流市中部地区。

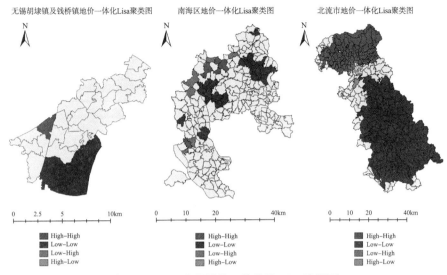

图 5 - 11　研究区地价一体化的 Lisa 聚类图

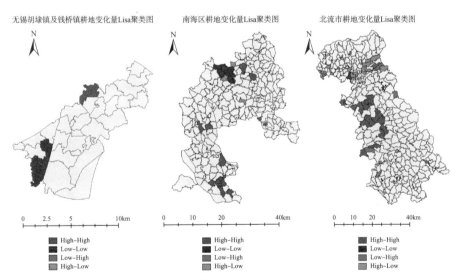

图 5 - 12　研究区耕地变化量的 Lisa 聚类图

从图 5 - 13 可以看出，无锡市胡埭镇及钱桥镇建设用地变化量的 Lisa 聚类图表明，显著性低的低区有两个村分别分布在胡埭镇东部和钱桥镇中部，显著性高的高区有三个村集中分布在胡埭镇的西南地区；南海区建设用地变化量的 Lisa 聚类图表明，显著性高的高区主要分布在南海区狮山镇，显著性低的低区分布在里水镇和大沥镇部分村；北流市建设用地变化量的 Lisa 聚类图表明，显著性低的高区集中在北流市的中部，显著性低的低区分布在北流市的中部，高高区和高低区很少。

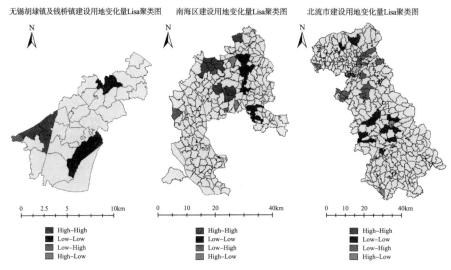

图 5 – 13　研究区建设用地变化量的 Lisa 聚类图

5.3.3　单变量空间关联小结

从单变量空间自相关可以看出，三个研究区域的集体土地均价、国有土地均价、地价一体化 Moran's I 值均大于 0，说明三个研究区域的集体土地均价、国有土地均价、地价一体化在空间上呈现集聚态势。集体土地均价的 Moran's I 值北流市＞南海区＞无锡胡埭镇钱桥镇，主要是因为无锡市的集体土地交易价格是政府指导的，南海区的集体土地市场发育相对成熟但是以租赁市场为主，而北流市的集体土地价格是入市之后和国有土地一样采用拍卖的方式确定，价格受市场影响较大。耕地变化量在无锡胡埭镇及钱桥镇和南海区呈现空间正向自相关，在北流市呈现空间负向自相关；建设用地变化量在无锡胡埭镇及钱桥镇和南海区呈现空间负向自相关，在北流市呈现空间正向自相关。主要是因为无锡市区和南海区与北流市相比，地势更平坦，建设用地变化量在空间呈现分散的格局，而北流市是山地丘陵地区，适宜开发建设的农用地分布较集中。

5.4　双变量空间的关联分析

双变量空间关联分析可以通过变量之间的全局 Moran's I 指数和局部 Lisa 聚类图来综合分析两个变量之间的空间关联特征。

5.4.1　全局双变量空间自相关检验

全局双变量空间自相关检验可以从总体上衡量两个变量之间的空间自相关关系。本研究通过测算集体土地均价与国有土地均价的双变量全局 Moran's I 值来分析城乡土地市场之间的空间自相关性；通过测算耕地变化量与建设用地变化量的双变量全局 Moran's I 值来分析耕地变化和建设用地变化之间的空间自相关性；通过测算集体土地均价及国有土地均价与耕地变化量及建设用地变化量的双变量全局 Moran's I 值来分析城乡土地市场与土地利用变化之间的空间自相关性；通过测算地价一体化与耕地变化量及建设用地变化量的双变量全局 Moran's I 值来分析城乡土地市场一体化与土地利用变化之间的空间自相关性。

从表 5-2 可以看出，无锡胡埭镇及钱桥镇集体土地均价与国有土地均价的 Moran's I 值小于 0，说明集体土地均价和国有土地均价在空间上负相关，国有土地均价高的地方集体土地均价低；南海区和北流市集体土地均价与国有土地均价的 Moran's I 值大于 0，说明集体土地均价和国有土地均价在空间上正相关，国有土地均价高的地方集体土地均价高。无锡胡埭镇及钱桥镇和南海区耕地变化量与建设用地变化量的 Moran's I 值小于 0，说明耕地变化量和建设用地变化量在空间上负相关，耕地减少越多的地方，建设用地增加得越多；北流市耕地变化量与建设用地变化量的 Moran's I 值大于 0，说明耕地变化量和建设用地变化量在空间上正相关，耕地减少越多的地方，建设用地增加得越少。无锡胡埭镇及钱桥镇和北流市集体土地均价与耕地变化量的 Moran's I 值小于 0，说明集体土地均价和耕地变化量在空间上负相关，集体土地均价高的地方，耕地减少得多；南海区集体土地均价与耕地变化量的 Moran's I 值大于 0，说明集体土地均价和耕地变化量在空间上正相关，集体土地均价高的地方耕地减少得少，主要是因为集体土地价格高的地方已无多少开发空间。无锡胡埭镇及钱桥镇和北流市集体土地均价与建设用地变化量的 Moran's I 值大于 0，说明集体土地均价和建设用地变化量在空间上正相关，集体土地均价高的地方，建设用地增加得多；南海区集体土地均价与建设用地变化量的 Moran's I 值小于 0，说明集体土地均价和建设用地变化量在空间上负相关，集体土地均价高的地方，建设用地增加得少。三个研究区国有土地均价与耕地变化量的 Moran's I 值大于 0，说明国有土地均价和耕地变化量在空间上正相关，国有土地均价高的地方，耕地减少得少；三个研究区国有土地均价与建设用地变化量的 Moran's I 值小于 0，说明国有土地均价和建设用地变化量在空间上负相关，国有土地均价高的地方，建设用地增加得少。三个研究区地价一体化与耕地变化量的 Moran's I 值小于 0，说明地价一体化和耕地变化量在空间上负相关，地价一体化水平高的地方，耕地减少得多。三个研究区地价一体化与建设用地变化量的 Moran's I 值大于 0，说明地价一体化和建设用地变化量在空间上正相关，地价一体化水平高的地方，建设用地增加得多。

表 5 - 2 研究区城乡土地市场一体化与土地利用变化双变量空间自相关分析

变量名称	Moran's I 值		
	无锡胡埭镇及钱桥镇	南海区	北流市
集体土地均价与国有土地均价	- 0.3188	0.3853	0.2039
耕地变化量与建设用地变化量	- 0.0355	- 0.288	0.0244
集体土地均价与耕地变化量	- 0.115	0.0387	- 0.044
集体土地均价与建设用地变化量	0.0186	- 0.1234	0.1057
国有土地均价与耕地变化量	0.1458	0.0825	0.0996
国有土地均价与建设用地变化量	- 0.3544	- 0.1514	- 0.0254
地价一体化与耕地变化量	- 0.01372	- 0.1257	- 0.1310
地价一体化与建设用地变化量	0.1614	0.1085	0.0422

5.4.2　局部双变量 Lisa 聚类

双变量的局部 Lisa 聚类图，在空间上可以反映两个变量在空间上的局部自相关性，体现变量之间的空间异质性（吴常艳，2017）。故对城乡土地市场一体化与土地利用变化相关变量进行双变量的 Lisa 聚类图及显著性检验（见图 5 - 14 ~ 图 5 - 21）。

从图 5 - 14 可以看出，无锡市胡埭镇及钱桥镇集体土地均价与国有土地均价的 Lisa 聚类图表明，显著性低的高区集中分布在胡埭镇东部，显著性高的低区有两个村分布在胡埭镇的西部地区，说明胡埭镇部分地区集体土地均价与国有土地均价在空间上负相关，钱桥镇集体土地均价与国有土地均价在空间上相关性不显著；南海区集体土地均价与国有土地均价的 Lisa 聚类图表明，显著性高的高区集中分布在南海区桂城街道和大沥镇，显著性低的低区在空间上集聚分布在狮山镇、丹灶镇及西礁镇的部分村，高低区零星分布在低低集聚区附近，低高区集中分布在南海区桂城街道和大沥镇，集体土地均价与国有土地均价呈现空间正相关的区域比空间负相关的区域多；北流市集体土地均价与国有土地均价的 Lisa 聚类图表明，显著性低的高区集中在北流市的中东部，显著性低的低区集聚在北流市北部，显著性高的高区集中在北流镇附近，高低区分布在高高集聚和低低集聚区的附近，集体土地均价与国有土地均价呈现空间负相关的区域和呈现空间正相关的区域占比差不多。

从图 5 - 15 可以看出，无锡市胡埭镇及钱桥镇耕地变化量与建设用地变化量的 Lisa 聚类图表明，显著性高的高区和低高区相邻分布在胡埭镇西部，显著性高的低区有两个村，耕地变化量与建设用地变化量呈现负相关的区域比空间正相关的区域多；南海区耕地变化量与建设用地变化量的 Lisa 聚类图表明，显著性高的高区分散分布在南海区狮山镇，高低区和低高区主要分布在南海区狮山镇和大沥镇，显著性低的低区零星分布在里水镇，耕地变化量与建设用地变化量呈现负相关的区域比空间正相关的区域多；北流市耕地变化量与建设用地变化量的 Lisa 聚类图表明，显著性高的高区集中在北流镇附近，高低区分散分布在北流市北部和中部地区，显著性低的高区集中在北流市的中西部，耕地变化量与建设用地变化量呈现空无锡胡埭镇及钱桥镇集体土地均价与国有土地均价Lisa聚类图　　南海区集体土地均价与国有土地均价Lisa聚类图　　北流市集体土地均价与国有土地均价Lisa聚类图

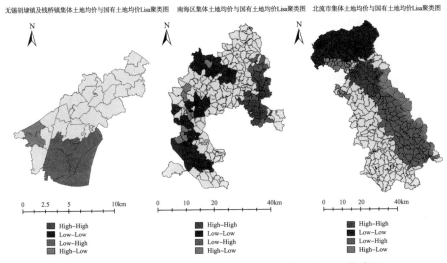

图 5 - 14　研究区集体土地均价与国有土地均价的 Lisa 聚类图

无锡胡埭镇及钱桥镇耕地变化量与建设用地变化量Lisa聚类图　　南海区耕地变化量与建设用地变化量Lisa聚类图　　北流市耕地变化量与建设用地变化量Lisa聚类图

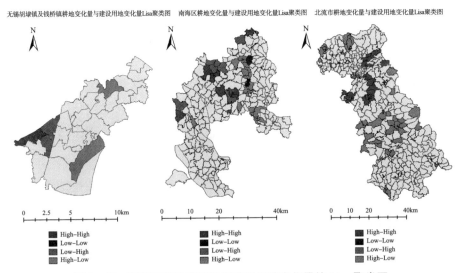

图 5 - 15　研究区耕地变化量与建设用地变化量的 Lisa 聚类图

间负相关的区域比空间正相关的区域多。

从图 5 - 16 可以看出，无锡市胡埭镇及钱桥镇集体土地均价与耕地变化量的 Lisa 聚类图表明，显著性低的低区和高低区相邻分布在胡埭镇西南部，显著性高的高区有一个村分布在钱桥镇；南海区集体土地均价与耕地变化量的 Lisa 聚类图表明，显著性高的高区零星分布在南海区桂城街道、西礁镇及九江镇，显著性低的低区分布在狮山镇，高低区和低高区主要分布在南海区狮山镇和里水镇，集体土地均价与耕地变化量呈现空间负相关的区域和呈现空间正相关的区域占比差不多；北流市集体土地均价与耕地变化量的 Lisa 聚类图表明，显著性低的高区覆盖了北流市一半左右的村，显著性低的低区集聚在北流市西北部，显著性高的高区集中在北流市中部，高低区分散分布在低高区和低低区间的部分村，集体土地均价与耕地变化量呈现空间负相关的区域比空间正相关的区域多。

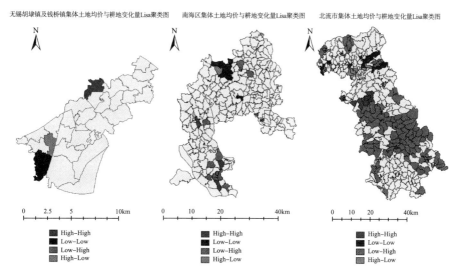

图 5-16　研究区集体土地均价与耕地变化量的 Lisa 聚类图

　　从图 5-17 可以看出，无锡市胡埭镇及钱桥镇集体土地均价与建设用地变化量的 Lisa 聚类图表明，显著性高的高区和低高区相邻分布在胡埭镇西南部，显著性低的低区有两个村分别分布在钱桥镇和胡埭镇，集体土地均价与建设用地变化量呈现空间正相关的区域比空间负相关的区域多；南海区集体土地均价与建设用地变化量的 Lisa 聚类图表明，低高区主要分布在南海区狮山镇，显著性高低区主要分布在桂城街道，低低区集中分布在里水镇，显著性高的高区零星分布在南海区狮山镇，集体土地均价与建设用地变化量呈现空间负相关的区域比空间正相关的区域多；北流市集体土地均价与建设用地变化量的 Lisa 聚类图表明，显著性低的低区集中分布在北流市西南部，显著性高的高区集中在北流市中部，显著性低的高区和高低区零星分布在北流市东北部，集体土地均价与建设用地变化量呈现空间正相关的区域比空间负相关的区域多。

无锡胡埭镇及钱桥镇集体土地均价与建设用地变化量Lisa聚类图　南海区集体土地均价与建设用地变化量Lisa聚类图　北流市集体土地均价与建设用地变化量Lisa聚类图

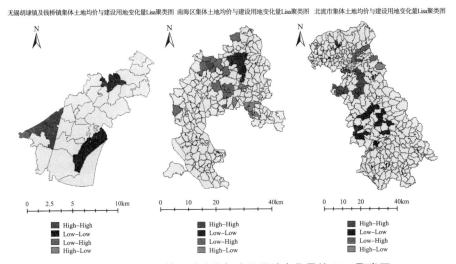

图 5 - 17　研究区集体土地均价与建设用地变化量的 Lisa 聚类图

从图 5 - 18 可以看出，无锡市胡埭镇及钱桥镇国有土地均价与耕地变化量的 Lisa 聚类图表明，显著性低的低区和高低区相邻分布在胡埭镇西南部，显著性低的高区有一个村分布在钱桥镇；南海区国有土地均价与耕地变化量的 Lisa 聚类图表明，低低区集中分布在狮山镇，低高区主要分布在南海区丹灶镇和九江镇，显著性高的高区零星分布在桂城街道和狮山镇，国有土地均价与耕地变化量呈现空间负相关的区域和呈现空间正相关的区域占比差不多；北流市国有土地均价与耕地变化量的 Lisa 聚类图表明，显著性低的高区集中分布在北流市西部，显著性高的高区集中在北流市中部，显著性低的低区分布在北流市东北部，国有土地均价与耕地变化量呈现空间负相关的区域比空间正相关的区域多。

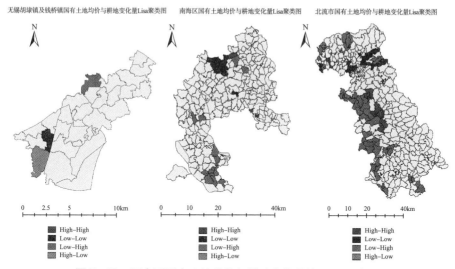

图 5 - 18　研究区国有土地均价与耕地变化量的 Lisa 聚类图

从图 5 - 19 可以看出，无锡市胡埭镇及钱桥镇国有土地均价与建设用地变化量的 Lisa 聚类图表明，显著性低的高区分布在胡埭镇西南部，显著性低的高区有两个村分布在钱桥镇和一个村分布在胡埭镇，国有土地均价与建设用地变化量呈现空间负相关的区域比空间正相关的区域多；南海区国有土地均价与建设用地变化量的 Lisa 聚类图表明，低高区主要分布在南海区狮山镇，显著性高的低区主要分布在大沥镇和里水镇，低低区集中分布在里水镇，显著性高的高区零星分布在南海区丹灶镇，国有土地均价与建设用地变化量呈现空间负相关的区域比空间正相关的区域多；北流市国有土地均价与建设用地变化量的 Lisa 聚类图表明，显著性低的低区集中分布在北流市中西部，显著性高的高区集中在北流市中部，显著性高的低区分布在北流市东南部，显著性低的高区分散分布在北流市东北部，国有土地均价与建设用地变化量呈现空间负相关的区域比空间正相关的区域多。

从图 5 - 20 可以看出，无锡市胡埭镇及钱桥镇地价一体化与耕地变化量的 Lisa 聚类图表明，显著性高的高区有两个村分布在钱桥镇西北部，显著性高的低区和低低区相邻分布在胡埭镇西南部；南海区地价一体化与耕地变化量的 Lisa 聚类图表明，低高区主要分布在南海区狮山镇和九江镇，显著性高低区和低低区相邻分布在狮山镇，显著性高高区零星分布在南海

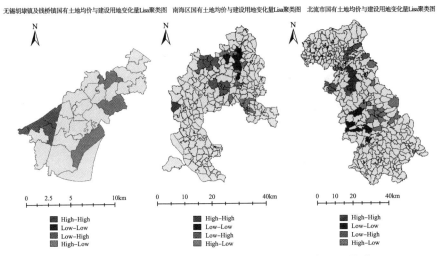

图 5－19　研究区国有土地均价与建设用地变化量的 Lisa 聚类图

区丹灶镇和九江镇，地价一体化与耕地变化量呈现空间负相关的区域比空间正相关的区域多；北流市地价一体化与耕地变化量的 Lisa 聚类图表明，显著性低的高区集聚分布在北流市中部和南部，显著性高的低区分布在北流市东北部，显著性低的低区零星分布在北流镇附近，地价一体化与耕地变化量呈现空间负相关的区域比空间正相关的区域多。

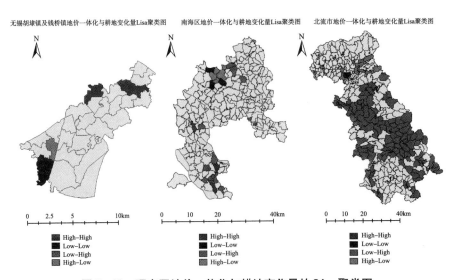

图 5－20　研究区地价一体化与耕地变化量的 Lisa 聚类图

从图 5-21 可以看出，无锡市胡埭镇及钱桥镇地价一体化与建设用地变化量的 Lisa 聚类图表明，显著性高的高区集中分布在胡埭镇西南部，显著性低的低区有两个村分别在胡埭镇东南部和钱桥镇西北部，地价一体化与建设用地变化量呈现空间正相关的区域比空间负相关的区域多；南海区地价一体化与建设用地变化量的 Lisa 聚类图表明，显著性高的高区主要分布在狮山镇，低低区主要分布在里水镇和大沥镇，低高区主要分布在南海区狮山镇，显著性高的低区主要分布在桂城街道，地价一体化与建设用地变化量呈现空间正相关的区域比空间负相关的区域多；北流市地价一体化与建设用地变化量的 Lisa 聚类图表明，显著性高的低区分布在北流市北部，显著性低的高区集中分布在北流市中部，显著性低的低区集中分布在北流市西南部，显著性高的高区集中分布在北流市东北部，地价一体化与建设用地变化量呈现空间负相关的区域和呈现空间正相关的区域占比差不多。

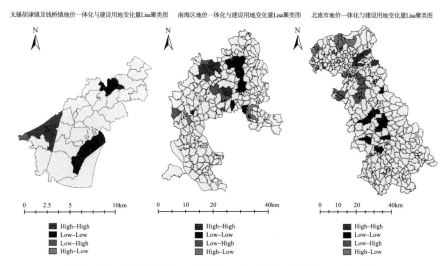

图 5-21　研究区地价一体化与建设用地变化量的 Lisa 聚类图

5.4.3　双变量空间关联小结

集体土地均价和国有土地均价在无锡胡埭镇及钱桥镇呈现空间负相关，在南海区和北流市呈现空间正相关，主要是因为在南海区和北流市集体和国有土地的交易方式均以拍卖出让为主，在无锡集体土地价格是政府指导价而国有土地大都是市场定价。耕地变化量和建设用地变化量在无锡胡埭镇及钱桥镇和南海区呈现空间负相关，在北流市呈现空间正相关，主要是因为无锡市及南海区新增建设用地主要来源于耕地，而北流市新增建设用地有相当大的比例来自耕地外的其他地类。集体土地均价和耕地变化量在无锡胡埭镇及钱桥镇和北流市呈现空间负相关，在南海区呈现空间正相关；集体土地均价和建设用地变化量在无锡胡埭镇及钱桥镇和北流市呈现空间正相关，在南海区呈现空间负相关。主要是因为南海区集体土地价格高的地方是经济发展较好的镇街，已无太多扩张空间。三个研究区国有土地均价与耕地变化量在空间上正相关；三个研究区国有土地均价与建设用地变化量在空间上呈现负相关。主要是因为国有土地价格高的地方土地开发强度较大，新增建设用地潜力较小。三个研究区地价一体化与耕地变化量在空间上呈现负相关；三个研究区地价一体化与建设用地变化量在空间上呈现正相关。主要是因为在我国对集体土地有话语权的集体经济组织主要是村一级集体经济组织，地价一体化水平越高，集体土地价格越高，村集体倾向供应更多的集体建设用地来获得土地收益，从而促进农用地向建设用地转化。

第6章

镇村层面城乡土地市场一体化对土地利用变化的影响研究

本章从镇街、行政村层面分别验证城乡土地市场一体化对土地利用结构变化的影响。镇街层面采用面板模型分析了城乡土地交易一体化和地价一体化对土地利用变化的影响。行政村层面采用多元线性回归模型分析研究区地价一体化对土地利用变化的影响。

6.1 镇街层面城乡土地市场一体化对土地利用变化的影响

镇街层面城乡土地市场一体化对土地利用变化的影响采用面板模型进行分析。从两个维度对城乡土地市场一体化进行测度。一个是交易一体化对土地利用变化的影响,交易一体化的内涵界定为集体建设用地入市政策出台前交易非一体化,入市政策出台后交易一体化,因为南海区和北流市是集体建设用地入市改革试点,故以南海区和北流市为例;另一个是镇街层面地价一体化对土地利用变化的影响,因南海区城乡土地市场发育和经济社会发展均比较发达,资料比较翔实,可以满足面板模型的要求,故以南海区为例。

6.1.1 面板回归模型构建

本章主要考察城乡土地市场一体化发展对土地利用变化的影响,运用面板数据构建了计量经济模型，分析城乡土地市场对土地利用变化的具体影响及其区域差异，基本模型如下：

$$y_{it} = c + \beta X_{it} + \varepsilon_{it} \qquad (6-1)$$

式（6-1）为反映城乡土地市场发展对土地利用变化的基本模型。其中，y_{it} 为因变量；c 为常数项；β 为变量 X_{it} 的估计系数；X_{it} 为自变量；ε_{it} 为残差项。

为进一步细化模型，将城乡土地市场、土地利用、人口、经济相关变量纳入模型，细化后用于估计城乡土地市场一体化对土地利用变化影响的模型。其中，因变量为土地利用变化，采用耕地变化量、耕地变化率、建设用地变化量、建设用地变化率分别表征土地利用变化构建相应的模型。自变量为交易一体化水平、地价一体化水平、集体土地和国有土地交易均价、集体土地和国有土地交易总面积、常住人口、国内生产总值等指标（见表 6-1）。具体模型如下：

$$GDc_{it} = c + \beta_1 SFRS_{it} + \beta_2 BZ_{it} + \beta_3 JTGYJJ_{it} + \beta_4 Zarea_{it} + \beta_5 CZRK_{it} + \beta_6 GDP_{it} + \varepsilon_{it}$$
$$(6-2)$$

$$JSc_{it} = c + \beta_1 SFRS_{it} + \beta_2 BZ_{it} + \beta_3 JTGYJJ_{it} + \beta_4 Zarea_{it} + \beta_5 CZRK_{it} + \beta_6 GDP_{it} + \varepsilon_{it}$$
$$(6-3)$$

$$GDr_{it} = c + \beta_1 SFRS_{it} + \beta_2 BZ_{it} + \beta_3 JTGYJJ_{it} + \beta_4 Zarea_{it} + \beta_5 CZRK_{it} + \beta_6 GDP_{it} + \varepsilon_{it}$$
$$(6-4)$$

$$JSr_{it} = c + \beta_1 SFRS_{it} + \beta_2 BZ_{it} + \beta_3 JTGYJJ_{it} + \beta_4 Zarea_{it} + \beta_5 CZRK_{it} + \beta_6 GDP_{it} + \varepsilon_{it}$$
$$(6-5)$$

式（6-2）~式（6-5）中，GDc_{it} 为第 i 镇第 t 年耕地变化面积；JSc_{it} 为第 i 镇第 t 年建设用地变化面积；GDr_{it} 为第 i 镇第 t 年耕地变化率；JSr_{it} 为第 i 区第 t 年建设用地变化率；$SFRS_{it}$ 为第 i 镇第 t 年交易一体化；BZ_{it} 为第 i 镇第 t 年地价一体化水平；$JTGYJJ_{it}$ 为第 i 镇第 t 年集体土地和国有土地交易均价；$Zarea_{it}$ 为第 i 镇第 t 年集体土地和国有土地交易总面积；$CZRK_{it}$ 为第 i 镇第 t 年常住人口；GDP_{it} 为第 i 镇第 t 年国内生产总值；c 为常数项；ε_{it} 为残差项。

表 6 - 1　　　　　　　南海区及北流市镇街层面面板模型变量列表

变量	代码	类型	赋值/单位
耕地变化面积	GDc	连续型	hm^2
建设用地变化面积	JSc	连续型	hm^2
耕地变化率	GDr	连续型	—
建设用地变化率	JSr	连续型	—
交易一体化	$SFRS$	二分类	0、1
地价一体化水平	BZ	连续型	—
集体土地和国有土地交易均价	$JTGYJJ$	连续型	元/m^2
集体土地和国有土地交易总面积	$Zarea$	连续型	hm^2
常住人口	$CZRK$	连续型	万人
国内生产总值	GDP	连续型	万元

6.1.2　变量选取及数据来源

土地利用结构的变化是自然环境、经济社会、政策等因素共同作用的结果，而自然环境因素的差异通常可以通过经济社会条件表现出来（曲福田，2002）。故未分析自然环境因素对土地利用变化的影响。

通过前文土地利用变化分析结果可知耕地变化和建设用地变化是土地利用变化最重要的两种类型，将耕地变化量、建设用地变化量、耕地变化率、建设用地变化率作为被解释变量，选取交易一体化、地价一体化、集体国有土地交易均价、集体国有土地交易总规模、常住人口、GDP 等指标为解释变量。各变量选取依据如下。

（1）城乡土地市场。土地市场重要的表征指标有土地交易价格和土地交易规模。故选取集体国有土地交易均价、集体国有土地交易总规模、集体国有均价比值作为城乡土地市场及土地市场一体化的测度指标。交易一体化以 0、1 虚拟变量表征，以 2015 年集体建设用地入市政策出台为节点，2015 年以前表征为 0，2015 年以后表征为 1。地价一体化 = 镇街层面集体土地交易均价/镇街层面国有土地交易均价。

（2）土地利用方面数据。土地利用数据来源于南海区及北流市 2009 ~

2017年土地利用现状调查数据，将历年现状调查矢量数据与镇街级别的行政区划图叠加分析，通过透视表计算出历年镇街耕地的面积。耕地变化量 = 变化末期耕地面积 − 变化初期耕地面积；耕地变化率 = 耕地变化量/变化初期耕地面积；建设用地变化量 = 变化末期建设用地面积 − 变化初期建设用地面积；建设用地变化率 = 建设用地变化量/变化初期建设用地面积。

（3）人口增长。人口增长对城市用地空间的需求是城市扩张的最初动力。人口增长将增加对住房、交通和公共设施等用地的需求，进而促进耕地非农化。选取常住人口表征、人口增长对耕地非农化的影响。

（4）经济发展。经济发展是土地利用变化的重要驱动力。经济的快速增长将增加建设用地的需求，促进建设用地扩张；同时，经济发展能够提高居民经济收入，刺激居民对居住、娱乐设施及交通等用地需求，从而加快农地非农化速度。选取 GDP 作为经济发展水平的测度指标。

南海区集体土地市场数据来源于南海区 2010～2017 年集体经营性建设用地现状调查数据，国有土地市场数据来源于南海区 2010～2017 年国有土地供地台账，土地利用数据来源于 2009～2017 年土地利用现状调查数据，这些数据均来自佛山市自然资源局南海区分局。人口和经济数据来源于 2010～2017 年《南海统计年鉴》。

北流市集体土地市场数据来源于 2015 年以来的集体建设用地入市流转地块数据，国有土地市场数据来源于北流市 2010～2017 年国有土地供地台账，土地利用数据来源于 2009～2017 年土地利用现状调查数据，这些数据均来自北流市国土资源局。人口和经济数据来源于《2017 年中国县域统计年鉴（乡镇卷）》。

从图 6-1～图 6-3 中可以看出，耕地变化趋势和国有土地交易规模变化趋势接近，和集体土地交易规模变化趋势差异较大；而建设用地增加趋势和集体土地交易规模及国有土地交易规模变化趋势基本一致。集体土地交易均价在早期和国有土地价格变化趋势一致，而近些年来国有土地价格增加明显，而集体土地价格变化平缓，集体和国有土地价格差距越来越大，这和南海区集体土地采用"长租短约"模式有关。集体土地价格不是完全随时间上涨的，而是根据合同的约定来的，南海区的市场经济比较发达，各类市场主体比较遵守契约精神。

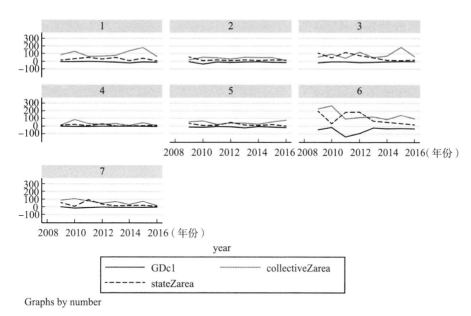

图 6 - 1　南海区各镇街耕地变化量与集体、国有土地交易规模时间趋势图

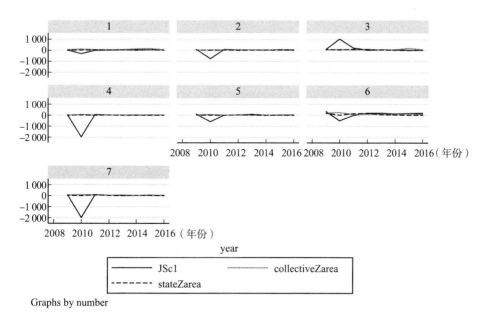

图 6 - 2　南海区各镇街建设用地变化量与集体、国有土地交易规模时间趋势图

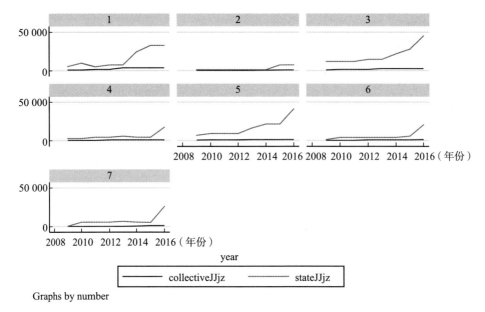

图 6 - 3 南海区各镇街集体土地价格和国有价格时间趋势图

注：图 6 - 1 ~ 图 6 - 3 中，1 ~ 7 序号分别代表：1. 大沥镇；2. 丹灶镇；3. 桂城街道；4. 九江镇；5. 里水镇；6. 狮山镇；7. 西樵镇。GDc1 代表耕地变化量，JSc1 代表建设用地变化量，collectiveZarea 代表集体交易规模，stateZarea 代表国有交易规模，collectiveJJjz 代表集体土地交易均价，stateJJjz 代表国有土地交易均价。

表 6 - 2   南海区及北流市回归面板模型变量描述统计

研究区域	Variable	N	Mean	Std. Deviation
南海区	GDc	56	- 13.637	2.936
	JSc	56	99.947	28.574
	GDr	56	- 0.013	0.003
	JSr	56	0.017	0.006
	SFRS	56	0.168	0.013
	BZ	56	0.286	0.061
	JTGYJJ	56	3 192.251	373.478
	Zarea	56	110.512	10.648
	CZRK	56	38.575	2.449
	GDP	56	302.929	25.423

研究区域	Variable	N	Mean	Std. Deviation
北流市	GDc	44	−11.575	3.179
	JSc	44	22.390	6.161
	GDr	44	−0.005	0.001
	JSr	44	0.018	0.003
	SFRS	44	0.500	0.076
	JTGYJJ	24	1 245.898	507.843
	Zarea	38	15.485	7.126
	CZRK	44	6.59	7 062.788

6.1.3　交易一体化对土地利用变化的影响

从表 6 - 3 可以看出，集体建设用地入市政策对南海区镇街层面耕地变化量在 10% 的显著性水平上正向相关，对耕地变化率、建设用地变化量及建设用地变化率影响均不显著。集体国有土地均价对耕地变化率在 1% 的显著性水平上正向显著，对耕地变化量、建设用地变化量及建设用地变化率影响均不显著。城乡土地交易面积对耕地变化量在 1% 的显著性水平上负向相关，对耕地变化率在 5% 的显著性水平上正向相关，对建设用地变化量在 10% 的显著性水平上正向显著，对建设用地变化率的影响不显著。常住人口对耕地变化量在 1% 的显著性水平上正向相关，对耕地变化率在 10% 的显著性水平上负向相关，对建设用地变化率在 10% 的显著性水平上正向显著，对建设用地变化量的影响不显著。GDP 对耕地变化量在 1% 的显著性水平上负向相关，对耕地变化率在 5% 的显著性水平上正向相关，对建设用地变化率在 10% 的显著性水平上正向显著，对建设用地变化量的影响不显著。

表 6 - 3　　南海区镇街层面入市政策对土地利用变化的影响面板模型估计结果

自变量	模型1：因变量为耕地变化量			模型2：因变量为耕地变化率			模型3：因变量为建设用地变化量			模型4：因变量为建设用地变化率		
	Coef.	Std. Err.	P > t	Coef.	Std. Err.	P > t	Coef.	Std. Err.	P > t	Coef.	Std. Err.	P > t
SFRS	9.385	4.955	**0.058**	− 0.005	0.006	0.462	− 26.100	64.281	0.685	− 0.010	0.014	0.494
JTGYJJ	0.000	0.001	0.740	0.000	0.000	**0.008**	− 0.004	0.012	0.720	0.000	0.000	0.942
Zarea	− 0.136	0.035	**0.000**	0.000	0.000	**0.027**	0.785	0.452	**0.082**	0.000	0.000	0.298
CZRK	0.866	0.272	**0.001**	− 0.001	0.000	**0.065**	4.884	3.525	0.166	0.001	0.001	**0.093**
GDP	− 0.097	0.025	**0.000**	0.000	0.000	**0.029**	− 0.399	0.328	0.224	0.000	0.000	**0.052**
_cons	− 6.407	5.562	0.249	0.011	0.007	0.100	− 33.839	72.163	0.639	0.001	0.016	0.960
R^2	0.510			0.320			0.130			0.090		

从表 6 - 4 可以看出，集体建设用地入市政策对北流市镇街层面耕地变化量和耕地变化率在 5% 的显著性水平上负向相关，在建设用地变化量和建设用地变化率在 5% 的显著性水平上正向显著。集体国有土地均价对耕地变化量、耕地变化率、建设用地变化量及建设用地变化率影响均不显著。城乡土地交易面积对耕地变化量在 1% 的显著性水平上负向相关，对耕地变化率在 5% 的显著性水平上正向相关，对建设用地变化量在 5% 的显著性水平上正向显著，对建设用地变化率的影响不显著。常住人口对耕地变化量、耕地变化率、建设用地变化量及建设用地变化率影响均不显著。

表 6 - 4　　北流市镇街层面入市政策对土地利用变化的影响面板模型估计结果

变量名	模型1：因变量为耕地变化量			模型2：因变量为耕地变化率			模型3：因变量为建设用地变化量			模型4：因变量为建设用地变化率		
	Coef.	Std. Err.	P > t	Coef.	Std. Err.	P > t	Coef.	Std. Err.	P > t	Coef.	Std. Err.	P > t
SFRS	− 10.368	4.118	**0.012**	− 0.004	0.002	**0.015**	24.477	10.025	**0.015**	0.021	0.009	**0.017**
JTGYJJ	0.000	0.001	0.617	0.000	0.000	0.836	0.001	0.002	0.650	0.000	0.000	0.914

变量名	模型1：因变量为耕地变化量			模型2：因变量为耕地变化率			模型3：因变量为建设用地变化量			模型4：因变量为建设用地变化率		
	Coef.	Std. Err.	P>t	Coef.	Std. Err.	P>t	Coef.	Std. Err.	P>t	Coef.	Std. Err.	P>t
Zarea	-0.410	0.135	**0.002**	0.000	0.000	**0.041**	0.932	0.323	**0.004**	0.000	0.000	0.254
CZRK	0.000	0.000	0.685	0.000	0.000	0.627	0.000	0.000	0.762	0.000	0.000	0.703
_cons	2.042	6.733	0.762	0.000	0.003	0.973	4.076	15.741	0.796	0.013	0.014	0.372
R^2	0.88			0.81			0.82			0.39		

注：北流市由于经济社会数据的缺失，所以解释变量比南海少一个，但是我们的方程拟合度很高，说明现有方程的自变量已经能很好地解释因变量了，因而这样的模型虽然不完美，但也能说明问题了。

结合表6-3和表6-4可以看出，集体建设用地入市与否对土地利用变化产生显著影响，集体建设用地入市政策抑制了南海区耕地减少幅度变大及建设用地增加幅度变大；促进了北流市耕地减少幅度变大及建设用地增加幅度变大。

6.1.4　地价一体化对土地利用变化的影响

从表6-5的四个模型模拟结果可以看出，集体国有地价一体化水平对耕地变化量、耕地变化率、建设用地变化量及建设用地变化率影响均不显著。集体国有土地均价对耕地变化率在5%的显著性水平上正向显著，对耕地变化量、建设用地变化量及建设用地变化率影响均不显著。城乡土地交易面积对耕地变化量在1%的显著性水平上负向相关，对耕地变化率在5%的显著性水平上正向相关，对建设用地变化量在10%的显著性水平上正向显著，对建设用地变化率的影响不显著。常住人口对耕地变化量在1%的显著性水平上正向相关，对耕地变化率在10%的显著性水平上负向相关，对建设用地变化率在10%的显著性水平上正向显著，对建设用地变化量的影响不显著。GDP对耕地变化量在1%的显著性水平上负向相关，对耕地变化率在5%的显著性水平上正向相关，对建设用地变化率在10%的显著性水平上正向显著，对建设用地变化量的影响不显著。

表6-5 南海区镇街层面地价一体化对土地利用变化的影响面板模型估计结果

自变量	模型1：因变量为耕地变化量			模型2：因变量为耕地变化率			模型3：因变量为建设用地变化量			模型4：因变量为建设用地变化率		
	Coef.	Std. Err.	P > t	Coef.	Std. Err.	P > t	Coef.	Std. Err.	P > t	Coef.	Std. Err.	P > t
BZ	-8.662	24.521	0.724	0.009	0.030	0.774	-130.553	307.625	0.671	-0.031	0.069	0.647
JTGYJJ	0.000	0.001	0.762	0.000	0.000	**0.014**	-0.006	0.012	0.615	0.000	0.000	0.794
Zarea	-0.120	0.035	**0.001**	0.000	0.000	**0.014**	0.737	0.438	**0.093**	0.000	0.000	0.373
CZRK	0.819	0.283	**0.004**	-0.001	0.000	**0.075**	5.338	3.554	0.133	0.001	0.001	**0.067**
GDP	-0.096	0.026	**0.000**	0.000	0.000	**0.030**	-0.421	0.330	0.203	0.000	0.000	**0.045**
_cons	-2.314	6.993	0.741	0.009	0.008	0.306	-18.587	87.725	0.832	0.004	0.020	0.858
R^2	0.470			0.310			0.130			0.090		

6.1.5 研究结果讨论

6.1.5.1 交易一体化对土地利用变化的影响分析

在南海区集体建设用地入市试点政策对土地利用变化除了对耕地变化量在10%的显著性水平上正向相关，对其他土地利用变化表征指标影响不显著，说明集体建设用地入市政策抑制了南海区耕地减少幅度，对耕地减少率、建设用地变化量及建设用地变化率没有显著影响。主要是因为南海区集体土地市场发育较早，早在改革开放初期就有大量的农用地自发流转，改为建设用地。目前，南海区已无多少新增建设用地开发空间，集体建设用地入市政策更多的是促进盘活大量的低效存量集体建设用地。在北流市集体建设用地入市试点政策对耕地变化量及耕地变化率产生负向显著影响，对建设用地变化量及建设用地变化率产生正向显著影响，说明集体建设用地入市后土地利用变化幅度变大，促进了北流市农地非农化。主要是因为北流市集体建设用地入市政策出台前集体土地市场发育较差，入市后集体土地价值得到了实现，而政府和集体都能从集体土地流转中获得额外的收益，在利益的驱动下促进了农用地向建设用地转化，而北流市早期经济发展不快，土地开发强度较低，新增建设用地开发空间较大。

6.1.5.2　地价一体化对土地利用变化的影响分析

从表 6-5 可以看出，集体国有地价一体化水平对耕地变化量、耕地变化率、建设用地变化量及建设用地变化率影响均不显著，说明镇街层面集体国有地价一体化水平对土地利用变化没有显著影响。这主要是因为在南海区集体经济组织中，镇街层面的集体经济组织对土地用途变更没有形成主导，土地用途的变更很大程度上是村一级的经济组织（经济社和经联社）说了算，故而地价一体化水平的高低对镇街层面的农地非农化影响不显著。

6.1.5.3　城乡土地价格及规模对土地利用变化的影响分析

南海区和北流市镇街层面面板模型，反映了南海区和北流市城乡土地市场对土地利用变化的影响情况。从反映城乡土地市场发展的各个变量的系数估计结果来看，在南海区集体国有均价除了对耕地变化率产生显著影响，对耕地变化量、建设用地变化量及建设用地变化率影响不显著；集体国有均价对北流镇街层面的土地利用变化指标均不显著。镇街层面城乡土地价格对土地利用变化的影响显著性不太明显，并不是意味着土地价格对土地利用变化没有影响，很可能是因为镇街层面尺度较大对土地价格集中程度具有"稀释"作用，故而未能显现出地价对土地利用变化的影响。

集体国有供应总规模变量对南海区和北流市镇街层面土地利用变化的影响基本一致，均对耕地变化量、耕地变化率及建设用地变化量产生显著影响。在南海区镇街层面集体国有土地交易规模每增加一公顷，耕地减少 0.136 公顷，建设用地增加 0.78 公顷；在北流市镇街层面集体国有土地交易规模每增加一公顷，耕地减少 0.41 公顷，建设用地增加 0.93 公顷。可见，土地供应总规模对建设用地变化影响最大，而且在北流市的影响程度大于南海区。主要因为南海区土地供应已进入存量用地供应为主阶段，但城市内部的存量用地仍无法满足城市发展需求，增量土地供应仍然推动了建设用地继续扩张，但优质耕地已经很少，故而其他农用地转为建设用地的比重增加；而北流市土地供应仍然以增量供应为主，建设用地增量相当大的比例是由耕地直接转化而来，故而北流市土地供应总规模对耕地变化量的影响大于南海区。

6.1.5.4　其他因素对土地利用变化的影响分析

常住人口对土地利用变化的影响存在区域差异性。在北流常住人口对土地利用变化各项指标影响均不显著。在南海常住人口对耕地变化量在1%的显著性水平上正向相关，对耕地变化率在10%的显著性水平上负向相关，对建设用地变化率在10%的显著性水平上正向显著，说明常住人口越高的镇街，耕地和建设用地变化越快；GDP对耕地变化量在1%的显著性水平上负向相关，对耕地变化率在5%的显著性水平上正向相关，在建设用地变化率在10%的显著性水平上正向显著，说明GDP越高的镇街，耕地减少得越多，建设用地增加得越多。在许多研究中都表明人口和GDP等社会经济水平是土地利用变化的重要驱动力，我们在南海区镇街层面的研究验证了这个观点。

6.2　村级层面城乡土地市场一体化
对土地利用变化的影响

多元线性回归模型可以直观地揭示变量之间的影响因素和关联，为了更好地探索城乡土地市场一体化对土地利用变化的影响机理，采用多元线性模型来验证村级层面城乡土地市场一体化对土地利用变化的影响机理。城乡土地市场一体化采用地价一体化水平来测度，土地利用变化采用耕地变化量和建设用地变化量来表征。因第3章已经介绍过多元线性回归模型的公式了，在此不再赘述。

6.2.1　多元线性回归模型的变量选取

通过前文土地利用变化分析结果可知，耕地非农化是土地利用变化最重要的一种类型，将耕地变化量、建设用地变化量作为被解释变量，选取地价一体化（集体国有均价比值）、土地交易均价、地均常住人口、地均工业产值、区位等指标为解释变量。具体模型如下：

$$JSc = C + b_1 JJBZ + b_2 ZTprice + b_3 GD09new + b_4 DJCZRK + b_5 DJGY + b_6 QW + \varepsilon$$
$$(6-6)$$

$$GDc = C + b_1 JJBZ + b_2 ZTprice + b_3 GD09new + b_4 DJCZRK + b_5 DJGY + b_6 QW + \varepsilon$$
$$(6-7)$$

其中，JSc、GDc 是因变量，$JJBZ$、$ZTprice$、$GD09new$、$DJCZRK$、$DJGY$、QW 是自变量 b_1，b_2，$\cdots$，b_k 相应的变量系数；C 和 ε 是模型的常数项和随机扰动。

各变量描述性统计见表 6-6，各变量数据来源如下。

地价一体化（集体国有均价比值）、村级层面土地交易均价等城乡土地市场数据和耕地变化量、建设用地变化量等土地利用数据的来源及处理过程与空间自相关模型中的数据来源及处理过程相同，在此不再赘述。

经济社会数据。选取地均常住人口、地均工业产值作为社会经济发展水平的测度指标。无锡市胡埭镇、钱桥镇村级层面经济社会数据来源于行政村问卷调查数据。南海区经济社会数据来源于《南海统计年鉴（2010～2017年）》，因只有镇街层面的社会经济统计数据，故而通过计算镇街层面的地均人口、地均 GDP、地均固定资产投资，赋值到各个行政村得到各个行政村的数据。北流市人口和经济数据来源于《2017年中国县域统计年鉴（乡镇卷）》。

区位数据。三个研究区均选取距离镇中心距离来表征区位对土地利用变化的影响。

表6-6 村级层面多元回归模型变量描述性统计

变量	代码	无锡			南海			北流		
		均值	标准偏差	N	均值	标准偏差	N	均值	标准偏差	N
建设用地变化量	JSc	-44.60	52.32	32	15.52	23.88	242	-1.28	6.33	366
耕地变化量	GDc	37.23	49.84	32	-2.77	10.79	242	2.90	9.89	366
地价一体化	$JJBZ$	0.66	0.20	32	0.32	0.60	242	0.40	0.46	366
总体均价	$ZTprice$	766.32	956.33	32	2 069.24	2 977.18	242	1 615.10	1 385.96	366
变化初期耕地面积	$GD09new$	154.81	126.77	32	52.90	60.12	242	163.99	134.77	366

变量	代码	无锡			南海			北流		
		均值	标准偏差	N	均值	标准偏差	N	均值	标准偏差	N
地均常住人口	*DJCZRK*	18.25	12.45	32	31.13	19.75	242	7.29	5.16	366
地均工业产值	*DJGY*	188.90	127.13	32	478.49	238.86	242	11.78	18.21	366
区位（距镇中心距离）	*QW*	2.51	1.50	32	4.27	3.30	242	26.48	19.51	366

6.2.2　模型结果

采用多元线性回归模型分析了村级层面国有集体土地市场对土地利用变化的影响。土地利用数量变化采用耕地变化量、建设用地变化量 2 个指标表征，将这 2 个指标分别作为因变量纳入模型分析。自变量由城乡土地市场变量和其他控制变量组成，具体结果见表 6 - 7。从表 6 - 7 可以看出，共线性统计量 VIF 在所有模型中均小于 10，说明模型中变量不存在共线性问题。

表 6 - 7　　　　　　　　村级层面多元回归模型分析结果

研究区域	变量	模型 1：因变量为 2009 ~ 2016 年耕地变化量			模型 2：因变量为 2009 ~ 2016 年建设用地变化量			共线性统计量	
		回归系数（*B*）	标准误差（Std. Error）	显著水平（Sig.）	回归系数（*B*）	标准误差（Std. Error）	显著水平（Sig.）	容差	VIF
无锡	（常量）	-79.00	50.32	0.13	110.85	49.62	**0.04**		
	JJBZ	12.82	48.15	0.79	-11.14	47.48	0.82	0.79	1.27
	ZTprice	0.00	0.01	0.85	-0.02	0.01	**0.08**	0.66	1.52
	*GD*09*new*	-0.17	0.09	**0.06**	-0.15	0.08	**0.09**	0.63	1.58
	DJCZRK	-0.34	1.15	0.77	0.57	1.14	0.62	0.36	2.81
	DJGY	0.14	0.09	0.13	-0.10	0.09	0.27	0.55	1.82
	QW	12.86	7.12	**0.08**	-7.76	7.02	0.28	0.64	1.55
	df	32			32				
	R²	0.32			0.28				

续表

研究区域	变量	模型 1：因变量为 2009 ~ 2016 年耕地变化量			模型 2：因变量为 2009 ~ 2016 年建设用地变化量			共线性统计量	
		回归系数（B）	标准误差（Std. Error）	显著水平（Sig.）	回归系数（B）	标准误差（Std. Error）	显著水平（Sig.）	容差	VIF
南海	（常量）	4.36	1.97	**0.03**	4.86	4.21	0.25		
	JJBZ	-4.81	1.09	**0.00**	13.07	2.34	**0.00**	0.98	1.02
	ZTprice	0.00	0.00	0.99	0.00	0.00	0.65	0.80	1.25
	GD09new	-0.05	0.01	**0.00**	0.12	0.03	**0.00**	0.78	1.29
	DJCZRK	-0.03	0.04	0.51	-0.07	0.08	0.42	0.70	1.44
	DJGY	-0.01	0.00	0.13	0.01	0.01	0.18	0.83	1.21
	QW	0.01	0.23	0.98	-0.58	0.49	0.23	0.75	1.33
	df	242			242				
	R^2	0.15			0.21				
北流	（常量）	1.51	1.71	0.38	-2.01	2.71	0.46		
	JJBZ	-2.42	1.05	**0.02**	2.18	1.66	0.19	0.43	2.31
	ZTprice	0.00	0.00	0.13	0.00	0.00	**0.06**	0.58	1.73
	GD09new	0.00	0.00	0.26	0.01	0.00	**0.01**	0.79	1.26
	DJCZRK	-0.27	0.08	**0.00**	0.34	0.13	**0.01**	0.59	1.69
	DJGY	0.04	0.02	**0.02**	-0.06	0.03	**0.05**	0.89	1.12
	QW	-0.03	0.03	0.33	0.07	0.04	**0.07**	0.42	2.36
	df	366			366				
	R^2	0.09			0.06				

6.2.3　城乡土地价格一体化对土地利用变化的影响

从表 6-7 可以看出，无锡市区在模型 1 和模型 2 中，地价一体化水平对土地利用变化影响不显著，这可能和无锡的集体土地市场是政府指导的，尚未形成真正意义上的集体土地市场有关。南海区在模型 1 中的地价一体化水平与耕地变化量负相关且在 1% 的水平上显著，说明地价一体化水平越高，耕地减少越多；在模型 2 中，地价一体化水平与建设用地变化量呈正相关且在 1% 的水平上显著，说明地价一体化水平越高，建设用地增加越多；换句话说，就是集体国有差价小的村，建设用地增加得多，耕地减少得少。北流市在模型 1 中的地价一体化水平与耕地变化量负相关且在 5% 的水平上显著，说明地价一体化水平越高，耕地减少越多；在模型 2 中，地价一体化水平对土地利用变化影响不显著。

6.2.4 城乡土地价格对土地利用变化的影响

从表 6-7 可以看出，在模型 1 中，无锡市区、南海区及北流市村级层面土地交易地均价格与耕地变化量呈正相关但不显著。在模型 2 中，无锡市区土地交易均价与建设用地变化量呈负相关且在 10% 的水平上显著，说明地价高的地方，建设用地增加得少；南海区村级层面土地交易地均价格与建设用地变化量呈正相关但不显著；北流市土地交易均价与建设用地变化量呈正相关且在 10% 的水平上显著，说明北流地价高的地方，建设用地扩张越多。城乡土地价格对土地利用变化的影响呈现出区域差异，主要是由这几个研究区的资源禀赋、土地市场发育水平、经济社会发展水平不同造成的。

6.2.5 其他因素对土地利用变化的影响

从表 6-7 可以看出，在模型 1 中，无锡市区及南海区变化初期耕地数量和耕地变化量负相关且在 10% 的水平上显著，说明在无锡市区和南海区耕地越多的村，建设用地增加得越多；地均常住人口在无锡和南海区和耕地变化量负相关但不显著，在北流市和耕地变化量负相关且在 1% 的水平上显著，说明在北流市地均人口越多的村，耕地减少得越多；地均工业产值在无锡、南海区和耕地变化量影响不显著，在北流市和耕地变化量正相关且在 5% 的水平上显著，说明在北流市地均工业产值越高的村，耕地减少得越少，主要是因为北流工业产值高的村土地价值较低；距离中心镇的距离对南海区和北流市和耕地变化量影响不显著，无锡距离中心镇的距离和耕地变化量负相关且在 10% 的水平上显著，说明在无锡距离中心镇的距离越近，耕地减少越多。在模型 2 中，无锡变化初期耕地数量和建设用地变化量负相关且在 10% 的水平上显著，说明在无锡耕地越多的村，建设用地增加得越少；南海区变化初期耕地数量和建设用地变化量正相关且在 1% 的水平上显著，说明在南海耕地越多的村，建设用地增加得越多；地均常住人口在无锡及南海区对建设用地变化量影响不显著，在北流市和建设用地变化量正相关且在 1% 的水平上显著，说明在北流市地均人口越多的村，建设用地增加得越多；地均工业产值在无锡和南海区和建设用地变化量影响不显著，在北流市和建设用地变化量负相关且在 5% 的水平上显著，说明在北流市地均工业产值越高的村，建设用地增加得越少；距离中心镇的距离在无锡、南海和建设用地变化量影响不显著，在北流和建设用地变化量正相关且在 10% 的水平上显著，说明在北流距离中心镇的距离越远，建设用地增加越多，这和集体建设用地入市政策可能有着密切关系。

6.3　区域差异及尺度效应分析

交易一体化对土地利用变化的影响在南海区呈现负向显著关系，而在北流呈现出正向显著关系。可见，在集体土地隐形流转市场发达的地区，城乡土地市场一体化将有助于抑制农地非农化；但在集体土地流转市场不发达的地区，城乡一体化土地市场的构建将促进农地非农化。公共政策地理学理论表明，同一公共政策在不同地域空间可能产生不同的地理效应。不同区域的自然资源禀赋不同，经济、社会、政治、人文等方面也存在差异性，决定城乡土地市场一体化对土地利用变化的影响存在区域差异性。

在镇街尺度上，南海区地价一体化对土地利用变化的影响不显著，土地利用变化最重要的驱动因素是城乡土地供给规模；在村级尺度上，除了无锡市区地价一体化对土地利用变化影响不显著，南海区和北流市均呈现出地价一体化程度越高，土地利用变化越大的趋势。

第7章

地块层面城乡土地市场一体化
对土地利用变化的影响研究

土地利用变化的内涵不只是土地利用数量、结构、布局的变化，也涉及土地利用效率的变化，因而地块层面城乡土地市场一体化对土地利用变化的影响从两方面开展：一是研究城乡土地市场一体化对土地利用变化的影响；二是研究城乡土地市场一体化对土地利用效率的影响。因农地非农化是土地利用变化最重要的一种形式，故而在本章中，土地利用变化内涵界定为是否发生农地非农化；集体建设用地市场大都是工业用地市场，故在本章中，土地利用效率界定为工业用地效率。

7.1 城乡土地市场一体化对土地利用变化的影响

7.1.1 Logistic 回归模型构建

Logistic 回归模型是一种对因变量为二分类变量（"1"或"0"）进行非线性回归分析时常用的一种方法，采用该模型可以用来分析多个自变量与一个因变量变化的依存关系，并能够解释因变量的发生概率。本章采用 Logistic 回归模型探讨地块层面城乡土地市场一体化对土地利用变化的作用，通过确定各自变量的回归系数，来解释土地利用变化发生的概率。土地利用变化最主要是农地非农化，故将因变量确定为地块是否发生农地非农化，若地块发生了农地非农化则记录为 1，否则记录为 0。

Logistic 回归可以确定解释变量 x 在预测分类因变量 y 发生概率的作用和强度。根据 Logistic 回归建模要求，文章中 y 表示是否发生农地非农化，其赋值规则为：

$$y = \begin{cases} 1 & （农地发生了变化） \\ 0 & （其他情况） \end{cases} \qquad (7-1)$$

设地块发生农地非农化的概率为 P，则未发生扩张的概率为 $(1-P)$，其概述可用 Logistic 函数计算，表达式为：

$$P = \frac{\exp(\alpha + \beta_1 x_1 + \beta_2 x_2 + \cdots + \beta_n x_n)}{1 + \exp(\alpha + \beta_1 x_1 + \beta_2 x_2 + \cdots + \beta_n x_n)} \qquad (7-2)$$

式中，因变量 P 为事件发生概率，x_1，$x_2 \cdots x_n$ 是自变量，β_1，$\beta_2 \cdots \beta_k$ 是 Logistic 回归待定系数。对式（7-2）进行 Logit 变换，假设 x 为反应变量，p 为模型的响应概率，则相应的二分类 Logistic 回归模型如下：

$$\text{logit}(P_i) = \ln\left(\frac{P_i}{1 - P_i}\right) = \alpha + \beta_1 x_{1i} + \beta_2 x_{2i} + \cdots + \beta_k x_{ki} \qquad (7-3)$$

式中，$p_i = P(y_i = 1 \mid x_{1i}, x_{2i}, \cdots, x_{ki})$ 是在自变量 x_{1i}，x_{2i}，$\cdots$，x_{ki} 取给定值时空间变化的发生概率，其中 α 为截距，β 为斜率。

事件发生与不发生概率之比称为事件的发生比（odds ratio）。其具体公式为：

$$odd(p) = \exp(\alpha + \beta_1 x_1 + \beta_2 x_2 + \cdots + \beta_n x_n) \qquad (7-4)$$

式中，发生比率 $\exp(\beta)$ 是 β 系数以 e 为底的自然幂指数，是衡量各自变量对因变量影响程度的重要指标。$\exp(\beta)$ 表示解释变量每增加一个单位，事件发生比的变化倍数，即当 $\exp(\beta) > 1$ 时表示发生比增加，当 $\exp(\beta) < 1$ 时表示发生比减少，当 $\exp(\beta) = 0$ 时则发生比不变。

Logistic 回归模型预测能力通过得到最大似然估计的表格来评价，它包括回归系数、回归系数估计的标准差、回归系数估计的 Wald 统计量和回归系数估计的显著性水平。正的回归系数值表示解释变量每增加一个单位值时，发生比会相应增加；相反，当回归系数为负值时，说明每增加一个单位值时，发生比会相应减少。Wald 统计量表示在模型中每个解释变量的相对权重，用来评价每个解释变量对事件预测的贡献力（谢花林，2008）。

关于回归模型的拟合优势度，采用庞修斯等（Pontius R. C. et al.，2001）提出的 ROC（Relative Operating Characteristics）方法进行检验。当变量的 ROC 曲线下的面积大于 0.5 时，则表明模型拟合效果较好。

7.1.2 变量选取及数据处理

7.1.2.1 变量选取及数据来源

变量选取主要包括被解释变量和解释变量。被解释变量为土地利用变化，解释变量包括城乡土地市场变量和控制变量。选取地价一体化、土地均价、地均常住人口、地均工业产值、区位、是否符合土地利用规划等指标为解释变量。各变量具体如下。

（1）因变量。将因变量确定为土地利用变化，即各个地块在研究时段内是否发生农地非农化。如果地块发生农地非农化则记录为 1，否则记录为 0，表示未发生农地非农化。

（2）城乡土地市场因素。选取集体国有均价比值、总体均价作为城乡土地市场一体化及土地市场的测度指标。

（3）经济社会发展。选取地均工业产值、地均常住人口作为社会经济发展水平的测度指标。无锡的经济社会数据来源于胡埭镇、钱桥镇、锡北镇行政村的问卷调查数据；南海的经济社会数据来源于《南海统计年鉴（2010～2017 年）》；北流市经济社会数据来源于《2017 年中国县域统计年鉴（乡镇卷）》。

（4）区位因素。交通可达性和离城市中心的距离是影响建设用地空间布局的重要区位因子。选取地块离中心镇的距离作为区位因素来衡量其对土地利用变化的影响。

（5）规划因素。土地利用总体规划对土地利用空间布局和发展方向具有引导作用，选取地块用途是否符合土地利用总体规划用途管制范围来反映规划对土地利用变化的影响，若 2015 年地块的用途符合规划用途管制分区，则赋值为 1，否则赋值为 0。

7.1.2.2　数 据 处 理

（1）将社会经济数据赋值到行政村。首先，在 ArcGIS10.5 中将村级行政区矢量数据的属性表导出 Excel 表格，然后将村级层面经济社会统计数据赋值到 Excel 属性表的各个村。接着，把赋值过经济社会数据的 Excel 数据加载到 ArcGIS10.5 里面，使用 "Join and Relates" - "Join" 工具，将 Excel 属性表和原村级行政区矢量数据的属性表通过共同字段 XZQMC 连接到一起，最后将赋值过经济社会数据的村级行政区的矢量数据导出另存。

（2）叠加分析土地利用变化图层。首先，将研究初期土地利用矢量数据和研究末期土地利用矢量数据导入 ArcGIS10.5。然后，对两个图层的属性表添加新的属性字段统一用地分类。接着，打开 ArcToolbox - Analysis Tools - Overlay - Intersect 工具对两个图层叠加分析。最后，对叠加分析后形成的图层重新计算图斑面积并添加土地利用变化（LUCC）属性字段。若 2010 年的地类为农用地而 2015 年的地类不是农用地则赋值 1，否则赋值 0。

（3）面矢量数据转点矢量数据。首先，将赋值过社会经济数据的村级行政区矢量图层与叠加分析后的土地利用变化图层通过 Intersect 工具进行叠加分析。然后，对叠加分析后形成的图层重新计算图斑面积。最后，打开 ArcToolbox - Data Management Tools - Features - Feature To Point 工具将叠加分析后的矢量数据转换成点数据。

（4）形成城乡土地市场样点数据。无锡胡埭镇、钱桥镇、锡北镇的国有土地交易样点数据来自无锡市国土资源局，三镇的集体土地交易样点数据来自实地调研工业企业获得。打开 ArcGIS10.5，导入村级行政区矢量数据，并新建点图层，将集体土地交易数据空间矢量化，形成集体土地交易样点数据。南海区集体土地交易样点数据来自佛山市自然资源局南海分局，国有土地交易样点数据是根据地块层面供地台账，在 ArcGIS10.5 中空间矢量化获得。北流市集体土地交易样点数据和国有土地交易样点数据是根据北流市国土局提供的地块层面城乡土地交易台账，在 ArcGIS10.5 中空间矢量化获得。

（5）城乡土地市场数据插值分析。将国有集体土地市场样点数据一起导入 ArcGIS10.5，打开 ArcToolbox – Spatial Analysis – Interpolation – Kriging 工具，根据需要将国有集体土地市场数据分别依据土地价格字段插值，形成国有土地价格插值栅格图和集体土地价格栅格图。

（6）插值数据提取。将面转点形成的点数据、国有土地价格插值栅格图和集体土地价格栅格图一起导入 ArcGIS10.5，打开 ArcToolbox – Spatial Analysis – Extraction – Extract by points 工具，用点数据提取国有土地价格插值栅格图，然后用赋值过国有土地价格的点数据提取集体土地价格插值栅格图。接着，处理点数据中的异常值，只保留国有土地价格插值栅格图和集体土地价格插值栅格图均覆盖到的点数据，将其他未覆盖到的点数据删除。最后将最新的点数据的属性表导出 Excel 表格。

（7）计算集体国有地价一体化水平。在最新的点数据的 Excel 属性表新增一个地价一体化字段，地价一体化水平＝集体土地价格/国有土地价格。

（8）构建 Logistic 模型。采用 Spass 19 软件将最终的 Excel 属性表导入，打开分析—回归—二元 Logistic 回归工具，将相应的变量纳入模型分析，最终得到地块层面城乡土地市场一体化对土地利用变化的模拟分析结果。

被解释变量和各解释变量详见表 7 – 1。

表 7 – 1　　　　　　　　　地块层面 Logistic 回归模型变量

变量	代码	类型	赋值/单位
是否发生农地非农化（2010～2015）	LUCC	二分类	0、1
地价一体化	JTGYBZ	连续型	
土地均价	Price	连续型	万元/ hm²
地均工业产值	DJGY	连续型	万元/ hm²
地均常住人口	DJCZRK	连续型	万人/ hm²
区位	QW	连续型	km
是否符合土地利用规划	SFFHGH	二分类	0、1

表 7 - 2　　　　　　　　地块层面 Logistic 回归模型描述性统计

变量	无锡			南海			北流		
	均值	标准偏差	N	均值	标准偏差	N	均值	标准偏差	N
LUCC	0.86	0.35	1 989	0.09	0.29	4 492	0.05	0.21	7 593
JTGYBZ	0.84	0.10	1 989	0.23	0.14	4 492	0.37	0.44	7 593
Price	366.08	23.81	1 989	3 122.61	1 406.96	4 492	1 625.45	1 349.74	7 593
DJGY	1.41	0.62	1 989	530.06	246.84	4 492	10.15	14.90	7 593
DJCZRK	12.84	3.06	1 989	26.03	14.91	4 492	6.83	4.72	7 593
QW	1.77	1.05	1 989	31.81	12.48	4 492	26.55	19.05	7 593
SFFHGH	0.59	0.49	1 989	0.51	0.50	4 492	0.33	0.47	7 593

7.1.3　模型结果

采用 Logistic 回归模型分析了地块层面国有集体土地市场对土地利用变化的影响。土地利用变化采用是否发生农地非农化来表征，分别作为因变量纳入模型分析，自变量由城乡土地市场变量和其他控制变量组成，具体结果见表 7 - 3。

表 7 - 3　　　　　　　　地块层面 Logistic 回归模型分析结果

研究区域	变量	B	S. E.	Wals	df	Sig.	Exp（B）
无锡	JTGYJJBZ	0.13	0.85	0.02	1	0.88	1.13
	JJ	0.01	0.00	3.67	1	**0.06**	1.01
	DJGY	- 0.07	0.11	0.35	1	0.56	0.94
	DJCZRK	0.03	0.03	1.29	1	0.26	1.03
	QW	0.09	0.09	0.85	1	0.36	1.09
	SFFHGH	- 0.23	0.14	2.81	1	0.09	0.80
	常量	- 0.87	1.46	0.36	1	0.55	0.42

研究区域	变量	B	S. E.	Wals	df	Sig.	Exp（B）
南海	JTGYJJBZ	−1.27	0.50	6.35	1	**0.01**	0.28
	JJ	0.00	0.00	0.08	1	0.78	1.00
	DJGY	0.00	0.00	10.35	1	**0.00**	1.00
	DJCZRK	0.01	0.01	3.37	1	**0.07**	1.01
	QW	−0.01	0.01	3.23	1	**0.07**	0.99
	SFFHGH	0.06	0.11	0.36	1	0.55	1.07
	常量	−2.44	0.45	30.02	1	**0.00**	0.09
北流	JTGYJJBZ	0.17	0.19	0.80	1	0.37	1.18
	JJ	0.00	0.00	34.59	1	**0.00**	1.00
	DJGY	−0.01	0.00	4.20	1	**0.04**	0.99
	DJCZRK	0.07	0.01	24.74	1	**0.00**	1.07
	QW	0.03	0.00	48.39	1	**0.00**	1.03
	SFFHGH	−0.09	0.12	0.63	1	0.43	0.91
	常量	−3.60	0.28	167.60	1	**0.00**	0.03

7.1.4 城乡土地价格一体化对土地利用变化的影响

地块层面城乡土地价格一体化水平对土地利用变化的影响在无锡和北流均不显著。在南海区，土地价格一体化水平对土地利用变化的影响在1%显著性水平上呈负向相关的关系，即地价比值越小的地块，农地非农化发生的概率越大，说明国有集体地价差价越大的地块，农地非农化发生的概率越大。地块层面地价一体化水平对土地利用变化的影响比较复杂。因为在地块层面是由需求决定供给的，而土地使用者对地块价格比较敏感。当市场上同时提供国有和集体建设用地时，土地使用者倾向使用地价较低的集体土地，而新增建设用地大多是集体农用地转化而来。而在无锡和北流政府对农地非农化管理比较严格，农民私底下进行农转非的行为较少，特别是2009年以后，随着遥感监测手段的引入，农地非农化执法越来越严格，私底下进行农转非的行为得到有效遏制。

7.1.5　城乡土地价格对土地利用变化的影响

在南海区，城乡土地均价对土地利用变化没有呈现显著相关的关系，而在无锡市区和北流市城乡土地均价对土地利用变化的影响均呈正向显著相关的关系，即地价高的地块，土地利用变化发生的概率越大。在无锡市区和北流市城乡土地市场供给弹性不大，主要由政府决定供给。地价越高，政府为了获得土地财政收入，会有增加土地供给的动力，而土地供给大都是增量供给，势必会促进农地非农化。

7.1.6　其他因素对土地利用变化的影响

地均工业产值在无锡对地块层面农地非农化影响不显著；在南海，地均工业产值与地块层面农地非农化在 1% 的水平上呈正向显著关系，主要是因为地块层面的农地非农化村民更愿意转化为工业用地出租获得收益，工业产值越高的地区对工业用地需求越高，因此促进农地非农化；在北流，地均工业产值与农地非农化呈负向显著相关的关系，主要是因为北流地块层面的农地非农化政府更愿意转化为住宅用地出让获得土地财政收入，根据区位论可知，工业产值越高的地区，地段比较偏远，住宅用地价格比较低，故而抑制了农地非农化。地均常住人口在无锡对地块层面土地利用变化影响不显著；在南海及北流，地均常住人口与地块层面农地非农化均呈正向显著关系，主要是因为人口多的地方用地需求大。距离中心镇的距离对农地非农化的影响不显著，在南海区对农地非农化在 10% 的显著性水平上负相关，说明在南海距离中心镇的距离越近，农地非农化概率越高；在北流市，距离中心镇距离对农地非农化在 1% 的显著性水平上正相关，说明在南海距离中心镇的距离越远，农地非农化概率越高，这可能和2015 年集体建设用地入市改革后增加供给集体建设用地有关，因为集体土地大都离中心镇的距离较远。是否符合规划对农地非农化的影响，在无锡，在 10% 的显著性水平上负相关，说明符合规划的地块农地非农化概率更低，主要是因为符合规划的地块基本上是建设用地，农地占比很少；是否符合规划对农地非农化的影响在南海和北流没有显著影响。可见，土地利用规划对农地非农化的管制效果存在区域差异性。

7.2　城乡土地市场一体化对土地利用效率的影响

　　基于前文分析，城乡土地市场一体化对土地利用效率的影响主要研究的是产权同权化对土地利用变化的影响，有这样几个问题需要解决。在城乡二元分割的土地市场下，国有土地和集体土地产权是不平等的，存在一定的差异。那么，这种产权体系的差异是否会影响土地利用效率呢？企业获得城乡工业用地的产权年限有好几种，那么产权年限的长短是否也会影响企业用地效率呢？本章通过对无锡胡埭镇、钱桥镇、锡北镇三镇抽样问卷调查工业企业负责人，搜集到一手数据，对不同土地产权类型（国有和集体）及不同土地使用年期对土地利用效率的影响进行了定量研究。目前，将城乡土地市场结合起来分析对工业用地利用效率影响的研究相对较少，现行有限的相关研究大都是定性分析，进行实证定量分析的很少，主要是因为集体土地市场是隐形非正规市场，交易数据没有公开，很难获取，难以进行定量分析。本研究采用的是实地调研数据，大量的问卷调查数据可以更好地支撑定量研究。

7.2.1　土地利用效率的内涵界定

　　土地利用效率研究对于优化城市土地空间配置、促进城市土地集约利用和经济发展方式转变具有十分重要的意义。不同的学者对土地利用效率的内涵界定不一样。卢新海等（2018）认为土地利用效率是土地投入要素的有效配置、合理利用和经营管理水平的综合体现。王良建等（2015）以地均投入产出技术效率表征城市土地利用效率。赵小凤等（2017）从研究尺度、研究内容和研究方法3个方面对国内外城市土地利用效率研究进行了梳理和总结。研究发现，城市土地利用效率的研究在研究尺度上主要关注宏观空间尺度，对微观空间尺度的关注较少。在研究内容方面，对土地利用效率评价关注较多，对土地利用效率机理、过程、效应研究较少。因而，从地块尺度研究不同产权体系和产权年限对土地利用效率的影响有着重要的理论和现实意义。

因为集体经营性建设用地大都是工业用地，故而本书将土地利用效率界定为工业用地效率。与以往一些研究（Chen et al.，2014；Chen et al.，2016；Meng et al.，2008；Tu et al.，2014；Wu et al.，2017；Xie and Wang，2015；Xiong and Guo，2013）相似，一般选择土地资本产出强度作为反映工业用地效率的指标。本书选用地均工业产出来反映工业用地资本产出的强度。

7.2.2　研究方法及数据来源

7.2.2.1　研　究　方　法

多元线性回归模型在以往的研究很常见（Choy et al.，2013；Fenske，2011；Liu et al.，2010；Tao et al.，2010），我们使用了两个相似的多元回归模型来验证二元土地所有权和不同的土地使用年期对工业用地效率的影响。模型中的因变量为工业产出除以土地面积，反映了工业用地的资本产出强度。为了验证我们的理论假设，选择了土地所有权和土地使用期限作为解释变量。此外，土地产出受土地、资本和劳动力投入的影响（Trischler et al.，2014；Wu et al.，2017）。因此，也选择土地面积、地均投资、地均从业人数作为模型 1 的解释变量。模型 1 如等式（7-5）所示：

$$DJoutput = C + a_1 Ownership + a_2 Tranction + a_3 LandArea +$$
$$a_4 DJinvestment + a_5 DJemployee + \varepsilon \qquad (7-5)$$

一些研究发现，产权和土地使用年期可能影响土地、资本和劳动力的投资决策（Abdulai et al.，2011；Deininger et al.，2011；Brasselle et al.，2002）。为了分析内生性问题，在不考虑土地面积、地均投资、地均从业人数三个变量的情况下，建立了模型 2。模型 2 如等式（6-6）所示：

$$DJoutput = C + a_1 Ownership + a_2 Tranction + \varepsilon \qquad (7-6)$$

在式（7-5）和式（7-6）中，DJoutput 代表土地利用效率等于企业产出除以企业土地面积（Chen et al.，2014；Chen et al.，2016；Xie et al.，2015）；Ownership 是虚拟变量，反映工业用地的产权差异（国有土地出让值为 1，集体土地流转值为 0；Tranction 为虚拟变量，反映工业用地租赁期限选择［长期租赁（30~50 年）值为 1，短期租赁（1~5 年）值为

0〕；*LandArea* 为企业用地面积；*DJinvestment* 是乡镇工业用地的资本投资强度（等于企业投资除以企业用地面积）；*DJemployee* 是乡镇工业用地的劳动力投入强度（等于企业员工除以企业的用地面积）；a_1，a_2，a_3，a_4，a_5 是相应的变量系数；C 和 ε 是模型的常数项和随机扰动。在模型中选择的这些变量的描述见表 7 - 4。

表 7 - 4　　　　　　　　　变量的单位、定义及预期符号

变量	单位	定义	预期符号
DJoutput	万元/公顷	用地均工业产值反映工业用地效率	/
Ownership	虚拟变量	产权类型（1 代表国有土地，0 代表集体土地）	+
Transaction	虚拟变量	土地使用年期〔1 代表长期出让（30～50 年），0 短期租赁（1～5 年）〕	+
LandArea	公顷	企业用地面积	/
DJinvestment	万元/公顷	地均固定资产投资	+
DJemployee	人/公顷	地均职工人数	+

7.2.2.2　数据来源

（1）研究区选取

无锡市处于中国土地市场改革的前沿，是国有工业用地和集体工业用地并存的典型地区。在无锡，工业企业通过长期租赁（30～50 年）或短期租赁（1～5 年）等不同交易方式获得国有或集体土地来建设厂房。无锡市滨湖区胡埭镇、惠山区钱桥镇和锡山区锡北镇是无锡市城乡工业用地市场一体化发展的典型代表，因而这三个镇被选择为研究区。

2014 年，胡埭镇、钱桥镇、锡北镇工业用地比例分别达到 56.25%、41.30%、65.03%。国有工业用地与集体工业用地并存。集体工业用地分别占三镇工业用地总面积的 33.95%、42.19%、33.80%，其余工业用地为国有土地（叶丽芳等，2015）。使用集体工业用地的企业主要是中小企业，这些企业的用地面积通常小于使用国有工业用地的企业。小企业起步

早，分布广，它们是无锡市乡镇工业发展的典型代表。因此，本研究选取这三个乡镇作为研究区。

在胡埭镇，工业用地主要是集中在北部地区，而在钱桥镇和锡北镇是广泛分布在各个村。工业用地一般沿道路主干道蔓延，同时农村工业用地和农村居民点混杂在一起，生产和生活空间交织在一起。

（2）数据来源

本研究所用社会经济数据来源于2015年无锡市统计年鉴，土地利用数据来源于无锡市国土资源局。模型运行所需的所有数据均来自实地问卷调查。我们调查了3个镇的40个村庄。采用问卷调查法，对351家工业企业进行了调查，有效抽样率为83.76%。按照这几种原则选择企业：在企业不超过30家的村庄中，随机选择3~5家企业；在有30余家企业的村庄中，随机抽取10~15家企业。表7-5显示了样本的分布情况。

表7-5　　　　　　　　　　无锡市区工业企业调查样本分布情况

县区名称	乡镇名称	样本村名称	样本村个数	样本数量
滨湖区	胡埭镇	富安村、鸿翔村、胡埭村、蠡园开发区、刘塘村、龙延村、孟村、西峰村、夏渎村、张舍村、马鞍村	11	122
惠山区	钱桥镇	东风村、华新村、南塘村、南溪村、藕乐苑、钱湖村、稍塘村、盛峰村、舜柯村、苏庙村、西漳村、溪南村、晓丰村、晓星村、洋溪村、钱桥工业园	15	128
锡山区	锡北镇	八士村、春风村、东方桥村、斗山村、光明村、劲丰村、泾西村、泾新村、莲新村、锡北工业园、新坝村、寨门村、张泾社区、周家阁村	14	101

（3）无锡市城乡土地交易方式

通过调研可知，无锡市在2000年以前以厂房出租为主，一次性买断集中在2002~2003年。一次性买断的价款给镇里，村里基本没有收益，关键没有稳固的收益。集体土地出租集中在2004~2008年，国有土地出让从2002年开始有，2008年以后，新增工业用地以国有土地为主。无锡在

2000 年以后的集体土地出租，也是需要通过国土部门审批的。

无锡市工业用地流转方式主要有五种：国有土地出让、国有土地厂房租赁、集体土地一次性买断（30～50 年，类似国有出让）、集体土地租赁（按年付租金）、集体土地厂房租赁（见表 7－6）。

表 7－6　　　　　　　　无锡市不同土地交易方式简介

流转方式	土地来源	使用年期	土地产权内容	价格水平
国有土地出让	政府	50 年	使用权、具有土地他项权利（抵押、转让等）	35 万～50 万元/亩
国有土地厂房租赁	政府、企业	租约 1 年、3 年、5 年不等	土地使用权	基本为标准厂房，租金一般为160 元/平方米（包含土地租金20 元/平方米）
集体土地一次性买断	村集体	30～50 年	使用权，具有土地和厂房转让权（需村委同意）	5 万～10 万元/亩，每年再补交 2 000 元/亩
集体土地租赁	村集体	3～5 年一签	土地使用权，具有厂房转让权（需村委同意）	1 万～1.3 万元/（亩·年）
集体土地厂房租赁	村集体、企业	租约 1 年、3 年、5 年不等	土地使用权	标准厂房价格160 元/平方米（包含土地租金20 元/平方米），非标准厂房价格60～100 元/平方米不等

基于国有土地厂房租赁和集体土地厂房租赁案例较少，而且厂房的建设是原使用者投资的，不便于比较，故而本章主要针对国有土地出让、集体土地一次性买断、集体土地租赁三种主要方式进行研究。

7.2.3　模型结果

根据不同的土地产权类型和土地使用年期对样本进行分组。通过对不同群体样本的比较发现，使用国有土地的企业比使用集体土地的企业用地规模大（见表 7－7）。长期租赁的企业也比短期租赁的企业用地规模大。国有土地样本的地均投资和地均年产出（340.34 万元/公顷；574.71 万元/公顷）高于集体土地样本的地均投资和地均年产出（235.50 万元/公顷；462.79 万元/公顷）。长期租赁方式取得土地的企业地均投资（293.57 万

元/公顷）大于短期租赁方式取得土地的地均投资（222.10 万元/公顷），
而长期租赁方式取得土地的企业地均年产出（435.19 万元/公顷）小于短
期租赁方式取得土地的企业地均年产出（499.49 万元/公顷）。长期租赁方
式取得土地的企业地均从业人数（88.60 人/公顷）低于短期租赁方式取得
土地的企业（111.41 人/公顷）。

表 7 - 7　　　　　基于不同产权和土地使用年期变量分组比较结果

土地产权和土地使用年期		DJoutput（万元/ 公顷）	LandArea（公顷）	DJinvestment（万元/ 公顷）	DJemployee（人/公顷）
产权类型	国有土地	574.71	2.18	340.34	102.00
	集体土地	462.79	0.58	235.50	102.88
土地使用年期	长期出让	435.19	1.17	293.57	88.60
	短期租赁	499.08	0.55	222.10	111.41
总计		475.57	0.79	248.99	102.77

从表 7 - 7 可以看出，这两个模型之间没有明显的差异，表明内生性问
题不是一个严重的问题。在两个模型中，产权类型对地均产出的影响在
10% 水平上显著，产权变量系数为正，表明国有土地利用效率高于集体土
地利用效率。在这两个模型中，土地使用年期与地均产出呈负相关。在模
型 2 中，土地使用年期变量对地均产出的影响在 10% 水平上显著，土地使
用年期变量对地均产出的影响在模型 1 中不显著。在模型 1 中，土地面积
对地均产出的影响不显著，地均投资对地均产出的影响在 5% 水平上显著，
地均从业人数对地均产出的影响在 10% 水平上显著。在两个模型中，工业
企业使用集体土地每公顷土地产出分别比使用国有土地每公顷土地产出少
216 万元和 206 万元。在模型 2 中，长期租赁方式取得土地的工业企业每
公顷土地产出比短期租赁方式取得土地的工业企业少 130 万元。

从表 7 - 8 可以看出，国有与集体不同土地产权对工业企业土地利用
效率有显著影响，国有土地的企业用地效率高于集体土地；不同产权年
限对工业用地利用效率有着显著影响，土地使用年期和工业用地利用效
率负相关，短期用地效率高于长期用地效率。主要是因为短期租约的结

束不意味着租赁关系的解除，大部分企业会和村集体续约，不影响土地产权的稳定性，村集体选择短期租约是为了更好地享有土地增值收益。此外，企业的生命周期普遍小于当前工业用地法定出让年限，而缩短交易年限有助于提高工业用地效率。说明政府若要提高土地利用效率，应该构建同权同价的城乡一体化建设用地市场；工业用地供地可以采用多种方式，弹性出让，租让并举，交易年限不一定非得设定为法律规定的上限 50 年。

表 7-8　二元产权及土地交易年限对工业用地利用效率的影响模型估计结果

模型	自变量	因变量	
		回归系数	稳健性标准差
模型 1	Constant	325. 20 ***	46. 27
	Ownership	215. 85 *	104. 13
	Transaction	− 59. 78	65. 97
	LandArea	− 8. 68	31. 08
	DJinvestment	0. 10 **	0. 05
	DJemployee	1. 02 *	0. 20
	Adjusted R^2	0. 15	
	F	8. 71	
模型 2	Constant	499. 49 ***	62. 67
	Ownership	205. 62 *	121. 36
	Transaction	− 130. 39 *	74. 36
	Adjusted R^2	0. 01	
	F	2. 53	

注：*、**、***分别表示在10%、5%、1%水平上显著。Ownership 代表产权类型，国有为1，集体为0；Transaction 代表产权年限，长期为1，短期为0；LandArea、DJinvestment、DJemployee 分别代表土地面积、地均投资、地均从业人口。

7.2.4　产权体系对土地利用效率的影响

研究发现，国有工业用地的利用效率高于集体工业用地（见表 7-8）。

根据我们对无锡市村干部的访谈了解到，农村集体工业用地缺乏合法的流转和抵押权，企业处分集体土地的权利受到限制，集体工业用地的产权相对不安全。产权明晰是促进长期投资、提高土地利用效率的关键（Deininger and Ali，2008；Feder and Onchan，1987；Ma et al.，2015）。本研究表明，集体土地产权不明晰，对土地资源的有效利用提供不了充足的激励。城乡一体化（同地同权同价）土地市场的构建，将有利于重构集体土地产权体系，增加集体土地产权的安全性和集体土地产权的流动性。

7.2.5　产权年限对土地利用效率的影响

一般来说，长期土地租赁合同可以降低交易成本，提高土地利用效率。短期租赁合同可能限制土地使用者的长期投资，导致土地低效利用（Kumari and Nakano，2016）。有点出乎意料的是，研究发现，土地租赁期限与农村工业用地利用效率呈负相关，表明工业用地短期租赁效率高于长期租赁效率。根据对村干部的访谈可知，这主要是因为短期租赁合约的结束并不意味着完全取消租赁关系。土地租赁期满后，大多数企业将与集体村续签合同，土地租赁期限不影响土地产权的稳定性。相反，集体村更倾向于选择短期租赁，以获得更多的土地增值收益。根据对村干部的访谈了解到，集体土地所有权的转让权，名义上属于村集体，但只要得到村集体的许可，厂房就可以转卖。厂房转让时，厂房所在土地的使用权也随之转让。无锡的工业企业大多是中小型企业，生存周期一般较短，往往缺乏追求长期效益的计划（Lifang Ye et al.，2018）。短期租赁方式供应的土地地块规模一般较小，获取土地的企业大都是中小企业，资金不雄厚，用地会精打细算，土地浪费较少；而通过长期出让或一次性买断方式供应的土地，大都是用于招商引资的项目，地块规模一般较大，但很多企业只使用其中一部分，剩下的土地往往长期不用，造成土地闲置浪费，用地效率较低。

7.2.6　研究结果讨论

尽管国有土地利用效率较高，但访谈发现，三个镇的大多数中小工业企业更倾向于选择集体土地，只有少数企业倾向于选择国有土地。事实上，国有工业用地的市场供给大于集体工业用地供给。企业直接使用农村集体土地进行非农建设是不符合法律规定的，但由于村集体能从中获得土地租金，此外，地方政府为了增加税收和GDP等原因从而对集体土地私下流转未进行严格限制。企业使用集体土地年租金较低，还可以逃避烦琐的审批和征地手续（Lin，2010）。在调查的三个乡镇中，只有少数企业使用了国有土地。使用国有土地的企业大多是大型综合性企业，这些企业不只提供工业产品，可能还投资房地产。这些大型的企业严重依赖资本和土地抵押，因此他们非常关注土地产权的合法性和土地是否有抵押权，故通常倾向于选择国有土地。

　　快速的城市化和工业化推动了土地资源的需求和土地市场的改革（Huang et al.，2016；Yang，2016）。无锡市走在中国土地市场改革前列，建立了一个独特的农村建设用地市场，企业和个人可以使用国有土地，也可以使用集体土地进行建设。因此，我们在无锡的研究可以为中国的二元产权和不同的土地使用年期对农村城镇工业用地效率的影响提供有价值的信息。不同于以往的研究（Wang and Hu，2011；Zhang，2014；Zhang and Chen，2008），本章以无锡胡埭镇、钱桥镇、锡北镇294家工业企业问卷调查数据构建两个多元线性回归模型加以分析，所得结果可应用于我国其他地区。特别是长三角地区是中国最发达的地区之一（Li et al.，2017），土地利用和覆盖发生了显著变化（Lai et al.，2016；Zhang et al.，2015）。无锡的研究结果可在长江三角洲的其他地区推广应用。例如，浙江和上海。土地资源的产权合法性对于工业企业的土地利用效率具有重要影响。许多企业家说他们会购买国有土地，但早期农村城镇没有国有土地，集体土地也相对便宜。城乡土地市场一体化，可以使国有土地和集体土地价格相近，从而减少国有集体土地的产权不平等。根据我们的研究，以短期租赁方式取得土地的企业比使用长期租赁方式取得土地的企业拥有更高的工业用地使用效率。因此，本研究建议，只要满足企业对土地资源的需求，政府可以采用不同年期的供地方式来供应工业用地，提高土地利用效率，而不是总是50年。

　　与大多数研究类似，在未来的研究中还有一些有待改进的地方。本研究只运用地均产出这一个指标来反映工业用地效率。在未来的研究中，可

以运用更多的指标来更全面地反映土地利用效率。根据柯布道格拉斯生产
函数（Cobb – Douglas，CD）理论（Fan et al.，2000；Koios，2001；Mur-
thy，2004），在当前的研究中应对变量取对数处理。然而，考虑到我们的
研究是一个探索性的研究，研究二元产权和不同的土地使用年期对工业用
地利用效率的影响，建立了两个探索性模型，但它们并不是完美的 CD 生
产函数。多元线性回归模型在研究中得到了广泛应用（Choy et al.，2013；
Fenske，2011；Kumari and Nakano，2016），但与之前的研究类似（Bras-
selle et al.，2002；Kumari and Nakano，2016），模型拟合度 R^2 在当前研究
中不太高。在未来的研究中考虑更多的变量可能会改善模型，但我们的模
型确实提供了有价值的信息。仅以无锡市为例进行了实证研究，然而，我
国其他地区。如珠三角广州、佛山、深圳等地，集体土地市场也发展迅速
（Choy et al.，2013；Wu et al.，2016）。研究不同地区二元产权和不同的
土地使用年期对土地利用效率的影响将可以为政府决策提供更多的有用
信息。

7.3　地块层面与镇村层面城乡土地市场一体化
对土地利用变化的影响比较分析

　　地块层面，地价一体化对无锡市区、北流市的土地利用变化没有显著
影响，而在南海区土地价格一体化水平对土地利用变化的影响在 1% 显著
性水平上呈负向相关的关系，即地价比值越小的地块，农地非农化发生的
概率越大。镇街尺度上的地价一体化对土地利用变化的影响不显著，土地
利用变化最重要的驱动因素是城乡土地供给规模；村级尺度上三个研究区
均呈现出地价一体化程度越高，土地利用变化越大的趋势。主要是因为在
地块层面是由需求决定供给的，土地使用者对地块价格比较敏感，南海城
乡土地市场发育成熟，同时提供国有和集体建设用地时，土地使用者更倾
向使用价格较低的集体土地。而在集体经济组织中，镇街层面的集体经济
组织主导性不强，土地用途的变更很大程度上是村一级的经济组织（经济
社和经联社）占主导作用，故而地价一体化水平的高低对镇街层面的土地

利用变化影响不显著。在村级尺度上，无锡市区、南海区、北流市均呈现出地价一体化程度越高，土地利用变化越大的趋势，主要是因为在我国对集体土地有话语权的集体经济组织主要是村一级集体经济组织，地价一体化水平越高，集体土地价格就会升高，村集体倾向供应更多的集体建设用地来获得土地收益，从而促进农地非农化。

第8章

结 论 与 展 望

8.1 主 要 结 论

本书从城乡土地市场交易一体化、地价一体化视角，分析城乡土地市场一体化对土地利用结构变化的影响机理，并从产权同权化的视角分析城乡土地市场一体化对土地利用效率的影响机理，通过构建相应的理论模型，并选择无锡市区、佛山市南海区、北流市为例开展实证研究，验证城乡土地市场一体化对土地利用变化影响机理。具体结论如下：

（1）城乡二元产权对土地价格产生显著影响。国有土地价格普遍高于集体土地；城乡二元产权对不同用途的土地价格影响不同，工业用地集体和国有土地价格差距较小，而商服用地、住宅用地集体和国有土地价格差距较大；集体土地不同用途间的差价较小，而国有土地不同用途间差价较大。在控制成交金额大小、土地用途、土地区位等变量一致的情况下，三个研究区城乡土地市场总体样本分析结果显示集体土地价格均显著低于国有土地。考虑到土地用途对土地价格的影响显著，故在对总体样本构建模型分析之后，分别分析了二元产权对工业用地、商服用地、住宅用地等土地价格的影响。研究发现，城乡二元产权对不同用途的价格影响在不同研究区存在一定的差异性，也存在一定的共性。无锡土地产权类型对工业用地价格的影响在1%的水平下显著正相关，国有工业用地价格比集体工业

用地价格每平方米高 281.74 元；南海区土地产权类型对工业用地的影响在
1% 的水平下显著负相关，国有工业用地价格比集体工业用地价格每平方
米低 773.66 元；北流市土地产权类型对工业用地价格的影响正相关但不显
著。南海区土地产权类型对商服用地价格的影响在 1% 的水平下显著正相
关，国有商服用地价格比集体商服用地价格每平方米高 3 580.17 元；北流
市土地产权类型对商服用地影响正相关但不显著。北流市土地产权类型对
住宅用地价格的影响在 1% 的水平下显著正相关，国有住宅用地价格比集
体住宅用地价格每平方米高 3 235.59 元。集体土地与国有土地之间普遍存
在"产权歧视"，国有土地可以抵押融资，集体土地不能抵押，产权差异
是导致集体土地与国有土地最终不能实现狭义的"同地同权同价"的根本
原因。在南海区，集体工业用地价格普遍高于国有工业的用地价格，主要
是因为在南海区集体工业用地价格是市场竞价的结果，而国有工业用地价
格是政府管制的结果。集体土地不同用途间的差价较小，而国有土地不同
用途间的差价较大。主要是因为集体土地是以出租为主，村集体和村民主
要关心的是租金收入，对土地的用途不是那么关心，村集体对市场没有政
府那么了解，存在信息不对称；而国有土地市场相对完善，产权比较完
整，住宅和商服用地能体现土地资产功能，故而价值比较高。国有工业用
地价格不算高，主要是因为工业用地供应很多时候是政府出于招商引资的
需要，不是主要靠工业用地出让获得收益，更关心的是由此带来的就业、
税收、GDP 等。为此，有些地方甚至零地价供地。

（2）城乡土地供应特征在不同区域存在差异性。在无锡市区，集体土
地流转的用途主要是工业用地，国有土地不同用途均有供应；在南海区，
集体土地流转的主要用途是工业用地和商服用地，国有土地供应的主要是
住宅用地；北流市集体建设用地入市地块主要是住宅用地，国有土地不同
用途均有供给。为何集体土地流转大都以工业用地为主？一方面因为工业
用地使用者建厂房是为了自用，主要是使用的是土地的承载功能，而商业
用地和住宅用地对产权的要求更高，主要是因为开发商建房是为了销售，
对土地的资产功能要求比较高。另一方面是因为政府支持工业增长，鼓励
实体经济发展，集体土地用于工业发展可以为当地带来就业、税收和
GDP。在 20 世纪 80 年代中期以后，为了调动地方和企业积极性，采取财

税承包责任制，地方和企业在上交定额以后可以留成剩余，这就为地方政府提供了兴办工业的催化剂（刘守英，2018）。

（3）交易一体化对土地利用变化的影响存在区域差异。城乡土地市场制度持续变迁，推进了城乡土地市场一体化制度建设的同时，也可能进一步加大农户与集体、政府、企业之间在城乡土地市场一体化发展中的权益博弈。同时，不同地区的社会经济、历史文化、城乡土地市场发育程度等条件不同，也可能导致农户、集体、政府以及企业土地收益预期存在地域差异。收益预期的不同将会导致土地利用多元决策主体对城乡土地市场一体化的认知不同，据此作出的土地利用行为决策也会不同。交易一体化对北流市产生了显著影响，集体建设用地入市政策的实施加剧了农地非农化，主要是因为北流市的村集体力量薄弱，集体土地流转是由政府主导的。交易一体化对无锡市区和南海区的建设用地供应数量的变化影响不太显著，主要是因为无锡和南海在集体土地流转政策出台以前就存在大量的隐形集体土地流转，建设用地开发强度在政策出台前已经比较大，扩张空间比较有限，而政策的实施主要起到了规范集体土地市场的作用，并且无锡的集体土地流转是村集体主导，而南海是农户主导，政府干预得较少，政策的实施与否对这两个地区尤其是南海的建设用地供应数量变化并不明显。集体建设用地入市政策，对于无锡、南海这样开发强度已经很大的地区意义在于可以盘活存量低效的农村集体建设用地，重构土地生产、生活、生态空间，促进产业转型升级，在土地空间上集聚。公共政策地理学理论表明，同一公共政策在不同地域空间可能产生不同的地理效应（罗静，2003）。在集体土地隐形流转市场发达的地区城乡一体化土地市场会为城乡土地市场提供更多存量建设用地资源，并在市场机制下提高土地利用效率，优化资源配置，有效缓解土地供需失衡的局面，这将有助于抑制农地非农化；但在集体土地隐形流转市场不发达的地区构建城乡一体化土地市场将促进市场提供增量集体建设用地，从而促进农地非农化。研究发现，在南海区，国有土地地块规模大于集体建设用地入市地块规模，集体建设用地入市交易地块规模大于集体土地隐形流转地块的规模。在北流市，集体建设用地入市地块规模和国有土地地块规模没有显著差别。说明集体建设用地入市流转政策有助于促进集体土地规模化利用。

（4）地价一体化对土地利用变化的影响存在尺度效应和区域差异性。镇街、村、地块不同尺度地价一体化对土地利用变化产生的影响不同，存在一定的空间尺度效应；城乡土地市场对土地利用变化的影响也存在时间尺度效应，不同时段的城乡土地市场对土地利用变化的影响也不同。镇街层面的集体国有地价一体化水平对土地利用变化没有显著影响，土地利用变化最重要的驱动因素是城乡土地供给规模。从实地调研情况看，在南海区集体经济组织中，镇街层面的集体经济组织主导性不强，土地用途的变更很大程度上是村一级的经济组织（经济社和经联社）占主导作用，故而地价一体化水平的高低对镇街层面的土地利用变化影响不显著。在村级尺度上，无锡市区、南海区、北流市均呈现出地价一体化程度越高，土地利用变化越大的趋势，主要是因为在我国对集体土地有处分权的集体经济组织主要是村一级集体经济组织，地价一体化水平越高，集体土地价格升高，村集体倾向供应更多的集体建设用地来获得土地收益，从而促进农地非农化。在地块层面，地价一体化对无锡市区、北流市的土地利用变化没有显著影响。而在南海区，土地价格一体化水平对土地利用变化的影响在1%显著性水平上呈负向相关的关系，即地价比值越小的地块，农地非农化发生的概率越大。这主要是因为在地块层面是由需求决定供给的，而土地使用者对地块价格比较敏感。当市场上同时提供国有和集体建设用地时，土地使用者更倾向使用价格较低的集体土地，而新增建设用地大多是集体农用地转化而来。

（5）产权同权化对土地利用效率产生显著影响。国有集体两种产权体系的不同，对土地利用效率产生显著影响，国有建设用地的利用效率高于集体建设用地的利用效率；而产权年期对工业用地利用效率产生负向影响，短期租赁的工业用地利用效率高于长期租赁的工业用地利用效率。在二元分割土地市场下，国有土地利用效率高于集体土地利用效率，说明有必要构建城乡一体化土地市场来提高集体土地利用效率。研究表明，产权年限的缩短不会造成土地利用效率的低下，故而工业用地供地可以采用多种方式。如弹性出让，租让并举，交易年限并非一定设为法律规定的上限50年。

8.2 政 策 启 示

（1）构建同地同权同价的城乡一体化土地市场。研究表明，城乡二元产权差异对土地价格和土地利用效率均产生显著影响，因而有必要构建同地同权同价的城乡一体化土地市场。从物权平等的角度出发，集体土地使用权理应与国有土地使用权在权能实现等方面享有平等权利。城乡一体化土地市场的构建，可以促进土地要素集中，促进建设用地空间格局重构和优化，引导产业转型升级，提高土地利用效率。全国范围内应开展全区域全地类城乡建设用地基准地价评估，并扩大集体经营性建设用地入市试点范围，通过改革驱动、创新驱动，变沉睡的集体存量建设用地为流动的资产，形成同地、同权、同价的城乡一体化建设用地市场。城镇化发展过程，也是城乡要素从向城市集聚转变为城乡互动乃至逆城镇化的过程。因此，在这一过程中，农村土地要素要不断重组并优化配置，不断适应城乡发展阶段的新要求。而城乡土地市场一体化建设不仅响应了城乡发展对于农村土地要素重组及配置的新要求，而且也为引导形成配置优化、用地高效、权益保障的城乡发展用地机制提供了可能。

（2）城乡土地市场一体化建设要关注不同土地利益相关者的需求。城乡土地市场一体化对土地利用变化产生何种影响，取决于不同土地利益相关者的博弈结果。故而，在城乡土地市场一体化建设过程中，要关注不同利益相关者的诉求。对政府管理部门、企业、农村集体、农民等不同利益相关主体，开展构建城乡一体化土地市场的意愿调研，充分考虑各类市场主体对城乡一体化土地市场建设的意见和建议。兼顾各方利益诉求，使研究的政策建议体现公众参与的成果，体现以人民为中心的发展理念，为城乡一体化土地市场的建设提供决策支撑。

（3）因地制宜，探索差别化城乡土地市场政策。三个研究区实证分析结果存在差异，其根源在于我国各地土地资源禀赋、社会经济发展程度、产业结构布局、历史文化、政策背景、制度变迁、民俗风俗等均存在较大差异。城乡二元土地市场是城乡差异的土地政策结果。目前，我国政府正在进行"三块地"改革，通过土地制度改革来推动经济发展。而我国是社会主义国家，执政党是共产党，具有集权国家的特性，我国特殊的体制使得政策意图更易实现。土地市场政策属于公共政策的范畴。地方性的城乡土地市场政策本身具有地理内涵和当地特色，特定区域的，如南海的土地流转政策与无锡的集体土地流转政策就有差别。南海的集体土地市场是自发流转的市场，政府的政策一般很少干预交易价格和规模，只是对交易的机制进行规范，以此服务土地市场。而无锡的集体土地流转市场是政府主导的，集体土地流转政策不只对交易机制进行规范，对交易的用途和价格都有指导，以便集体土地市场服务当地社会经济发展。一些公共的全国性土地政策，在不同地方实施也会有不同的地理效应。如土地管理法、国有土地流转政策、征地政策等。在广东，政府征地时会就补偿安置的方式与价款同老百姓进行协商，而在许多其他地方采用取得合法手续后强制征地的方式较多，而采用与老百姓协商的方式较少。在长三角土地管理比较规范，而珠三角就比较混乱。通过调研发现，广州、南海的土地违法行为多，城中村很多。目前，农村还是有老百姓抢建的新房；而无锡自从2009年以来，新增宅基地很少，农民基本没有违法建设的行为。政策制度只有结合管理对象的差异化现实，才能保障管理目标的有效实现。结合我国土地资源国情和区域经济发展现实，应该探索差别化的城乡土地市场制度来保障土地管理目标的实现。针对我国东、中、西部不同的区域发展状况以及国家相关战略布局，实行差别化城乡土地市场政策，因地制宜施策，对于调控和引导区域经济的统筹协调发展，将发挥非常重要的作用。

（4）城乡土地市场一体化建设应着眼于挖掘存量建设用地潜力。研究表明，经济发展较好的佛山南海区和无锡市区土地开发强度已超过30%，在保护耕地的要求下建设用地已无太多扩张空间。早期，无锡市和南海区的土地利用变化以农地非农化为主要特征，建设用地交易多以增量为主。近些年，随着建设用地扩张空间不断减小，建设用地逐渐转为以存量交易为主。2018年，自然资源部建立建设用地"增存挂钩"机制，对盘活存量建设用地多的地方奖励新增建设用地指标；未完成盘活存量任务则核减新增指标，这就进一步倒逼建设用地市场转向存量交易。一方面，城镇化、工业化需要占大量土地。另一方面，我国现有数量巨大的存量城乡建设用地，并且仍在增加。这与我国占用农用地成本低、而使用存量土地成本高的特点有很大关系。这就需要平衡使用新增建设用地和存量建设用地的经济成本，形成新增建设用地与存量建设用地的合理"比价"，促进存量建设用地的再开发（欧名豪，2017）。因此，应积极盘活存量的低效用地，逐步减少增量用地。城乡土地市场一体化应着眼于挖掘存量土地供给，在不增加建设用地总量的情形下，使建设用地在不同用途之间转化，从低效利用转向高效利用。要优化城乡建设用地结构，重构土地生产、生活、生态空间，促进产业转型升级，土地空间集聚。

（5）改革工业用地供地方式。目前，我国的工业用地使用权期限最高为50年，地方政府基本是按50年出让工业用地。根据国家工商总局2008～2012年的统计，中国企业存活期小于5年的占59.1%，在6～9年的占24.9%，在10～19年的占12.8%，能存活20年及其以上的仅占3.2%。目前的工业用地使用权期限比我国企业的生命周期长很多，容易造成工业用地闲置浪费。故我国政府在考虑缩短工业用地出让年限，采用弹性出让年限，然而也担忧缩短年限会降低企业用地效率。本研究表明以短期租赁方式取得土地的企业比使用长期租赁方式取得土地的企业拥有更高的工业用地使用效率。因此，本书提出只要能满足企业的用地需求，政府可以采用弹性出让年限的方式供应工业土地，而不是一定要设为50年。故本研究可以为我国政府在供地改革中提供决策参考。

8.3 创 新 点

本书尝试性地从市县区域不同尺度和不同视角开展了城乡土地市场一体化对土地利用变化的影响研究，创新点主要为以下几点：

（1）理论方面，探索性地从交易一体化、地价一体化、产权同权化三个维度揭示城乡土地市场一体化对土地利用变化的影响机理，丰富和拓展了土地利用变化市县区域的研究视角及内涵。

（2）实证研究方面，以长三角地区城乡土地市场一体化发展迅速的无锡市区、珠三角城乡土地市场一体化发展迅速的佛山市南海区和近期经济快速发展的北流市为例，分别从市县、镇、村及地块四个尺度揭示了城乡土地市场一体化对土地利用变化的影响及其空间差异，为发挥土地市场在区域土地资源配置中的基础性作用提供了决策参考。

8.4　研究不足与展望

（1）研究不足。数据获取受限，土地利用变化空间模拟的方法是要基于足够的数据基础才能实现的，然而研究中需要的数据并未全部获取到。例如，农村集体建设用地市场交易多为隐形交易数据，不易全部获取，并且不同的研究区，政府的数据工作基础不同，导致数据资源完全一致较难。社会经济数据只有镇街层面的数据，村级层面和地块层面的社会经济数据是采用镇街层面的平均值赋值到村级行政区和地块，这样的数据纳入模型，可能存在一定的局限性。但是我们的研究很有现实意义，主要是对需要解答的科学问题作了一个初步探索，以期起到抛砖引玉的作用。

（2）研究展望。本书重点探讨了城乡土地市场一体化发展对土地利用结构及效率变化的影响，因为数据的可得性很大程度依赖于研究的时空尺度，长时段县域以下尺度的城乡土地市场和经济社会数据获取受限，城乡土地市场一体化发展的不同阶段对土地利用变化的具体影响仅作了空间分析。在今后的研究中，可尝试采用问卷调查的方法，搜集长时段县域以下的城乡土地市场和社会经济数据，进一步揭示城乡土地市场一体化对土地利用变化影响的阶段性特征。此外，本书研究的城乡土地市场一体化对土地利用变化的影响主要是集中在对农用地和建设用地之间变化的影响，并未分析建设用地内部结构的变化。而在城乡土地市场一体化过程中，也可能对建设用地内部结构产生影响。因此，今后可以开展城乡土地市场一体化对建设用地结构变化的影响研究。

附录1 政府工作人员访谈提纲

（1）当地集体建设用地入市经历了哪些主要阶段？不同阶段的政策有哪些变化？相应的入市规模及交易方式有何变化？不同交易方式最初租金/价格是多少？目前的租金水平是多少？租金是如何确定的？是否需要调整？试点项目附近集体土地价格和国有土地价格分别是多少？

（2）当地集体建设用地审批经历了哪些主要阶段？不同阶段的政策有哪些变化？相应的审批用地规模及变化情况如何？

（3）集体建设用地入市流转期间，政府在制定土地利用规划和城市规划时有何调整？产业结构和产业布局将会发生什么变化？

（4）乡镇企业发展经历了哪几个阶段？不同阶段有什么特点？改制以前，企业是以什么形式用地？需要付出什么成本？入市改革前，企业类型有哪些？改革后，企业类型有哪些？

（5）南海市以租赁方式入市的农村集体经营性建设用地占比达90%，其中租赁期限超过20年的面积占比达2/3，长期租赁和出让方式的主要区别是什么？

（6）政府、集体和农民之间是如何分配收益的？南海市农村集体经营性建设用地使用权出让调节金的征收比例为10%～15%是如何确定的？和其他试点相比，政府分享收益的比例为何不高？

（7）近期是否有新增的集体建设用地？如宅基地、工业用地等。

（8）南海是"多规合一"试点，不同规划之间如何衔接？

（9）南海是三块地改革试点，除了集体经营性建设用地入市外，在征地改革和宅基地改革上都取得了什么成效？有哪些比较特色的做法？

（10）广东"三旧改造"政策在南海实施效果如何？集体建设用地入市项目和"三旧改造"项目是否有交集？

附录 2　村干部访谈提纲

（1）乡镇企业发展经历了哪几个阶段？不同阶段有什么特点？何时开始兴建工业开发区？

（2）20 世纪 90 年代，乡镇企业改制以前，企业是以什么形式用地？需要付出什么成本？（如土地承包费）

（3）集体土地一次性买断集中在什么时期？一次性买断的价格是如何确定的？大概在什么价位？政府、集体和农民之间是如何分配收益的？农民拆迁安置的标准是多少？

（4）集体土地出租是什么时间开始的？租金大概调整过几次？最初的租金水平是多少，目前的租金水平是多少？政府、集体和农民之间是如何分配收益的？

（5）国有厂房和集体厂房出租是何时开始的？租金水平如何？

（6）近期是否有新增的集体工业用地？目前是否还出租或者征用农用地为工业用地？

（7）集体土地长租和短租的租金纯收益是否分开管理？村委是否制定土地收益的支出方向和类别的规定（类似国有土地出让金支出专项管理）？

（8）集体土地纯收益的支出方向主要有哪些？发展集体经济、村委会日常开销比重大概有多少？用于社区服务、扶贫帮老的开销比重大约是多少？是否还有其他支出用途，如乡村公益设施建设、农村村民社会保障、集体经济发展基金、村集体债务清偿等？

附录3　农户访谈提纲

（1）是否支持集体经营性建设用地入市政策？认为集体建设用地入市应该谁主导？集体建设用地入市价格如何确定？

（2）集体土地流转利益政府、村集体、农户之间应该如何分配？

（3）政策允许集体土地同权同价入市流转，您是否会因为集体土地的升值预期增加宅基地？有可能的话，是否愿意将宅基地上的房子加层或盖更多的房子，出租、出售呢？

（4）是否会因为集体土地的升值预期将菜地乃至耕地转化为建设用地呢？是否愿意将建设用地指标卖给政府，用到城市建设等方面？

（5）如果土地更值钱了，是否愿意根据村庄规划，将宅基地集中起来集中居住，腾出土地建工业小区或者商品房呢？

1＝仅愿意腾出承包地，2＝仅愿意腾出宅基地，3＝愿意腾出承包地和宅基地，4＝不愿意腾出任何土地，希望保持现状

（6）村集体是否会将低效闲置的工业园区或者工业厂房收回或扩大建设用地范围建设工业园或者商品房呢？

（7）对集体土地直接入市、土地征收后入市的选择及看法如何？

（8）政府近期是否会集中征地？是否同意以后只要符合规划，农村土地不需要征用就用于建设？

附录 4 企业调查问卷

声明：本问卷只做学术研究之用，对您提供的信息将严格保密。谢谢您的合作！

调查员	调查日期	校对员	村名（园区名）	所在乡镇
	年　月　日			

一、企业基本信息

1. 受访企业家的性别（　　）a. 男，b. 女

2. 企业家的年龄（　　）a. 21~30 岁，b. 31~40 岁，c. 41~50 岁，d. 50 岁以上

3. 企业家的学历（　　）a. 高中以下，b. 高中/中专，c. 大专，d. 本科，e. 硕士及以上

4. 企业家哪里人（　　）a. 本镇，b. 本市其他镇，c. 其他市，d. 江苏以外地区

5. 企业家创办企业的年限是（　　）a. 未满 1 年，b. 1~5 年，c. 5~10 年，d. 10 年以上

6. 企业家个人资产：（　　）

a. 50 万元以下　　b. 50 万~100 万元　　c. 100 万~200 万元　　d. 200 万~500 万元　　e. 500 万元以上

7. 企业的名称是＿＿＿＿＿＿＿，地址＿＿＿＿＿＿＿，联系人＿＿＿＿＿＿＿，职工人数＿＿＿＿＿＿＿，其中本地职工＿＿＿＿＿＿＿，主要产品或经营范围＿＿＿＿＿＿＿。

二、土地的取得及使用情况

1. 企业用地的土地性质为（a. 国有，b. 集体）_____，土地面积为_____平方米。

2. 土地或房屋取得的来源为（a. 村民小组，b. 村委会，c. 乡镇政府，d. 县级以上政府，e. 企业，f. 大农户，g. 银行或法院拍卖，h. 其他），取得时间为_____年，取得方式为_____ a. 一次性买断30 ~ 50年使用权（含国有土地出让或房屋出售），b. 转让（含国有土地或房屋转让），c. 划拨，d. 出租，e. 转租，f. 入股联营，g. 其他，交易的途径为_____（a. 私下交易，b. 中介交易，c. 公开挂牌交易，d. 村镇招商，e. 企业改制）。

3. 土地取得时的用途为_____a. 耕地，b. 园地，c. 林地，d. 牧草地，e. 荒地，f. 养殖水面，g. 其他水面，h. 宅基地，i. 厂房用地，j. 公共管理与服务用地，k. 其他（填写具体用途），目前土地用途为_____（a. 工业用地，b. 仓储物流用地，c. 商服用地，d. 科研设计用地，e. 其他用地）。

4. 取得土地时的土地价格（一次性买断30 ~ 50年土地使用权的价格）为_____元/平方米，使用年期为_____年。

5. 取得土地时的土地租金（每年支付租金的方式）为_____元/平方米/年，目前的土地租金为_____元/平方米/年，土地租约的签约周期为_____年。

6. 企业是否办理土地证_____（a. 否，b. 是，下同）。

7. 土地是否抵押或曾经抵押过_____（a. 否，b. 是）。

8. 您认为企业用地还缺什么权利？（　　）a. 转让权，b. 转租权，c. 抵押权，d. 其他_____

9. 您认为企业对租赁集体土地和购买国有土地有何看法？_____
a. 企业规模小倾向租赁集体土地，b. 无论规模大小倾向租赁集体土地，c. 无论规模大小倾向购买国有土地，d. 企业规模大，需要融资才购买国有土地，e. 其他_____

10. 您认为企业更愿意通过什么方式获得土地或厂房？_____
a. 一次性买断，b. 短期租赁，c. 长期租赁，d. 看企业具体情况

11. 租约期限是否影响企业的持续投资行为_____（a. 否，b. 是）?

12. 企业在一块土地上持续经营的时间平均约为_____

a. 1~3 年，b. 3~5 年，c. 5~10 年，d. 10~20 年，e. 20~30 年，f. 30 年以上

三、企业用地效益情况

企业从入住到现在累计厂房及配套用房投资_____万元，机器设备等固定资产投资_____万元，其他投资_____万元，2014 年度总产值（或销售收入）_____万元，上缴税收共_____万元，净利润约_____万元。

四、企业经营决策

1. 愿意继续在此经营的原因有哪些？（   ）

a. 土地（厂房）成本低，b. 劳动力成本低，c. 劳动力主要为本地村民，d. 搬迁成本高，e. 已形成良好生产协作关系，f. 生活办事方便，g. 达不到入园要求，h. 一直是当地企业

2. 是否有长期经营的打算？（   ）

a. 钱赚够了就不做了，b. 市场不好就不做了，c. 会长期经营下去，d. 暂未考虑

3. 企业如果财力允许，是否准备搬迁到更好的地方？（   ）a. 否，b. 是

4. 企业进入园区可能会带来哪些好处？（   ）

a. 交通便利，b. 基础设施配套完善，c. 产业集聚降低成本，d. 人才、技术优势，e. 公共配套服务完善，f. 提升企业形象，g. 其他_____
_____

5. 企业进入园区可能会有哪些不利？（   ）

a. 土地（厂房）成本高，b. 环保、用地效益等要求高，会增加企业成本，c. 劳动力成本增加，d. 搬迁成本高，e. 生活办事不方便，f. 其他
_____

6. 是否愿意根据规划，将企业用地腾出，在区位条件更好的地方建设工业集中区？（   ）

a. 否，b. 是

7. 有可能的话，是否愿意将厂房加层或建设更多的厂房？（　　）
a. 否，b. 是

8. 如果该地块规划用途与当前用途不一致，是否愿意按规划自主投资或与他人合作投资重新开发（　　）a. 否，b. 是

五、政策认知及模拟

如果集体土地与国有土地拥有相同的权利且可抵押融资、可不经国家征用直接入市流转。例如，村里某块土地规划为住宅小区，村集体或相关村民可直接与开发商谈判，将土地卖给开发商。

1. 您是否支持该政策出台？（　　）a. 否，b. 是

2. 您认为集体建设用地入市应该由谁主导？（　　）

a. 政府主导，b. 用地企业主导，c. 村集体主导，d. 村民主导

3. 您希望以何种方式使用集体建设用地？（　　）

a. 一次性买断30～50年土地使用权，b. 土地长租短约（租期较长，租金短期调整），c. 厂房长租短约，d. 厂房短期租赁，e. 土地联营入股，f. 其他＿＿＿＿＿＿＿＿＿

4. 您认为集体建设用地入市的价格应当（　　）

a. 由政府规定，b. 由政府指导、根据市场调节，c. 用地单位和土地权利人协商，d. 完全根据市场价格确定，e. 其他＿＿＿＿＿＿

5. 您可以承受土地租金、价格在现有基础上上涨多少？（　　）

a. 10%以内，b. 10%～20%，c. 20%～30%，d. 30%～40%，e. 40%～50%，f. 50%以上

6. 您转让、出租土地（厂房）获得的收益，愿意上缴多少比例给政府？（　　）

a. 10%以内，b. 10%～20%，c. 20%～30%，d. 30%～40%，e. 40%～50%，f. 50%以上

7. 是否同意集体建设用地可以抵押？（　　）a. 否，b. 是

8. 是否考虑通过抵押贷款追加投资？（　　）a. 否，b. 是

9. 是否认为集体土地会升值更快？（　　）a. 否，b. 是

10. 会不会因为集体土地的升值预期而考虑扩大用地规模？（　　）
a. 否，b. 是

11. 会不会因为集体土地的升值预期而进行房地产（厂房或办公楼）开发投资？（　　）a. 否，b. 是

12. 是否同意，只要符合规划，农村土地不需要征用就可以用于各类建设？（　　）a. 否，b. 是

13. 您认为如果集体建设用地入市流转，政府对基础设施的投资会侧重什么地区？（　　）

a. 市区，b. 城郊接合部，c. 农村，d. 规划工业集中区，e. 其他

14. 如果集体土地同权同价入市，您的工厂是否打算搬迁？（　　）a. 否，b. 是

一般会搬迁到（　　）

a. 本村工业集中区，b. 本镇工业集中区，c. 本地其他工业集中区，d. 外地

15. 您是否愿意完善用地手续，办理两证？（　　）a. 否，b. 是；

有哪些担心？（　　）a. 用地成本增加，b. 手续复杂，c. 后续税费增加，d. 其他

16. 如果企业用地成本增加，是否会更加集约节约利用土地？（　　）a. 否，b. 是

17. 政府投资道路、供水供电、医院、学校等基础设施建设会提升集体建设用地的入市价格，故政府应该有权分享集体建设用地的入市收益，而农村土地属于集体所有，所以集体也应有权分享收益。

那么，您认为农村集体土地流转的收益，政府和村集体之间，谁应该拿大头？（　　）

a. 政府，b. 集体，c. 政府和集体各一半

为什么？

集体分配到的土地流转收益部分，村集体和农户之间，谁应该拿大头？

a. 村集体，b. 农户，c. 村集体和农户各一半

为什么？

具体收益分配比例应该为多少？地方政府，应分配_____%；

村集体留用，应分配_____%；

村民，应分配_____%。

18. 现在集体建设用地入市流转会遇到哪些有待解决的关键问题？可多选（　　）

a. 政府、集体是否会要更多利益，b. 集体土地能否与国有土地有一样的权利，c. 集体土地产权关系复杂，入市后容易产生纠纷，d. 相关政策法规不完善，e. 征地制度不完善，f. 集体土地价格评估，g. 规划滞后，h. 交易平台建设及配套服务，i. 其他_____

19. 您认为如果要实现城乡土地市场一体化，以下哪些措施是必要的？可多选（　　）

a. 完善用地手续，颁发土地、房产证

b. 政策上允许经营性集体建设用地在符合规划的前提下，直接上市交易

c. 只允许公益性用地由国家征收，且需要提高补偿标准

d. 土地规划编制应征询村集体及村民意见

e. 税收分配应更多地向县级以下政府倾斜，更多地用于村镇基础设施建设

f. 政府应制订科学的集体建设用地入市指导价格

g. 政府应建立统一的集体建设用地公开交易平台，提供相关的融资、中介服务

20. 如果集体建设用地入市，您认为政府是否会在集体建设用地入市政策出台前集中征地？（　　）a. 会，b. 不会，c. 不知道

村集体是否会将低效闲置的工业厂房收回？（　　）a. 会，b. 不会，c. 不知道

村集体是否会扩大建设用地建设工业园或者商品房？（　　）a. 会，b. 不会，c. 不知道

六、其他

1. 您认为企业在获得和使用集体土地（厂房）过程中遇到的最大问题是什么？

2. 关于集体经营性建设用地入市，您是否有其他意见和建议？

3. 您认为如果集体建设用地入市流转，政府在制定土地利用规划和城市规划时有何调整？产业结构和产业布局将会发生什么变化？

参 考 文 献

［1］包凤达. 多元回归与相关分析的软件求解和案例解读［J］. 上海轻工业高等专科学校学报，1999（4）：15－20.

［2］毕宝德. 土地经济学［M］. 北京：中国人民大学出版社，1991.

［3］蔡玉梅，刘彦随，宇振荣等. 土地利用变化空间模拟的进展——CLUE－S模型及其应用［J］. 地理科学进展，2004，23（4）：63－71.

［4］曹笑辉，汪渊智. 城乡统一建设用地市场制度构建［J］. 求索，2014（1）：114－118.

［5］曹振良，傅十和. 中国房地产市场化测度研究［J］. 中国房地产，1998（7）：13－22.

［6］常修泽，高明华. 中国国民经济市场化的推进程度及发展思路［J］. 经济研究，1998（11）：48－55.

［7］陈百明，张凤荣. 我国土地利用研究的发展态势与重点领域［J］. 地理研究，2011，30（1）：1－9.

［8］陈柏峰. 土地发展权的理论基础与制度前景［J］. 法学研究，2012（4）：99－114.

［9］陈昌春，黄贤金. 城市土地储备问题研究进展（上）［J］. 国土资源，2003（2）：28－32.

［10］陈燕. 中国城乡建设用地市场一体化研究［D］. 福建师范大学，2012.

［11］陈宇，陈书荣，农丰收. 北流市土地可持续利用研究［J］. 大众科技，2014（9）：209－213.

［12］陈志刚，王青. 经济增长、市场化改革与土地违法［J］. 中国人口·资源与环境，2013，23（8）：48－54.

［13］邓爱珍，陈美球. 农村集体经营性建设用地入市流转面临的现

实问题与对策探讨——以江西省赣县为例 [J]. 土地经济研究, 2015 (1): 13 – 23.

[14] 邓兰燕. 基于城乡一体化的我国农村土地市场发展创新研究 [J]. 特区经济, 2011 (8): 166 – 167.

[15] 杜法峥. 天津市河北区土地隐形市场治理研究 [D]. 天津大学, 2006.

[16] 丰雷, 藏波, 张清勇等. 中国土地经济学 30 年发展研究 [J]. 中国土地科学, 2017, 31 (12): 4 – 13.

[17] 冯馼, 刘戈. 村镇建设用地再开发市场供需机制研究 [J]. 中国国土资源经济, 2016 (3): 59 – 64.

[18] 付光辉, 刘友兆, 吴冠岑. 论城乡统筹发展背景下城乡统一土地市场构建 [J]. 中国土地科学, 2008, 22 (2): 36 – 41.

[19] 付光辉, 吴翔华. 城乡统一建设用地市场构建的制度性障碍探析 [J]. 中国房地产, 2011 (2): 58 – 63.

[20] 傅伯杰, 张立伟. 土地利用变化与生态系统服务: 概念、方法与进展 [J]. 地理科学进展, 2014, 33 (04): 441 – 446.

[21] 傅丽华, 谢炳庚, 李晓青等. 基于多智能体模拟的旅游地保护行为决策 [J]. 地理研究, 2012, 31 (3): 555 – 563.

[22] 龚文峰, 袁力, 范文义. 基于 CA – Markov 的哈尔滨市土地利用变化及预测 [J]. 农业工程学报, 2012, 28 (14): 216 – 222.

[23] 郭欢欢, 李波, 侯鹰等. 元胞自动机和多主体模型在土地利用变化模拟中的应用 [J]. 地理科学进展, 2011, 30 (11): 1336 – 1344.

[24] 郭谁琼, 黄贤金, 沈晓艳. 基于入市主导模式的集体工业用地价格影响因素分析 [J]. 土地经济研究, 2015 (2): 50 – 61.

[25] 郝敬锋, 刘红玉, 李玉凤等. 基于转移矩阵模型的江苏海滨湿地资源时空演变特征及驱动机制分析 [J]. 自然资源学报, 2010 (11): 1918 – 1929.

[26] 何春阳, 史培军, 李景刚. 中国北方未来土地利用变化情景模拟 [J]. 地理学报, 2004, 59 (4): 599 – 607.

[27] 何丹, 金凤君, 周璟. 基于 Logistic – CA – Markov 的土地利用景

观格局变化——以京津冀都市圈为例 [J]. 地理科学, 2011, 31 (8): 903 - 910.

[28] 侯西勇, 常斌, 于信芳. 基于 CA - Markov 的河西走廊土地利用变化研究 [J]. 农业工程学报, 2004 (05): 286 - 291.

[29] 胡一可, 吴德雯. 城市型风景名胜区边界的尺度转化研究 [J]. 南方建筑, 2014 (3): 17 - 22.

[30] 黄端, 李仁东等. 武汉城市圈土地利用时空变化及政策驱动因素分析 [J]. 地球信息科学学报, 2017 (1): 80 - 90.

[31] 黄贤金, 陈志刚, 於冉, 李璐璐. 20 世纪 80 年代以来中国土地出让制度的绩效分析及对策建议 [J]. 现代城市研究, 2013 (9): 15 - 21.

[32] 黄贤金. 城市化进程中土地流转对城乡发展的影响 [J]. 现代城市研究, 2010 (04): 15 - 18.

[33] 黄贤金. 城乡土地市场: 从割裂到融合 [J]. 城市, 1995 (01): 26 - 28.

[34] 黄贤金. 城乡土地市场一体化对土地利用/覆被变化的影响研究综述 [J]. 地理科学, 2017 (02): 43 - 51.

[35] 黄贤金, 戴垠澍. 对广西北流市农村集体经营性建设用地入市改革的思考 [J]. 南方国土资源, 2018 (3): 19 - 23.

[36] 黄贤金. 还权能于农民 归配置于市场——论中共十八届三中全会土地制度改革设计 [J]. 土地经济研究, 2014 (1): 1 - 8.

[37] 黄贤金, 尼克. 哈瑞柯, 鲁尔特. 卢本等. 中国农村土地市场运行机理分析 [J]. 江海学报, 2001 (2): 9 - 15.

[38] 黄贤金. 农村土地改革对城市发展的影响 [J]. 现代城市研究, 2009 (1): 12 - 15.

[39] 黄贤金, 濮励杰, 彭补拙. 城市土地利用变化及其响应: 模型构建与实证研究 [M]. 北京: 科学出版社, 2008.

[40] 黄贤金, 王伟林, 姚丽. 中国土地制度建设与改革的若干思考 [C]. 2009 年中国土地学会学术年会, 2009. 中国江苏扬州.

[41] 黄贤金, 杨红, 罗明. 农村土地制度的改革创新模式和绩效 [J]. 中国土地, 2018, 388 (05): 15 - 17.

［42］黄贤金，于术桐，马其芳等．区域土地利用变化的物质代谢响应初步研究［J］．自然资源学报，2006（1）：1－8．

［43］黄贤金，张安录．土地经济学［M］．北京：中国农业大学出版社，2016．

［44］黄贤金．政策地理及其思考［J］．地域研究与开发，2018（2）：179－180．

［45］黄贤金．中国土地制度改革40年与城乡融合的发展之路［J］．上海国土资源，2018（2）：1－3．

［46］黄中显．集体土地"隐形"市场的法律对策［J］．经济与社会发展，2006，4（12）：147－153．

［47］黄祖辉，王朋．农村土地流转：现状、问题及对策［J］．浙江大学学报（人文社会科学版），2008，38（2）：38－47．

［48］贾生华，张娟锋．土地资源配置体制中的灰色土地市场分析［J］．中国软科学，2006（3）：17－24．

［49］姜大明．建立城乡统一的建设用地市场［J］．国土资源，2013（12）：8－10．

［50］黎夏，叶嘉安，刘小平．地理模拟系统：元胞自动机与多智能体［M］．北京：科学出版社，2007．

［51］李建强，曲福田．土地市场化改革对建设用地集约利用影响研究［J］．中国土地科学，2012，26（05）：70－75．

［52］李景刚，张效军，高艳梅等．我国城乡二元经济结构与一体化土地市场制度改革及政策建议［J］．农业现代化研究，2011，32（3）：297－301．

［53］李培祥．城乡一体化土地利用机制分析［J］．南方农村，2009（01）：33－36．

［54］李黔湘，王华斌．基于马尔柯夫模型的涨渡湖流域土地利用变化预测［J］．资源科学，2008，30（10）：1541－1546．

［55］李少英，刘小平，黎夏等．土地利用变化模拟模型及应用研究进展［J］．遥感学报，2017，21（3）：329－340．

［56］李秀彬．土地利用变化的解释［J］．地理科学进展，2002，

21（3）：195－203.

［57］李志，刘文兆，郑粉莉．基于 CA－Markov 模型的黄土塬区黑河流域土地利用变化［J］．农业工程学报，2010，26（01）：346－352，391.

［58］梁友嘉，徐中民，钟方雷．基于 SD 和 CLUE－S 模型的张掖市甘州区土地利用情景分析［J］．地理研究，2011，30（03）：564－576.

［59］刘纪远，匡文慧，张增祥等.20 世纪 80 年代末以来中国土地利用变化的基本特征与空间格局［J］．地理学报，2014（01）：3－14.

［60］刘纪远，张增祥，徐新良等.21 世纪初中国土地利用变化的空间格局与驱动力分析［J］．地理学报，2010，64（12）：1411－1420.

［61］刘敬杰，夏敏，刘友兆等．基于多智能体与 CA 结合模型分析的农村土地利用变化驱动机制［J］．农业工程学报，2018.

［62］刘瑞，朱道林．基于转移矩阵的土地利用变化信息挖掘方法探讨［J］．资源科学，2010（08）：1544－1550.

［63］刘守英．土地制度变革与经济结构转型——对中国 40 年发展经验的一个经济解释［J］．中国土地科学，2018，238（01）：3－12.

［64］刘小玲．我国土地市场化过程中的三方博弈分析［J］．财贸经济，2005（11）：66－70，107.

［65］刘小平，黎夏，艾彬等．基于多智能体的土地利用模拟与规划模型［J］．地理学报，2006，61（10）：1101－1112.

［66］刘新华，张东辉．对构建中国城乡统一的土地市场的思考［J］．中国国土资源经济，2012（01）：26－28，14，55.

［67］刘振锋，薛东前，庄元等．文化产业空间尺度效应研究——以西安市为例［J］．地理研究，2016，35（10）：1963－1972.

［68］卢为民，唐扬辉．我国土地市场的发展变迁和展望［J］．中国土地，2019，396（01）：47－50.

［69］卢新海，唐一峰，匡兵．长江中游城市群城市土地利用效率空间溢出效应研究［J］．长江流域资源与环境，2018，27（02）：252－261.

［70］陆雷．农地制度与村治方式——以广东南海的土地留用制度为分析对象［J］．东南学术，2008（2）：26－32.

［71］陆汝成，黄贤金，左天惠等．基于 CLUE－S 和 Markov 复合模型

的土地利用情景模拟研究——以江苏省环太湖地区为例 [J]. 地理科学，2009，29 (4)：577 –581.

[72] 罗格平，张爱娟，尹昌应等. 土地变化多尺度研究进展与展望 [J]. 干旱区研究，2009，26 (02)：41 –47.

[73] 罗湖平. 中国土地隐形市场研究综述 [J]. 经济地理，2014，34 (4)：145 –152.

[74] 罗静，曾菊新. 空间稀缺性——公共政策地理研究的一个视角 [J]. 经济地理，2003 (6)：722 –725.

[75] 罗娅，董国涛，宋文龙等. 黄河河口镇—潼关区间1998~2010 年土地利用变化特征 [J]. 地理学报，2014，69 (01)：42 –53.

[76] 马育军，黄贤金，许妙苗. 上海市郊区农业土地流转类型与土地利用变化响应差异性研究 [J].2006，16 (5)：117 –121

[77] 茆荣华. 我国农村集体土地流转制度研究 [D]. 华东政法大学，2009.

[78] 苗利梅，钟太洋. 土地市场应城乡统一 [J]. 中国土地，2011 (03)：27 –28.

[79] 欧名豪. 改进建设用地管理才能有效保护耕地 [J]. 中国土地，2017 (3)：8 –9.

[80] 钱忠好. 农村土地承包经营权产权残缺与市场流转困境：理论与政策分析 [J]. 管理世界，2002 (6)：35 –43.

[81] 乔伟峰，盛业华，方斌等. 基于转移矩阵的高度城市化区域土地利用演变信息挖掘——以江苏省苏州市为例 [J]. 地理研究，2013，32 (08)：1497 –1507.

[82] 邱炳文，陈崇成. 基于多目标决策和CA 模型的土地利用变化预测模型及其应用 [J]. 地理学报，2008，63 (02)：165 –174.

[83] 曲福田，冯淑怡，俞红. 土地价格及分配关系与农地非农化经济机制研究——以经济发达地区为例 [J]. 中国农村经济，2001 (12)：54 –60.

[84] 曲福田，冯淑怡，诸培新等. 制度安排、价格机制与农地非农化研究 [J]. 经济学（季刊），2004，4 (4)：229 –248.

［85］曲福田，石晓平．城市国有土地市场化配置的制度非均衡解释［J］．管理世界，2002（6）：46－53．

［86］曲福田，吴郁玲．土地市场发育与土地利用集约度的理论与实证研究［J］．自然资源学报，2007，22（3）：445－453．

［87］日野正辉，刘云刚．1990年代以来日本大都市圈的结构变化［J］．地理科学，2011，31（3）：302－308．

［88］邵景安，李阳兵，魏朝富等．区域土地利用变化驱动力研究前景展望［J］．地球科学进展，2007（08）：798－809．

［89］邵景安，张仕超，魏朝富．基于大型水利工程建设阶段的三峡库区土地利用变化遥感分析［J］．地理研究，2013（12）：2189－2203．

［90］邵彦敏．马克思土地产权理论的逻辑内涵及当代价值［J］．马克思主义与现实（双月刊），2006（3）：149－151

［91］施明乐．基于GIS的长乐市土地利用变化及其环境效应研究［D］．福建师范大学，2004．

［92］石晓平，曲福田．中国东中西部地区土地配置效率差异的比较研究［J］．山东农业大学学报（社会科学版）2001，3（2）：27－32．

［93］宋杰．GIS支持下的莱州市土地利用变化与经济发展关系研究［D］．山东师范大学，2014．

［94］宋世雄，梁小英，陈海等．基于多智能体和土地转换模型的耕地撂荒模拟研究——以陕西省米脂县为例［J］．自然资源学报，2018，33（3）：515－525．

［95］宋伟．构建多主体利益均衡的建设用地制度框架［J］．农业经济问题，2014（02）：54－58，111．

［96］孙琳蓉，李伟．关于建立城乡统一土地市场的思考［J］．国土资源情报，2013（01）：57－60．

［97］孙宇杰．农村集体建设用地流转价格扭曲的理论与实证研究［D］．南京大学，2013．

［98］谭荣，曲福田．市场与政府的边界：土地非农化治理结构的选择［J］．管理世界，2009（12）：39－47，187．

［99］汤洁，汪雪格，李昭阳等．基于CA－Markov模型的吉林省西部

土地利用景观格局变化趋势预测 [J]. 吉林大学学报（地球科学版），2010，40（02）：405-411.

[100] 唐智华，朱现龙，李成. 土地利用/土地覆被变化 CLUE-S 模型与应用分析——以扬州市为例 [J]. 地球信息科学学报，2011，13（05）：695-700.

[101] 田光进，邬建国. 基于智能体模型的土地利用动态模拟研究进展 [J]. 生态学报，2008，28（9）：4451-4459.

[102] 田光明. 城乡统筹视角下农村土地制度改革研究 [D]. 南京农业大学，2011.

[103] 田光明，曲福田. 中国城乡一体土地市场制度变迁路径研究 [J]. 中国土地科学，2010（02）：24-30.

[104] 汪德军. 中国城市化进程中的土地利用效率研究 [D]. 辽宁大学，2008.

[105] 王克强，赵露，刘红梅. 城乡一体化的土地市场运行特征及利益保障制度 [J]. 中国土地科学，2010，24（12）：52-57.

[106] 王磊. 土地利用变化的多尺度模拟研究 [D]. 北京大学，2011.

[107] 王丽艳，张学儒，张华等. CLUE-S 模型原理与结构及其应用进展 [J]. 地理与地理信息科学，2010，26（3）：73-77.

[108] 王良健，李辉，石川. 中国城市土地利用效率及其溢出效应与影响因素 [J]. 地理学报，2015，70（11）：1788-1799.

[109] 王鹏，黄贤金，张兆干等. 江西上饶县农业结构调整与土地利用变化分析 [J]. 资源科学，2004，26（2）：115-122.

[110] 王其藩. 系统动力学 [M]. 北京：清华大学出版社，1993.

[111] 王祺，蒙吉军，毛熙彦. 基于邻域相关的漓江流域土地利用多情景模拟与景观格局变化 [J]. 地理研究，2014，33（06）：1073-1084.

[112] 王秀兰，包玉海. 土地利用动态变化研究方法探讨 [J]. 地理科学进展，1999（01）：83-89.

[113] 王玉堂. 灰色土地市场的博弈分析：成因、对策与创新障碍 [J]. 管理世界，1999（2）：159-177.

[114] 王振波, 方创琳, 王婧. 城乡建设用地增减挂钩政策观察与思考 [J]. 中国人口·资源与环境, 2012, 22 (1): 96-102.

[115] 吴常艳. 长江经济带土地利用变化对经济一体化的响应过程及机理分析 [D]. 南京大学, 2017.

[116] 吴次芳, 谭荣, 靳相木. 中国土地产权制度的性质和改革路径分析 [J]. 浙江大学学报 (人文社会科学版), 2010 (6): 22-29.

[117] 吴健生, 冯喆, 高阳等. CLUE-S 模型应用进展与改进研究 [J]. 地理科学进展, 2012, 31 (1): 3-10.

[118] 吴敬琏. 中国的市场仍被条条块块所切断 [J]. 当代贵州, 2014 (19): 44-44.

[119] 吴琳娜等. 1976 年以来北洛河流域土地利用变化对人类活动程度的响应 [J]. 地理学报, 2014 (01): 54-63.

[120] 吴艳艳. Markov-CA 模型支持下的武汉市土地利用变化模拟与预测 [D]. 武汉理工大学, 2009.

[121] 吴郁玲, 袁佳宇, 余名星. 基于面板数据的中国城市土地市场发育与土地集约利用的动态关系研究 [J]. 中国土地科学, 2014, 28 (3): 52-58.

[122] 吴芸. 城市规划与城市地价相互作用机理研究 [D]. 南京农业大学, 2001.

[123] 谢花林, 李波. 基于 logistic 回归模型的农牧交错区土地利用变化驱动力分析——以内蒙古翁牛特旗为例 [J]. 地理研究, 2008, 27 (02): 294-304.

[124] 谢正峰, 董玉. 我国城市土地优化配置研究演进与展望 [J]. 经济地理, 2011, 31 (8): 1364-1369.

[125] 谢志强, 吕鹏. 城镇化进程中的土地政策与路径选择——基于属性与权利的视角 [J]. 人民论坛, 2011 (24): 8-11.

[126] 徐国鑫, 金晓斌, 周寅康. 基于 DEA 和空间自相关的我国土地市场化程度分析 [J]. 地理与地理信息科学, 2011, 27 (5): 64-68.

[127] 徐新良, 庞治国, 于信芳. 土地利用/覆被变化时空信息分析方法及应用 [M]. 北京: 科学技术文献出版社, 2014.

［128］杨俊，解鹏，席建超等．基于元胞自动机模型的土地利用变化模拟——以大连经济技术开发区为例［J］．地理学报，2015，70（03）：461－475．

［129］杨磊，李云新．谋利空间、分利秩序与违建现象的制度逻辑——基于中部地区 M 县的个案研究［J］．公共行政评论，2017（2）：48－66．

［130］杨青生，黎夏，刘小平．基于 Agent 和 cA 的城市土地利用变化研究［J］．地球信息科学，2005，7（2）：78－81．

［131］杨思全，武建军．基于 RS 与 GIS 的土地沙漠化与土地利用变化时空耦合［J］．灾害学，2005（04）：51－56．

［132］姚睿，吴克宁，罗明等．城乡统筹视角下的集体建设用地市场发育测度及影响因素研究——以 30 个入市改革试点为例［J］．中国土地科学，2018，32（10）：16－22．

［133］叶剑平，蒋妍，罗伊．普罗斯特曼等．2005 年中国农村土地使用权调查研究——17 省调查结果及政策建议［J］．管理世界，2006（7）：83－92．

［134］叶丽芳，黄贤金，马奔等．基于问卷调查的土地督察机构改革设想［J］．中国人口·资源与环境，2014（03）：77－82．

［135］叶丽芳，黄贤金，谢泽林等．城乡土地市场一体化下的农村工业用地现状及特征分析——以无锡市胡埭镇、钱桥镇、锡北镇为例［J］．土地经济研究，2015（01）：37－58．

［136］余强毅，吴文斌，杨鹏等．Agent 农业土地变化模型研究进展［J］．生态学报，2013，33（06）：1690－1700．

［137］喻庆．城乡一体化发展背景下中国农村土地管理制度创新研究［J］．环球市场信息导报，2017（37）：18．

［138］袁子坤．土地利用/土地覆被变化研究综述［J］．甘肃农业科技，2016（09）：73－77．

［139］张鸿辉，曾永年，金晓斌等．多智能体城市土地扩张模型及其应用［J］．地理学报，2008（8）：869－881．

［140］张继祥，吕萍．构建城乡统一的土地市场［J］．兰州学刊，

2010 (02): 80 - 83.

[141] 张丽君, 黄贤金. 区域农户农地流转行为对土地利用变化的影响 [J]. 资源科学, 2005, 27 (6): 40 - 45.

[142] 张丽, 杨国范, 刘吉平. 1986~2012年抚顺市土地利用动态变化及热点分析 [J]. 地理科学, 2014, 34 (2): 185 - 191.

[143] 张萌. 政策驱动下的土地利用空间布局变化模拟分析 [D]. 昆明理工大学, 2013.

[144] 张冉, 王义民, 畅建霞等. 基于水资源分区的黄河流域土地利用变化对人类活动的响应 [J]. 自然资源学报, 2019, 34 (02): 56 - 69.

[145] 张同升, 甘国辉. 土地利用变化的研究理论述评 [J]. 中国土地科学, 2005 (3): 33 - 37.

[146] 张毅, 张红. 集体建设用地流转管理: 主要特征、启示借鉴与法律规制——基于广东和成都两地实践与管理办法的对比 [J]. 土地经济研究, 2015 (1): 1 - 11.

[147] 张远索. 新型城镇化背景下城乡土地市场统筹构建 [J]. 中国土地科学, 2013 (11): 39 - 44.

[148] 张增胜. 武汉市"小产权房"隐形市场形成机制研究 [D]. 华中科技大学, 2009.

[149] 赵俊三, 袁磊, 张萌. 土地利用变化空间多尺度驱动力耦合模型构建 [J]. 中国土地科学, 2015 (6): 57 - 66.

[150] 赵珂, 石小平, 曲福田. 我国土地市场发育程度测算与实证研究——以东、中、西部为例. 经济地理 [J], 2008, 28 (5): 821 - 825.

[151] 赵小凤, 楼佳俊, 黄贤金等. 城市土地利用效率研究进展 [J]. 现代城市研究, 2017 (6): 2 - 8.

[152] 郑振源. 建立开放、竞争、城乡统一而有序的土地市场 [J]. 中国土地科学, 2012 (02): 10 - 13.

[153] 钟太洋, 黄贤金, 翟文侠. 政策性地权安排对土地利用变化的影响研究 [J]. 自然资源学报, 2005, 22 (3): 341 - 352.

[154] 钟太洋, 黄贤金, 张秀英等. 基于Tobit模型的农户层次农业土地用途变更分析 [J]. 水土保持通报, 2008, 28 (5): 166 - 171.

［155］周玲，杨钢桥．土地隐形市场的经济学分析［J］．国土资源科技管理，2004（1）：9-12.

［156］周艳．区域土地市场对城市建设用地扩张的影响研究——以长江经济带核心城市上海、武汉、重庆为例［D］．南京大学，2018.

［157］朱会义．区域土地利用变化的理论探讨［J］．科技导报，2004，22（5）：57-60.

［158］朱珍，郑云峰．城市化背景下城乡土地市场一体化的探讨［J］．台湾农业探索，2010（1）：58-60.

［159］Abdulai A，Owusu V，Goetz R. Land tenure differences and investment in land improvement measures：Theoretical and empirical analyses［J］. Journal of Development Economics，2011，96（1）：66-78.

［160］Ali D A，Alemu T，Deininger K. Impacts of land certification on tenure security，investment，and land market participation：evidence from Ethiopia［J］. Policy Research Working Paper，2008，87（2）：1-33.

［161］Ali D D A. Do Overlapping Land Rights Reduce Agricultural Investment? Evidence from Uganda［J］. American Journal of Agricultural Economics，2008，90（4）：869-882.

［162］Awasthi M K. Dynamics and resource use efficiency of agricultural land sales and rental market in India［J］. Land Use Policy，2009，26（3）：736-743.

［163］Bao H，Peng Y. Effect of land expropriation on land-lost farmers' entrepreneurial action：A case study of Zhejiang Province［J］. Habitat International，2016（53）：342-349.

［164］Barry M，Roux L. Land ownership and land registration suitability theory in state-subsidised housing in two South African towns［J］. Habitat International，2016（53）：48-54.

［165］Besley T. Property Rights and Investment Incentives：Theory and Micro-Evidence from Ghana［J］. Papers，1993，103（5）：903-937.

［166］Bing W，Yueming X，Jian H. The Plight and Countermeasures of the Transfer of Rural Collective Construction Land——Analysis on the Institutional

Economics [J]. Chinese Agricultural Science Bulletin, 2011, 27 (20): 186 – 188.

[167] Boyang G, Weidong L, Dunford M. State land policy, land markets and geographies of manufacturing: The case of Beijing, China [J]. Land Use Policy, 2014 (36): 1 – 12.

[168] Brasselle A S, Frédéric Gaspart, Platteau J P. Land Tenure Security and Investment Incentives: Puzzling Evidence from Burkina Faso [J]. Journal of Development Economics, 2002, 67 (2): 373 – 418.

[169] Chang X, Liu L, Liu Z et al. Method of multi-agent system for simulating land-use decision-making behavior of farmer households [J]. Transactions of the Chinese Society of Agricultural Engineering, 2013, 29 (14): 227 – 237.

[170] Chen W, Peng J, Wu Q. Spatial and Temporal Differences in Industrial Land Use Efficiency in China [J]. Resources Science, 2014, 36 (10): 2046 – 2056.

[171] Chen Y, Chen Z, Xu G et al. Built-up land efficiency in urban China: Insights from the General Land Use Plan (2006 ~ 2020) [J]. Habitat International, 2016 (51): 31 – 38.

[172] Chen Z, Qu F, Huang X. The Best Arrangement about Farmland in China's Economic Transition-an Analysis Made from the Perspective of Institutional Economics [J]. Management World, 2007 (7): 57 – 65, 74.

[173] Chen Z, Wang Q, Chen Y, Huang X. Is illegal farmland conversion ineffective in China? Study on the impact of illegal farmland conversion on economic growth [J]. Habitat International, 2015 (49): 294 – 302.

[174] Chen Z, Wang Q, Huang X. Can land market development suppress illegal land use in China? [J]. Habitat International, 2015 (49): 403 – 412.

[175] Choy L H T, Lai Y, Lok W. Economic performance of industrial development on collective land in the urbanization process in China: Empirical evidence from Shenzhen [J]. Habitat International, 2013 (40): 184 – 193.

［176］ Coase R H. The Problem of Social Cost ［J］. Journal of Law and Economics, 1960, 3 (4): 1 –44.

［177］ Deininger K, Jin S. Tenure security and land-related investment: Evidence from Ethiopia ［J］. European Economic Review, 2006, 50 (5): 1245 –1277.

［178］ Ding C. Policy and praxis of land acquisition in China ［J］. Land Use Policy, 2007, 24 (1): 0 –13.

［179］ Ding C, Zhao X. Land market, land development and urban spatial structure in Beijing ［J］. Land Use Policy, 2014 (40): 83 –90.

［180］ Du J, Thill J C, Peiser R B et al. Urban land market and land-use changes in post-reform China: A case study of Beijing ［J］. Landscape & Urban Planning, 2014, 124 (4): 118 –128.

［181］ Du J, Thill J C, Peiser R B. Land pricing and its impact on land use efficiency in post-land-reform China: A case study of Beijing ［J］. Cities, 2016 (50): 68 –74.

［182］ Fan S, Wailes E J, Young K B. Policy Reforms and Technological Change in Egyptian Rice Production: A Frontier Production Function Approach ［J］. Journal of African Economies, 1997, 6 (3): 391 –411.

［183］ Fenske J. Land tenure and investment incentives: Evidence from West Africa ［J］. Journal of Development Economics, 2011, 95 (2): 137 –156.

［184］ Field E. Entitled to Work: Urban Property Rights and Labor Supply in Peru ［J］. Quarterly Journal of Economics, 2007, 122 (4): 1561 –1602.

［185］ Filatova T, D. Parker A. van der Veen. Agent – Based Urban Land Markets: Agent's Pricing Behavior, Land Prices and Urban Land Use Change ［J］. Jasss-the Journal of Artificial Societies and Social Simulation, 2009, 12 (1).

［186］ Galiani S, Schargrodsky E. Property rights for the poor: Effects of land titling ［J］. Journal of Public Economics, 2010, 94 (9 – 10): 700 –729.

[187] Gao J, Dennis Wei Y, Chen W et al. Urban land expansion and structural change in the Yangtze River Delta, China [J]. Sustainability, 2015 (7): 10281 – 10307.

[188] Gavian S, Ehui S. Measuring the production efficiency of alternative land tenure contracts in a mixed crop-livestock system in Ethiopia [J]. Agricultural Economics, 1999, 20 (1): 37 – 49.

[189] Gavian S, Fafchamps M. Land Tenure and Allocative Efficiency in Niger [J]. American Journal of Agricultural Economics, 1996, 78 (2): 460 – 471.

[190] Hao P, Sliuzas R, Geertman S. The development and redevelopment of urban villages in Shenzhen [J]. Habitat International, 2011, 35 (2): 214 – 224.

[191] Hualin X, Wei W. Spatiotemporal differences and convergence of urban industrial land use efficiency for China's major economic zones [J]. Journal of Geographical Sciences, 2015, 25 (10): 1183 – 1198.

[192] Huang Q et al. A review of urban residential choice models using agent-based modeling [J]. Environment and Planning B – Planning & Design, 2014, 41 (4): 661 – 689.

[193] Huang X, Li Y, Hay I. Polycentric city-regions in the state-scalar politics of land development: The case of China [J]. Land Use Policy, 2016 (59): 168 – 175.

[194] H W Zheng et al. Simulating land use change in urban renewal areas [J]. Habitat International, 2015 (46): 23 – 34.

[195] Jin S, Deininger K. Land rental markets in the process of rural structural transformation: Productivity and equity impacts from China [J]. Journal of Comparative Economics, 2009, 37 (4): 629 – 646.

[196] Koios E R. Cobb-douglas production function [M]. Springer US, 2001.

[197] Koirala K H, Mishra A, Mohanty S. Impact of land ownership on productivity and efficiency of rice farmers: The case of the Philippines [J].

Land Use Policy, 2016 (50): 371 –378.

[198] Kong Bo-sin, Tang, Winky. Land-use planning and market adjustment underd-industrialization: Restructuring of Industrial space in HongKong [J]. Land Use Policy, 2015, (43): 28 –36.

[199] Koroso N H, Molen P V D, Tuladhar A M et al. Does the Chinese market for urban land use rights meet good governance principles? [J]. Land Use Policy, 2013, 30 (1): 417 –426.

[200] Kuang W, Liu J, Dong J et al. The rapid and massive urban and industrial land expansions in China between 1990 and 2010: A CLUD – based analysis of their trajectories, patterns, and drivers [J]. Landscape and Urban Planning, 2016, 145 (145): 21 –33.

[201] Kumari R, Nakano Y. Does land lease tenure insecurity cause decreased productivity and investment in the sugar industry? Evidence from Fiji [J]. Australian Journal of Agricultural and Resource Economics, 2016, 60 (3): 406 –421.

[202] Lai L, Huang X, Yang H et al. Carbon emissions from land-use change and management in China between 1990 and 2010 [J]. Science Advances, 2016, 2 (11): e1601063-e1601063.

[203] Lambin E F, Geist H J, Lepers E. Dynamics of Land – Use and Land – Cover Change in Tropical Regions [J]. Annu Rev Environ Res, 2003, 28 (28): 205 –241.

[204] Lei, Z. Distributed Modeling Architecture of a Multi – Agent – Based Behavioral Economic, Landscape (MABEL) Model [J]. Simulation, 2005, 81 (7): 503 –515.

[205] Le Q B, Park S J, Vlek P L G. Land Use Dynamic Simulator (LUDAS): A multi-agent system model for simulating spatio-temporal dynamics of coupled human-landscape system: Scenario-based application for impact assessment of land-use policies [J]. Ecological Informatics, 2010, 5 (3): 203 –221.

[206] Lerman Z, Shagaida N. Land policies and agricultural land markets in Russia [J]. Land Use Policy, 2007, 24 (1): 0 –23.

［207］ Lifang Y, Xianjin H, Hong Y et al. Effects of dual land ownerships and different land lease terms on industrial land use efficiency in Wuxi City, East China ［J］. Habitat International, 2018 (78): 21 - 28.

［208］ Li J, Huang X, Yang H et al. Convergence of carbon intensity in the Yangtze River Delta, China ［J］. Habitat International, 2017 (60): 58 - 68.

［209］ Lin G C S. Understanding Land Development Problems in Globalizing China ［J］. Eurasian Geography and Economics, 2010, 51 (1): 80 - 103.

［210］ Liu R, Wong T - C, Liu S. Peasants' counterplots against the state monopoly of the rural urbanization process: urban villages and 'small property housing' in Beijing, China ［J］. Environment and Planning A, 2012, 44 (5): 1219 - 1240.

［211］ Liu Y, Yang R, Long H et al. Implications of land-use change in rural China: A case study of Yucheng, Shandong province ［J］. Land Use Policy, 2014 (40): 111 - 118.

［212］ Long H, Liu Y, Wu X et al. Spatio-temporal dynamic patterns of farmland and rural settlements in Su - Xi - Chang region: Implications for building a new countryside in coastal China ［J］. Land Use Policy, 2009, 26 (2): 322 - 333.

［213］ Magliocca N R, Ellis E C. Using Pattern-oriented Modeling (POM) to Cope with Uncertainty in Multi-scale Agent-based Models of Land Change ［J］. Transactions in GIS, 2013, 17 (6): 883 - 900.

［214］ Manjunatha A V, Anik A R, Speelman S et al. Impact of land fragmentation, farm size, land ownership and crop diversity on profit and efficiency of irrigated farms in India ［J］. Land Use Policy, 2013, 31 (none): 397 - 405.

［215］ Manson S M. Agent-based modeling and genetic programming for modeling land change in the Southern Yucatan Peninsular Region of Mexico ［J］. Agriculture Ecosystems & Environment, 2005, 111 (1 - 4): 47 - 62.

250

[216] Ma X, Heerink N, Feng S et al. Farmland tenure in China: Comparing legal, actual and perceived security [J]. Land Use Policy, 2015 (42): 293 - 306.

[217] Meng Y, Zhang F R, An P L et al. Industrial land-use efficiency and planning in Shunyi, Beijing [J]. Landscape & Urban Planning, 2008, 85 (1): 40 - 48.

[218] Mitsuda Y, S. Ito. A review of spatial-explicit factors determining spatial distribution of land use/land-use change. Landscape and Ecological Engineering, 2011, 7 (1): 117 - 125.

[219] Murthy K V B. Arguing a Case for Cobb - Douglas Production Function [J]. Econometrics, 2004 (20 - 21): 52 - 58.

[220] Onchan F T. Land Ownership Security and Farm Investment in Thailand [J]. American Journal of Agricultural Economics, 1987, 69 (2): 311 - 320.

[221] Pender J, Fafchamps M. Land Lease Markets and Agricultural Efficiency in Ethiopia [J]. Social Science Electronic Publishing, 2006, 15 (2): 251 - 284.

[222] Polhill J G. Agent-based modeling of socio-economic processes related to the environment: Example of land-use change [J]. In Uncertainties in Environmental Modelling and Consequences for Policy Making, 2009: 61 - 76.

[223] Po L. Redefining Rural Collectives in China: Land Conversion and the Emergence of Rural Shareholding Co-operatives [J]. Urban Studies, 2008, 45 (8): 1603 - 1623.

[224] Putterman L. The Role of Ownership and Property Rights in China's Economic Transition [J]. The China Quarterly, 1995 (144): 1047 - 1064.

[225] Qiang X, Guancheng G. Productive Efficiency of Regional Urban Industrial Land in China [J]. Resources Science, 2013, 35 (5): 910 - 917.

[226] Qiangyi Y U, Wenbin W U, Peng Y et al. Progress of agent-based agricultural land change modeling: a review [J]. Acta Ecologica Sinica, 2013, 33 (6): 1690 - 1700.

［227］Qing L, Ligen C, Jun Y et al. Econometric Analysis on Driving Forces of Cultivated Land Quantity Change in Changsha – Zhuzhou – Xiangtan Urban Agglomerations ［J］. Resources Science, 2010, 32 (9): 1734 – 1740.

［228］Rahman S. Determinants of agricultural land rental market transactions in Bangladesh ［J］. Land Use Policy, 2010, 27 (3): 957 – 964.

［229］Rahman S, Rahman M. Impact of land fragmentation and resource ownership on productivity and efficiency: The case of rice producers in Bangladesh ［J］. Land Use Policy, 2009, 26 (1): 95 – 103.

［230］Rasmussen L V, Rasmussen K, Reenberg A et al. A system dynamics approach to land use changes in agro-pastoral systems on the desert margins of Sahel ［J］. Agricultural Systems, 2012, 107 (none): 0 – 64.

［231］Robinson D T et al. Effects of land markets and land management on ecosystem function: A framework for modelling exurban land-change ［J］. Environmental Modelling & Software, 2013 (45): 129 – 140.

［232］Rosa I M D, Ahmed S E, Ewers R M. The transparency, reliability and utility of tropical rainforest land-use and land-cover change models ［J］. Global Change Biology, 2014, 20 (6): 1707 – 1722.

［233］Schreinemachers P, Berger T. An agent-based simulation model of human-environment interactions in agricultural systems ［J］. Environmental Modelling and Software, 2011, 26 (7): 845 – 859.

［234］Schreinemachers P, Berger T, Aune J B. Simulating soil fertility and poverty dynamics in Uganda: A bio-economic multi-agent systems approach ［J］. Ecological Economics, 2007, 64 (2): 387 – 401.

［235］Seto K C, Fragkias M, Guneralp B et al. A meta-analysis of global urban land expansion ［J］. Plos One, 2011 (6): 1 – 9.

［236］Shiraishi M, Yano G O. Efficiency of chinese township and village enterprises in the 1990s based on micro data for Wuxi City, 1991 – 1997 ［J］. Developing Economies, 2010, 42 (3): 421 – 452.

［237］Sun S et al. Market Impacts on Land – Use Change: An Agent – Based Experiment. Annals of the Association of American Geographers, 2014.

104（3）：460－484.

［238］ Tang B S, Ho W K O. Land-use planning and market adjustment underde-industrialization：Restructuring of industrial space in Hong Kong ［J］. Land Use Policy, 2015（43）：28－36.

［239］ Tao R, Su F, Liu M, Cao G. Land Leasing and Local Public Finance in China's Regional Development：Evidence from Prefecture-level Cities ［J］. Urban Studies, 2010, 47（10）：2217－2236.

［240］ Tian L. The Chengzhongcun land market in China：Boon or bane? — A perspective on property rights ［J］ International Journal of Urban and Regional Research, 2008, 32（2）：282－304.

［241］ Tian L, Zhu J. Clarification of collective land rights and its impact on non-agricultural land use in the Pearl River Delta of China：A case of Shunde ［J］. Cities, 2013（35）：190－199.

［242］ Trischler J, Sandberg D, Thornqvist T. Estimating the Annual Above－Ground Biomass Production of Various Species on Sites in Sweden on the Basis of Individual Climate and Productivity Values ［J］. Forests, 2014, 5（10）：2521－2541.

［243］ Tu F, Yu X, Ruan J. Industrial land use efficiency under government intervention：Evidence from Hangzhou, China ［J］. Habitat International, 2014（43）：1－10.

［244］ Valbuena D, Verburg P H, Bregt A K et al. An agent-based approach to model land-use change at a regional scale ［J］. Landscape Ecology, 2010, 25（2）：185－199.

［245］ Wang H, Zhang X, Wang H et al. The right-of-use transfer mechanism of collective construction land in new urban districts in China：The case of Zhoushan City ［J］. Habitat International, 2017（61）：55－63.

［246］ Wang Q, Zhang X, Wu Y, Skitmore M. Collective land system in China：Congenital flaw or acquired irrational weakness? ［J］ Habitat International, 2015（50）：226－233.

［247］ Wang R. Efficiency and distribution of rural construction land marketization in contemporary China Economic Review, https: //doi. org/10. 1016/j. chieco. 2018. 09. 004.

[248] Wu C, Wei Y D, Huang X et al. Economic transition, spatial development and urban land use efficiency in the Yangtze River Delta, China [J]. Habitat International, 2017 (63): 67 –78.

[249] Wu Y, Li S, Yu S. Monitoring urban expansion and its effects on land use and land cover changes in Guangzhou city, China [J]. Environmental Monitoring and Assessment, 2015, 188 (1): 54.

[250] Wu Y, Zhang X, Skitmore M et al. Industrial land price and its impact on urban growth: A Chinese case study [J]. Land Use Policy, 2014 (36): 199 –209.

[251] Xu Y, Tang B S, Chan E H W. State-led land requisition and transformation of rural villages in transitional China [J]. Habitat International, 2011, 35 (1): 57 –65.

[252] Yang H. China's soil plan needs strong suppor [J]. Nature, 2016, 536 (7617): 375.

[253] Yang X, Zheng X Q, Chen R. A land use change model: Integrating landscape pattern indexes and Markov – CA [J]. Ecological Modelling, 2014 (283): 1 –7.

[254] Yano G, Shiraishi M. Efficiency of Chinese Township and Village Enterprises and Property Rights in the 1990s: Case Study of Wuxi1 [J]. Comparative Economic Studies, 2004, 46 (2): 311 –340.

[255] Zhang J. State Power, Elite Relations and the Politics of Privatization in Chinese Rural Industry [J]. Sociological Research, 2005 (5): 92 – 124.

[256] Zhang M, Chen L. Resource Alloction Effect and Policy Meanings of Transfer of Rural Collective Land for Construction [J] China Land Science, 2008, 22 (11): 72 –75.

[257] Zhang M, Huang X, Chuai X et al. Impact of land use type conversion on carbon storage in terrestrial ecosystems of China: A spatial-temporal per-

spective [J]. Scientific Reports, 2015 (5): 10233.

[258] Zhang S. Research on Collective construction land circulation system [J]. The Proceedings of Hunan Normal University, 2014 (3): 114 – 119.

[259] Zhang T et al. An Agent – Based Reasoning of Impacts of Regional Climate Changes on Land Use Changes in the Three – River Headwaters Region of China [J]. Advances in Meteorology, 2013.

[260] Zhang X. Seeking Just Compensation for Collective – Owned Land Expropriation in China [J]. Social Science Electronic Publishing, 2013.

[261] Zhao L, Peng Z R. Land Sys: an agent-based Cellular Automata model of land use change developed for transportation analysis [J]. Journal of Transport Geography, 2012 (25): 35 – 49.

[262] Zhong T, Huang X, Ye L, Scott S. The Impacts on Illegal Farm-land Conversion of Adopting Remote Sensing Technology for Land Inspection in China [J]. Sustainability, 2014, 6 (7): 4426 – 4451.

后　记

本书由我的博士论文改编而来，毕业四年后终要出版，此时此刻，我百感交集。在此，谨以贫乏的语言表达我对一直以来关心我、帮助我的人最诚挚的感谢。

首先，感谢我的恩师黄贤金教授，本书从选题到构思无不凝聚着黄老师的心血；从框架到内容，黄老师都给了悉心的指导。严师如父，黄老师不只在学术上指导我，也在为人处事上教导我，更在我因研究中遇到的困难而沮丧的时候，用温暖的话语鼓舞我。勤奋、持之以恒、严格、务实、创新是老师给我留下的深刻印象。黄老师的工作非常繁忙，即使出差还仍在飞机和高铁上工作。尽管如此，他仍然会抽空关心和指导每一位学生。能成为黄老师的学生是多么幸运！感谢黄老师给了我诸多学习交流锻炼的机会，使我有了许多宝贵的学习经历和人生体验，如第一次带队调研、第一次在学术会议上作报告、第一次出国交流、第一次组织会议等，这些都让我快速成长。感谢黄老师的信任，让我多次带队前往无锡、南京、广州、佛山、福州、南平等地调研，同政府、企业、村集体、农民等不同群体访谈，积累了比较丰富的实地调研经验，为今后的研究打下坚实基础。尽管首次带队去无锡调研因经验不足出现一些差错，黄老师没有责备我，而是告诉我如何改进并继续委以重任。本书的写作过程中，我时常遇到困难，如国有土地市场已比较成熟且是公开交易，而集体土地大都是隐形交易，数据难以获取，让我心里很没底，还曾打过退堂鼓，但之所以没有放弃这样一个有意义的研究，正是因为黄老师给了我大力支持，使我有信心、有毅力坚持调研并获得一手资料。虽再三修改、几易其稿，终觉距离老师的要求甚远，每每想到这儿就心有难安。本人聪慧不够，勤奋不足，历时许久才完成本书，虽然结果差强人意，但总算完成了夙愿。再次感谢黄老师对我多年的培养和关心！

感谢中科院杨桂山研究员、南京农业大学吴群教授、南京财经大学朱红根教授、南京师范大学方斌教授、曲阜师大代合治教授、英国雷丁大学杨洪老师、中科院朱青研究员、南京大学周寅康教授、南京大学王腊春教授、南京大学王结臣教授、南京大学金晓斌教授、南京大学李升锋副教授、南京大学陈志刚副教授、南京大学钟太洋副教授、中国矿大杨俊副教授等，对本书提出了有建设性的指导意见。特别是陈志刚老师、钟太洋老师、杨洪老师，不仅对本书进行了指导，还对我相关英文论文的发表提供了很多帮助。感谢毛熙彦老师对本书机理写作的指导，提供的宝贵建议使得本书更加完善。感谢李建豹师弟对 GeoDa 软件的使用提供了指导。感谢陈逸、揣小伟、汤爽爽、李禋、李家熏、林圣豪、何金廖、张翔、杨俊、施利锋、唐学玉、刘军等老师在团队学术活动中的指导和帮助。

感谢原无锡市国土资源局、胡埭镇国土所、钱桥镇国土所、锡北镇国土所、佛山市自然资源局南海区分局、北流市国土资源局对本书资料搜集、问卷调研的支持和帮助。感谢谢泽林师兄在做科技支撑课题时的照顾，在本书问卷调研和资料搜集中给予的支持和帮助。感谢博士同学张志宏对国有土地市场数据搜集的帮助。感谢中地集团田光明博士对调研工作的支持和帮助。感谢河海大学赵小风副教授对调研的指导和支持，感谢李焕、徐国良、郭谁琼、居祥、徐志颖、陈宇琼、汤其琪、毛珣、孙莉、乌云嘎、卢芹莉、漆信贤、徐晓晔、戴垠澍、王丹阳、袁苑、孙卫东等同门，南京大学赵涵、杨凯歌等同学，北京大学李蕴雄同学，南京师范大学曹张炎、王丽君、马圣美、仲迟薇等同学，河海大学邓春磊、郑雨倩、楼佳俊、张宇、钱静、曹文慧等同学，华南农业大学谭建辉、冼翠珊、杨学维等同学，天津城建大学冯馥、郝建民、王峰等同学，广东友元公司刘吼海等同仁，对问卷调研工作的支持。感谢师门兄弟姐妹平时的关心和帮助，让我感受到师门大家庭的温暖与欢乐。他们是同级的黄文娟同学及陆汝成、贾宏俊、赵荣钦、张兴榆、陈艳华、吕晓、赵雲泰、於冉、刘艳、李丽、张梅、印兴波、刘欣等师兄师姐；吴常艳、徐玉婷、周艳、肖智、孟浩、纪学朋、陈奕融、赵阳、宋娅娅、仲天泽、徐小峰、沈晓艳、谭梦、孙宇杰、何为、张宇辰、马奔、卢俊宇、尹凯华、张墨逸、周洁、未萌、刘力豪、陈思怿、金雨泽、徐静、王昂扬、童岩冰、张竞珂、谭琦川、朱怡、林静霞、肖瑞、蒋昀辰等师弟师妹。感谢杨仲元、苏钰、周小莉等同学在读博期间的鼓励和支持。

感谢我的硕士导师欧维新教授，我虽已毕业多年，可是欧老师一直给予我最温暖的关心和指导。感谢父母的养育之恩，作为长女，未能时常照顾他们左右，也未给家里做出什么贡献，反倒让他们为我操心。感谢两个妹妹及妹夫对父母的照顾，让我安心求学。感谢我的爱人对我求学的支持和对我生活中的关心和照顾，做我最坚实的后盾，在学术探讨中也时常给我灵感，还帮忙做了数据整理、格式调整等基础性工作。感谢公公婆婆帮忙照顾小孩，让我可以安心工作和学习。感谢稚儿乖巧懂事，未能时常陪伴深感愧疚。

还有许多帮助我的人未能一一提及，在此一并感谢。最后，再次感谢亲朋好友一如既往的支持和关爱，这是我不断前进的重要动力和源泉！

叶丽芳

2023 年 9 月